新譯鶡冠子

趙鵬團 注譯

三民書局 印行

刊印古籍今注新譯叢書緣起

劉振強

人類歷史發展，每至偏執一端，往而不返的關頭，總有一股新興的反本運動繼起，要求回顧過往的源頭，從中汲取新生的創造力量。孔子所謂的述而不作，溫故知新，以及西方文藝復興所強調的再生精神，都體現了創造源頭這股日新不竭的力量。古典之所以重要，古籍之所以不可不讀，正在這層尋本與啟示的意義上。處於現代世界而倡言讀古書，並不是迷信傳統，更不是故步自封；而是當我們愈懂得聆聽來自根源的聲音，我們就愈懂得如何向歷史追問，也就愈能夠清醒正對當世的苦厄。要擴大心量，冥契古今心靈，會通宇宙精神，不能不由學會讀古書這一層根本的工夫做起。

基於這樣的想法，本局自草創以來，即懷著注譯傳統重要典籍的理想，由第一部的四書做起，希望藉由文字障礙的掃除，幫助有心的讀者，打開禁錮於古老話語中的豐沛寶藏。我們工作的原則是「兼取諸家，直注明解」。一方面熔鑄眾說，擇善而從；

一方面也力求明白可喻，達到學術普及化的要求。叢書自陸續出刊以來，頗受各界的喜愛，使我們得到很大的鼓勵，也有信心繼續推廣這項工作。隨著海峽兩岸的交流，我們注譯的成員，也由臺灣各大學的教授，擴及大陸各有專長的學者。陣容的充實，使我們有更多的資源，整理更多樣化的古籍。兼採經、史、子、集四部的要典，重拾對通才器識的重視，將是我們進一步工作的目標。

古籍的注譯，固然是一件繁難的工作，但其實也只是整個工作的開端而已，最後的完成與意義的賦予，全賴讀者的閱讀與自得自證。我們期望這項工作能有助於為世界文化的未來匯流，注入一股源頭活水；也希望各界博雅君子不吝指正，讓我們的步伐能夠更堅穩地走下去。

自序

經過時間的沉澱，現在我們已經知道一直藉藉無甚大名的《鶡冠子》，其實也是先秦一部重要的子書，是戰國以迄秦漢之際黃老之學的重要代表作。但長久以來，礙於其真偽的迷霧，傳世之本既罕，注解之作亦少，近世之作，惟黃懷信先生《鶡冠子彙校集注》本影響最大。但黃氏之作係純學術研究著作，對於青年學生和廣大傳統文化愛好者而言未免臺階略高。若從三民書局「希望藉由文字障礙的掃除，幫助有心的讀者，打開禁錮於古老話語中的豐沛寶藏」的衷懷出發，則當前能熔鑄前說，以期普及學術的《鶡冠子》校注之作實在有些寥若晨星。而且黃氏之書撰成已有十餘年，十餘年間，出土文獻的整理、黃老之學的研究新成果繁華如錦，此前關於《鶡冠子》書中一些內容的理解自也有再探討之可能。這兩者，就是本書撰注的緣起。

然而知易行難，眼高手低，著手撰寫此書前，《鶡冠子》我也研讀過數遍，對它的印象就如同當前一些研究成果中所說的那樣，係黃老之說，雜糅了陰陽、儒、名、法等諸家思想。此書的理論特質就是以道為本，以法為用，故而又可稱之為道法之學。當時也只構想，落筆盡量審慎求是，如能嘗試把近些年來關於黃老的研究成果和我個人學習心得融入進去，也可以算略有創新，不負書局所托。

然而當上卷校注完成後，我就已意識到此前的輕忽。而當我完成全書校注之後，我已意識到現在黃老之學的研究，還是過多受制於此前關於黃老道家經典論述的成見，至少僅就《鶡冠子》本書來講，已經很難再用傳統「道+法」這樣的邏輯結構來形容它。《鶡冠子》中所講的道，與其說還是之前道家純粹的「道可道，非常道」的空靈之物，毋寧說已更多變成為由法象天地抽繹而成的數字化術算之法的具體之實；《鶡冠子》中所講的法，雖確雜有不少刑名之說，但更多的則是〈王鈇〉篇中所說的「不改更始逾新之道」，是不可變易的先王之制，是先王象天法地的數術之學。李學勤先生當年說《鶡冠子》是「與陰陽術數進一步密切結合」，這個話，我認為至今仍未受到真正的重視。我甚至有個感覺，不僅是《鶡冠子》，甚而整個黃老之學，我們似乎都有些輕視其中陰陽數術的比重了。而且這一特徵在已出土黃老文獻當中，也是卓然可見的。當然，我這個說法還停留在個人觀感上，尚需梳理考證，目前未可坐實，但於《鶡冠子》一書來說，我還是有這個認識和自信的。之所以要在序言裏寫出來，就是希望讀者能明乎此，然後可以深讀此書。此外，限於所學尚淺，難免掛一漏萬，書中黃葦白茅、空疏不學之處所在多有，誠請方家批評指正。

最後，此書之能夠順利告成，最根本還是得力於三民書局同仁的傾心相知與辛苦付出，在此奉上我真摯的謝意。本書校注翻譯過程中，借鑒了古今諸家注疏以及相關研究領域前輩們的成果，在此一併致謝。

趙鵬團

二〇二〇年九月於浙江省社會科學院

新譯鶡冠子　目次

卷中

卷下

導讀

一、《鶡冠子》的概況及宗旨

《鶡冠子》是一本先秦道家著作，最早著錄於《漢書・藝文志》。《漢志》承襲劉向、劉歆父子的《七略》，將當時的圖書分為六藝、諸子、詩賦、兵書、術數、方技六略，即六個學科門類。《鶡冠子》一書被《漢志》列於諸子略當中的「道家」一門，說「道家者流，蓋出於史官，歷記成敗存亡禍福古今之道，然後知秉要執本，清虛以自守，卑弱以自持，此君人南面之術也。合於《堯》之克攘，《易》之嗛嗛，一謙而四益。此其所長也。及放者為之，則欲絕去禮學，兼棄仁義，曰獨任清虛可以為治」，認為《鶡冠子》這一類的道家著述，從學術源流上來說，主要是出自上古史官之學。史官執掌史志典籍，他們遍覽古今史事，不難發現人事上的「興亡如脆柳，身世類虛舟」，無數的宗族國家「其興也勃焉，其亡也忽焉」，盛衰興亡往往相隨而至，由此他們意識到人力智計作用的有限性，感覺到人定難以勝天，不再追求一味進取之術，退而講求執政者治國必須要認識到自身的不足，要放下主觀執念，克制感性好惡，多多發揮賢人的能力，多多順應吏情民心和客觀局勢，發揮官員和民眾的主觀能動性，與民休息，無為而治，才有可能避免國祚傾覆。《漢志》又指出《鶡冠子》所屬的道家雖源出史官，但西周學術守於王官的制度既然已經崩壞，學術下移到民間，就使得政教分離，之前的王官治術流為純粹的學理研究，一旦背離政務而開宗立派，後學「放者」難免將其理論推揚過分而失之偏頗，往往流於詆毀禮制、批評儒教，誤以為只要虛靜無為就可以治理好天下。以上就是《鶡冠子》所展示之道家學說的基本情況。

而道家自老、莊等早期道家之後，分裂為多個流派，其中一個分支流行於戰國、盛行於漢初，因其在早期道家推崇老聃的基礎上又追溯黃帝，假托黃帝立言，將黃、老並稱，故而世稱黃老之學，又稱黃老道家。黃老之學較之早期道家，削減了後者侈談天人之性的玄談和消極避世的思想，雜糅了陰陽、儒、墨、名、法諸家的一些主張，將關注的重點更多放在治國理政上面，更多一些積極入世的成分。司馬談在〈論六家要指〉中將之總結為：「道家無為，又曰無不為，其實易行，其辭難知。其術以虛無為本，以因循為用。無成埶，無常形，故能究萬物之情。不為物先，不為物後，故能為萬物主。有法無法，因時為業；有度無度，因物與合。故曰『聖人不朽，時變是守。虛者道之常也，因者君之綱也』。」這段話較之《漢志》所說，更加具體，也更切於實用，意思是說黃老之學雖然很玄奧，卻很容易操作，認為治國沒有一定之規，講究因循人情形勢，因時因地制宜。

班固和司馬談都是孰當日學術牛耳之人，熟習黃老道家之說；兩人又是黃老之學流行時代的當時當事之人，所以《漢志》和司馬談的這兩段話，是關於道家、關於黃老最正確、最重要的闡述，讀者必據此然後可以正確理解本書的諸篇文字。

今本《鶡冠子》共有十九篇，其中十二篇為專題文章，七篇為對話體。後面這七篇之中，〈近迭第七〉、〈度萬第八〉、〈王鈇第九〉、〈兵政第十四〉、〈學問第十五〉五篇都以「龐子問鶡冠子曰」開篇，均記述龐煖問於鶡冠子之事；另外兩篇〈世賢第十六〉和〈武靈王第十九〉分別記趙悼襄王和趙武靈王問龐煖之事。前五篇既均以「龐子問鶡冠子曰」開篇，又都稱龐煖為「龐子」，體例上比較接近，似係出於一家手筆；又都以鶡冠子之言為主，顯係《鶡冠子》一書題中之義，思想內容上也和十二篇專題文章聯繫更加緊密一些；而〈世賢〉和〈武靈王〉兩篇都不稱「龐子」而直標其名，體例上就與前者判然有別；又既以龐煖之言為主，顯然與該書推揚鶡冠子之旨關聯不大；內容上，〈世賢〉篇之推崇春秋霸道，〈武靈王〉篇之沾染縱橫習氣，似亦與前十七篇有所出入。而《漢書・藝文志》在諸子略「縱橫家」一門當中，錄有《龐煖》二篇；兵書略的「兵權謀家」一門中，錄有《龐煖》三篇。前者縱橫家一門的《龐煖》二篇下，注有「為燕將」三個字，此二篇中可能在當時即有涉及兵事方面的內容；而我在〈武靈王〉篇的研析中也說了，該篇言論頗有縱橫家習氣。故此前就已經有學者懷疑《漢志》著錄的縱橫家《龐煖》和兵權謀家《龐煖》有可能是一種書，只是因為圖書分類而分隸兩處；而今本的〈世賢〉、〈武靈王〉二篇也許就是《漢志》所著錄《龐煖》一書中的內容。也就是說，今本《鶡冠子》十九篇之中，十七篇可能係《鶡冠子》舊文，而〈世賢〉、〈武靈王〉兩篇可能是《龐煖》舊文，後世或許將兩者合併為一書，統名「鶡冠子」。然而今本是否即舊文原貌，卻很難講。古籍流傳，歷代書目著錄《鶡冠子》篇目各不相同，又時而稱篇、時而稱卷，其間分合情況很難斷言。以上今本《鶡冠子》係舊本《鶡冠子》與《龐煖》合一之說，也只是一家之說，學界迄無定論。但無論如何，從整體上來講，今本《鶡冠子》保持了古書的面貌，特別是思想宗旨基本上因襲了舊文，十九篇文字雖紛雜繁複，總體上仍本於道家以虛無為本、以因循為用的宗旨。

二、《鶡冠子》的真偽及著作情況

《鶡冠子》的作者、成書年代、真偽及其著錄考證情況都比較複雜，這諸多問題的癥結，都在於該書的真偽問題上。《鶡冠子》最早由《漢書・藝文志》著錄：「《鶡冠子》一篇」。一直到了《隋書・經籍志》才又見著錄：「《鶡冠子》三卷」。此後《舊唐書・經籍志》、《新唐書・藝文志》、《宋史・藝文志》都是襲用《隋志》所載，沒有對該書再作任何的注解說明。宋人陸佃注解《鶡冠子》，說全本是十九篇，但其所錄唐代韓愈〈讀鶡冠子〉卻說是十六篇本。到了宋代《崇文總目》，著錄《鶡冠子》三卷十五篇，宋代的《四庫書目》載錄的卻是三十六篇本。著錄流傳的疑惑，篇卷數目的歧異，再加上該書文字與《國語》、

《戰國策》、《管子》以及賈誼的〈鵩鳥賦〉有不少雷同相似之處，所以唐代柳宗元批評《鶡冠子》「盡鄙淺言也」，認為只有襲用賈誼〈鵩鳥賦〉的〈世兵〉篇中文字較有文理，從而斷《鶡冠子》為偽書。柳宗元的說法，得到了大多數舊時學者的支持。《四庫全書總目提要》中，四庫館臣雖然出於審慎，不同意柳宗元的意見，認為「未可以單文孤證遽斷其偽」，但也不能證明其書不偽。《鶡冠子》既被疑為剽竊偽托之作，世人對其學術價值評價就很低，故而注解本很少，研究成果也不多，這種情況一直延續到二十世紀中葉。

事情直到一九七三年才出現轉機。是年，長沙馬王堆三號漢墓出土大批帛書，其中包括《老子》的兩種寫本，稱為甲本和乙本。甲本卷後和乙本卷前各有數篇久已失傳的古佚書，其中《老子》乙本卷前的四篇古佚書，合《老子》乙本，並無書名，以隸書書寫，各自單獨名篇，四篇篇名分別是〈經法〉、〈十六經〉、〈稱〉、〈道原〉。因為該墓出土了一片有紀年的木牘，可以知道墓主葬於西漢文帝十二年，即西元前一六八年。而上述四篇古佚書合《老子》乙本的〈德經〉與〈道經〉共計六篇文字，都避漢高祖劉邦的「邦」字之諱，可以推斷抄寫時代大約在漢文帝即位初年。學界多認為，這四篇古佚書就是《漢書・藝文志》在諸子略「道家」一門中所錄的《黃帝四經》四篇，成書時間推斷在戰國早中期，故學人又多稱之為長沙馬王堆漢墓出土帛書《黃帝書》。這四篇古佚書由馬王堆漢墓帛書整理小組釋文編校，文物出版社於一九七六年五月出版發行單行本，書名為《馬王堆漢墓帛書・經法》。

當時在整理釋文時，學者們就注意到帛書與傳世文獻《鶡冠子》之間的關聯。一九七五年，唐蘭先生在該年度《考古學報》第一期發表題為〈馬王堆出土老子乙本卷前古佚書的研究〉的論文，詳細列舉帛書和《鶡冠子》相同和類似的語句多達二十三處。李學勤先生又先後發表〈馬王堆帛書與鶡冠子〉、〈鶡冠子與兩種帛書〉兩篇論文。學界由此認定今本《鶡冠子》多引據《老子》和帛書《黃帝書》，又認為〈世兵〉篇或許並非抄襲賈誼〈鵩鳥賦〉，而是二者同出一源，或者賈誼化用《鶡冠子》之文。至於《鶡冠子》與《國語》、《戰國策》文句重見之事，本是古籍中的常見現象，最多也只能說明《鶡冠子》較之晚出，卻並不能據此斷為偽書。李學勤還認為今本《鶡冠子》與一九四二年長沙子彈庫出土的楚帛書存在理論關聯。在此基礎上，結合訓詁、詞義、避諱、理論特徵等方面的因素，多數學者贊成考慮《鶡冠子》應當成書在戰國晚期到西漢之前這一段時間，由此推翻了柳宗元以來對《鶡冠子》偽書的批評，掀起了《鶡冠子》研究熱潮。

確定今本《鶡冠子》不偽之後，然後可以討論該書的作者。據《漢志》所載，《鶡冠子》的作者是鶡冠子，為「楚人，居深山，以鶡為冠」；《隋志》也說是「楚之隱人」。就是說《鶡冠子》作為一本子書，和《老子》、《莊子》、《孟子》、《荀子》、《韓非子》等書一樣，是以該書的作者鶡冠子其人作為書名。鶡冠子是戰國時期楚國的一名隱士，可能因為他喜歡用一種類似雉雞、名為鶡鳥的鳥類羽毛作帽子，故而時人號為鶡冠子。特別是本書〈王鈇〉篇提出的天曲日術執政方案中，所用的官吏名號，具有非常典型的楚國特色，人們遂多以楚國隱士鶡冠子作為《鶡冠子》一書的作者。但這中間還有一些疑問。首先，據《說文解字》，鶡鳥多產於上黨，上黨是趙地，則鶡冠子用來作帽子的鳥羽似非楚地所有。而本書〈武靈王〉篇載趙武靈王與龐煥問對，如龐煥就是龐煖，龐煖於戰國晚期的趙悼襄王時在趙國為將，那麼鶡冠子作為龐煖的老師，曾遊於趙或居於趙，不是沒有可能；其次，〈王鈇〉篇所談天曲日術，與齊地學術結晶《管子》十分雷同，兩者必有因襲關係，不能簡單地認為天曲日術就是楚人談楚制。雖然令尹是楚國特有的官制，但柱國一職卻是楚、趙兩國都曾設立過。綜上所述，鶡冠子可能是戰國晚期楚人，曾遊於趙，甚至也可能還到過齊地。

而且，鶡冠子決不可能是《鶡冠子》一書的惟一作者。就上面所列對話體七篇來看，〈近迭第七〉、〈度萬第八〉、〈王鈇第九〉、〈兵政第十四〉、〈學問第十五〉五篇記載鶡冠子和龐煖的問答，這和《論語》記孔子與學生問答體例相同，顯然是後學整理補記，而非出自為師者自著。且古人著書，並沒有著作權的概念，襲用前人成說自著文章，這在先秦以至於漢初，都非常常見。而〈世賢〉篇和〈武靈王〉篇，情況更為複雜。如上所說，這兩篇看起來與前五篇對話體文字並非出於一人之手。而這兩篇本身來看，又如注釋中所說，〈世賢〉篇的主角是龐煖，〈武靈王〉篇是龐煥，如兩個名字繫於一人，則龐煖很難同時活躍在相隔六十餘年的兩朝；如果確係兩人，則這兩篇必非成於同一時代同一人之手。所以，可以認定如先秦諸子之書一樣，《鶡冠子》諸篇並非都是鶡冠子本人親著，該書應當是戰國晚期到秦末楚漢戰爭時期推崇學習鶡冠子學說的人集體所著，屬於跨越一定時空的眾手成書。

三、《鶡冠子》的特點及理論價值

自戰國以至秦漢，前有《老子》、《莊子》，後有《呂氏春秋》、《淮南鴻烈》等，大都是成熟之作。兼之《韓非子》有〈解老〉、〈喻老〉之篇，《管子》有〈心術〉上下、〈白心〉、〈內業〉等文，《史記》、《漢書》和陸賈《新語》中有對漢初黃老之治的陳述，近世又有出土漢簡本《文子》之作，道家之作可謂並不少見。《鶡冠子》廁身其中，究竟有何特色及理論價值，讀此書前須有粗略的瞭解。

一方面，以上所列道家著作雖多，但真正屬於盛行於秦末漢初的黃老之學的代表作卻很難找出來，《老》、《莊》成書較早，《呂氏春秋》、《淮南鴻烈》雖然體制周備，卻是集成之作，並不是專論黃老之學的子書。真正讓黃老之學重新熱起來的，目前的主要文獻仍然只有出土帛書《黃帝書》和《鶡冠子》。

另一方面，近年來，中國人民大學哲學系曹峰教授在他的《近年出土黃老思想文獻研究》一書中提出來一個看法，非常有價值。他覺得長期以來，我們對先秦諸子學派的研究，都注意抽繹出思想主線和代表人物，而且看起來，「似乎這些思想主線和代表人物，天生就已經具備明確的哲學意識和完善的思想結構」。而在此外，一些「學派特徵不那麼濃厚、觀點不夠鮮明」，特別是之前一些被視為雜家的諸子之作，都沒有得到足夠重視。特別是曹峰發現，我們之前對於諸子學派的經典認知，往往與先秦出土文獻的理論陳述無法準確、直接地對應，出土文獻中，很多表述似乎既可以歸於這個學派，又有那個學派的色彩，屬於「模糊的、中間的形態」。這些怎麼解釋？曹峰先生所提的這個問題，也曾是困惑我較長時間的難題。對此，曹峰先生的解釋是，他認為我們應該把學派看作是動態的概念，很多先秦出土文獻，可能是學派形成過程中的環節，是一種學派理論從萌生走向成熟、定型過程當中的中期產物。如果這個說法成立，那麼《鶡冠子》與《國語》、《戰國策》、《管子》、〈鵩鳥賦〉等文獻的文句重見，與帛書《黃帝書》的文句重見及理路相仿，與長沙子彈庫楚帛書的理論關聯，很可能說明這本書正是曹峰先生所講的這種過程中產物，具有發展中的形態，對於我們全面瞭解黃老之學有很大的幫助。

《鶡冠子》的具體理論內容及特色，詳見正文諸篇注釋及研析，這裏只講論其宏觀上最為重要的三方面價值：

第一，《鶡冠子》展示了和《莊子．天下篇》、《荀子》、《呂氏春秋》等高度一致的價值取向，那就是順應時勢潮流，為即將或者剛剛出現的全國大一統局面張本。比如〈王鈇〉篇講成鳩氏之制，提出「有天下，兵強，世不可奪」、「方若所言，未有離中國之正也」、「成鳩氏周闔四海為一家，夷貉萬國莫不來朝」的說法；再如〈泰鴻〉篇以五行配四季，提出「上為大都，天下盡土也，使居中央守地。天下盡人也，以天子為正」的說法。講究父子相傳世不可奪，以中國為天下之正，追求夷貉萬國來朝，甚而以五行理論支持天子之尊，這些都是典型的大一統理論，與戰國早期諸子關注諸侯國政治秩序重建有著明顯的不同。

第二，《鶡冠子》對《管子·內業》的精氣說作了進一步的闡發，明確提出來「元氣」說，將元氣作為道與具體的萬事萬物之間的連接媒介，這對道家理論的發展是一個非常重要的貢獻。因為在早期道家學說當中，一直是說「道生一，一生二，二生三，三生萬物」，這是非常典型的客觀唯心論。由於道家認為道不可知、不可說、不可感，道雖然永恆存在、體現在萬事萬物上，但對道家學說的受眾來說，道太過虛無飄渺，基本可以說是無。而這個虛無怎麼派生出具體的宇宙萬物，道家自己也講說不清，這就成為制約道家學說發揚光大的最大難題。而元氣說的提出，就成功地解決了這個問題，認為道生氣，陰陽二氣交互作用，派生出宇宙萬物。這個氣在古時是可知、可感、可測、可算的，這就向唯物論邁進了一大步，擺脫了之前使人難以置信的窘迫處境。往後世的發展來說，元氣論為東漢王充提出「元氣自然」說，批評天人交感、鬼神虛妄之事奠定了基礎。

第三點，也是最重要的一點，《鶡冠子》解決了此前道家學說要求因循自然和道不可知之間的理論衝突。既然要求因循自然，則人必須要能體察甚至把握推算出自然的變化；然而道家又講道不可知，這就把一切推向虛無主義，人的因循自然，就只能變成消極避世、聽天由命。在《鶡冠子》中，較之早期道家學說，最為明顯的一點，就是不惜篇幅地強調陰陽數術的運行機制和作用，李學勤先生說此書是「與陰陽術數進一步密切結合」，我覺得不是進一步密切結合，而是將陰陽數術完全提到道術的高度來講。《鶡冠子》的理論邏輯，簡單來講，就是道生氣，氣生萬物。而要察氣體道，就必須也只能依靠陰陽數術。在《鶡冠子》看來，陰陽數術就是天地之道的抽象化、數字化，也就是說人可以靠術算測知天地陰陽之事，推步天地陰陽之變。

眾所周知，今本《周易》同時包含有易理和象數兩方面的內容，二者不可偏廢。而今日學界之研究《周易》，讀者之學習《周易》，總的來說，還是以關注易理居多一些，這是因為象數過於繁瑣艱深，具體的占算之法各家歧異之處又頗多，研究既難立新意，而且於現實並無太大價值。而《鶡冠子》中所講的數術，已偏於《周易》的象數一途，比如〈道端〉篇的「與天與地，建立四維」、「左法仁則春生殖，前法忠則夏功立，右法義則秋成熟，後法聖則冬閉藏」，〈度萬〉篇的「故布五正以司五明」，〈王鈇〉篇的「調以五音，正以六律，紀以度數，宰以刑德。從本至末，第以甲乙」，〈泰鴻〉篇的「按圖正端」、「五范四時，各以類相從」，〈世兵〉篇和〈天權〉篇的五行四象陣法以及五音術兵之事，所講論已明顯偏於占星、卜筮、觀氣、術算之事。

四、陰陽數術的簡要說明

《鶡冠子》中所涉陰陽數術，正是中國傳統文化中最神秘、大眾誤解最多的內容。要深入理解本書，讀者應對中國傳統陰陽數術之學有基本的認知。陰陽數術，相信人事和天地之間存在神秘聯繫，是以星占學為總根基，將陰陽說和五行說合併在一起，結合自然物候觀測，逐步發展出各類具體的占算吉凶、推演星象節氣變化之法的一門學問。其事雖然繁複難明，但真正的主題其實只有兩個，一個是觀吉凶、知禍福，一個是推步星象節氣變化。而推步星象節氣變化的主要目的，仍是為了觀吉凶，測知禍福之變。閱讀鄭文光先生的《中國天文學源流》和上海交通大學江曉原教授的《天學真原》二書，對理解本書數術之說可以有很好的輔益。

書中各篇相關數術之說的具體闡述詳見注釋，此就整體情況作粗略概說，俾讀者可以有正確的理解，免生誤讀。本書所涉數術之說，粗略可以分成兩類，一類側重於執政原理，一類側重於用兵之術。

古人觀察日月星辰運行有序，又與年月輪轉、大地萬物盛衰有規律性的聯繫，既然天地之間存在著某種冥冥中的聯繫，他們相信人類作為大地萬物之一，也必然和天地之間存在著冥冥中的互動感應，這就是我們常說的天人感應。所以，古人建立政權，確立國家政治制度，都要求必須依從天地之數。比如一年有四季之變，簡古時代就要為天子設立四個輔臣，也就是「建立四維」，一人負責占測一季之事，這就是「左法仁則春生殖，前法忠則夏功立，右法義則秋成熟，後法聖則冬閉藏」。又如《國語·楚語》說上古帝王顓頊「命南正重司天以屬神，命火正黎司地以屬民」，這也是簡古時代的思維，南正重和火正黎也是兩個輔臣，南正重負責占測太陽運行以聯絡上天，火正黎負責占測大火星心宿二的運行以規劃人間的農事。古人相信他們只要法象天地而行人事，就能實現天人之間的協和，就不會產生災異變亂，政權就永葆青春，帝位就能傳於永久。〈王鈇〉篇「家、里用提，扁長用旬，鄉師用節，縣嗇夫用月，郡大夫用氣、分所至，柱國用六律」依曆數施政的天曲日術，不正是這種思想的具體表現麼！至於書中五正五明、五音六律、五範四時、度數甲乙之類，不過是這種思想由上古的簡略發展到更為詳盡周全的表現，古人既觀天地而抽繹出陰陽、五行、五音、五方、四時、十二紀、二十八宿、干支乃至三百六十度四分度之一的周天之數等數理，人事制度自然就依此數理而作出更為精密、繁複的設置。此即執政之理。

執政之理以外，書中談兵事諸篇，多屬兵陰陽家之事。兵事與政事，理論源頭是一樣的，也是源自天人感應的信念。既然政事法象天地才能永不衰敗，用兵要想常勝不敗，自然也須恪守天道。所以古人用兵，從操練陣列到交兵之際戰術的運用，都離不開陰陽數術。《史記・淮陰侯列傳》載韓信將兵擊破趙軍後，諸將問韓信說：「兵法右倍山陵，前左水澤」，意思是兵法上要求對敵列陣，要右後方靠著山陵，左前方面向水澤。從地形上說，這個說法有一定道理，因為如果前山後水，乘勝不利於追擊，失敗則不利於撤退。但為什麼一定是右倍山陵，而不能左倍山陵、前右水澤？這就是古人用兵迷信陰陽向背之事的表現了，因為古人認為前左為陽，右後為陰，負陰抱陽才能立於不敗之地。〈世兵〉篇中說的「一先一後」、「一右一左」，就是這方面的道理。至於〈天權〉篇中所說的「四時求象：春用蒼龍，夏用赤鳥，秋用白虎，冬用玄武」，說的則是仿效四象二十八宿星象列陣。《三國志》載諸葛亮作八陣圖，《水經注》中引諸葛亮自言「八陣既成，自今行師，庶不覆敗」，八陣圖並無文獻傳世，世間雖然謠傳紛紛，真相難明，但依其理推究，應該就是本書中五行四象陣法的升級版，諸葛亮能說出「自今行師，庶不覆敗」的話，可見他對自己的數術之學是多麼自信。

書中又常出現天時、地利、人和的字樣，這三組名詞，由於《孟子》「天時不如地利，地利不如人和」說的影響力而廣為人知，但人們對其的誤解，也自《孟子》而始。《孟子》所講的天時、地利，與本書中所講的大約一致，天時並不主要講客觀形勢，地利也非特指地形便利，兩者主要都還是陰陽數術之說。天時，主要是講日月星辰之象的吉凶，如〈世兵〉篇所說「指天之極」，認為北斗所擊，不可與敵。又如太白（即金星）升起位置高，進軍宜深入敵方。再比如《孫子兵法》講火攻，說當月亮出現在箕、壁、翼、軫四個星宿位置之日，如果此時天氣又比較乾燥，那這些日子就很可能會起風。諸如此類以日月星辰之象預兆用兵之事的順逆吉凶，都是天時題中之義。地利，在《淮南子・兵略》中的表述是「所謂地利者，後生而前死，左牡而右牝」，即上面講過的「右倍山陵，前左水澤」。古兵法又講究「背孤擊虛」，孤、虛是天干地支的說法。今日模仿的方法是將有表盤刻度和指針的手表平放，十二點鐘正對正北方，以表盤上十二個數字代表十二地支以示方位，按今年、今月、今日的干支數，找到表盤上對應的地支位，搭配相應的天干，然後將剩餘的九天干順次搭配剩餘的十一地支，搭配完會發現多出兩地支，沒有天干可搭配，多出的這兩地支就是「孤」，孤在表盤上所處的方位就是「孤位」，其在表盤上對角線指向的方位就是「虛位」。古人用兵，追求背倚孤位、誘敵立於虛位而擊之，認為可以穩操勝券。諸如此類依陰陽、孤虛、向背等原理用兵，都是地利題中之義。至於兵陰陽家學說當中，用兵時日、五行生克、吹律聽聲，等等不一而足，大都是這種迷信天人感應的表現。

但需要特別強調的是，古人雖強調數術之用，但用兵之際並非完全受制於這些虛無飄渺的玄理。羅福頤的〈臨沂漢簡所見古籍概略〉一文中說：「據《六韜・王翼章》，將有股肱、羽翼七十二人以應天道，七十二人中有天文三人，主司星曆、候風氣、推時日、考符驗、校災異、知天星去就之機，則是天官時日陰陽向背之說，自古軍旅有所不廢。今日此簡及陰陽、災異、雜占與諸兵書同出漢墓者，其來亦有自矣。」這話說得非常好，兵陰陽家之術只是「自古軍旅有所不廢」，也就是說自古用兵都會考慮這方面的因素，但並不以之為主，否則我國古時作戰，豈非全是神仙打仗？這點可以參看武王伐紂事和春秋時楚國鬬廉與莫敖的爭論。據《史記・齊太公世家》載，說武王起兵時卜筮、龜占都不吉，風雨暴至，諸公都害怕了，只有太公望堅持勸武王前行，結果果然克紂。王充《論衡・卜筮》篇的記載說：「周武王伐紂，卜筮之逆，占曰大凶。太公推筮蹈龜而曰：『枯骨死草，何知吉凶！』」而《左傳・桓公十一年》「楚屈瑕將盟貳、軫」章也記載楚軍面臨外敵，鬬廉主張用兵克敵，莫敖憂懼，提出占卜以觀吉凶，鬬廉批評說：「卜以決疑。不疑，何卜？」可見陰陽數術在古時兵戰之事中應用雖廣，影響力尚有限，需正確認識，不可過度誇大，更不可以深陷其中，誤以為得古人不傳之秘。

五、《鶡冠子》版本源流及本書校注翻譯的說明

《鶡冠子》傳世最早的本子，是唐代貞觀年間魏徵《群書治要》本。以其傳世最早，則較之其餘諸本為後世改動最少，最可能接近原本面貌。但治要本只節錄了〈博選〉、〈著希〉、〈世賢〉這三篇的部分文字，且無注文，實際上只是殘本，只適宜作為校本而不能成為底本。

《鶡冠子》完整的傳世版本，只有宋徽宗崇寧年間陸佃的《鶡冠子解》一種。該本卷首有陸佃所作的序言，次列唐代韓愈的〈讀鶡冠子〉一文，正文分上、中、下三卷（傳世版本中也有不分卷者），共計十九篇，雙行夾注。後世各類版本，均以陸佃的本子為祖本。陸本之後，傳世版本日漸增多，目前可以見到的主要傳世版本尚不下數十種。主要有《四部叢刊》影印江陰繆氏藝風堂藏明翻宋本、明正統《道藏》本、明弘治碧雲館活字印本、明萬曆《子匯》本、明嘉靖間刊《五子書》本、清乾隆《四庫全書》本、清乾隆《武英殿聚珍版叢書》活字本、清嘉慶十年張氏照曠閣刊《學津討原》本，即《四部備要》所祖之本、清嘉慶九年姑蘇聚文堂刊《十子全書》本及其復刊與重刊本，等等。

陸氏《鶡冠子》版本體系之外，又有近代藏書家傅增湘所藏敦煌唐寫本殘卷本，簡稱敦煌本。因為該本所錄與今本相校，依次為〈博選〉、〈著希〉、〈夜行〉、〈天則〉、〈環流〉、〈道

端〉、〈近迭〉、〈度萬〉，到〈王鈇〉篇「上序其福祿而百事理行畔者不利」為止，即為今本上卷八篇半的內容，所以又有人稱為唐人寫《鶡冠子》上卷本。而黑龍江省齊齊哈爾市圖書館又藏有唐人寫本《鶡冠子》殘卷，簡稱唐殘本，所收內容為今本〈環流〉篇一部分和〈道端〉、〈近迭〉兩篇。敦煌本和唐殘本，尚存在一些疑問，學界對其真偽及版本價值存在爭議，此次校注姑置而不論。

本書校注，需兼顧版本價值和市場受眾面，考慮《四部叢刊》影印江陰繆氏藝風堂藏明翻宋本（以下簡稱叢刊本）傳世最廣，學界使用多，易於查找校對，又具有較高的文獻價值，故選為底本。但叢刊本尚有錯漏之處，而其餘幾個比較優秀的本子當中，明萬曆《子匯》本是清乾隆《四庫全書》本的祖本，《子匯》本體系不分卷，全書一體，與通行本不同；而明嘉靖間刊《五子書》本可能與叢刊本存在一定關聯，不宜選用；乃決定以唐貞觀《群書治要》本和《四部備要》校刊學津討原本為校本。尤其需要說明的是，近世《鶡冠子》注疏，以黃懷信先生的《鶡冠子彙校集注》成就最高，影響最大，對本書校注助益最多。

本次校注凡例如下：

第一，凡底本明確有誤或有偏差，均依校本改正，並在注釋中按語說明。

第二，凡底本、校本有不同之處，如無明顯歧異、不影響文意或在不能確知正誤的情況下，均依底本原文不改，在注釋中以按語說明。

第三，凡底本、校本疑有誤，為嚴謹起見，均保留原文不變，在注釋中加以說明。

第四，注釋中所說的「注文」，指底本、校本正文中的夾行小注，係陸佃所注。

第五，底本與校本均無標點，文中標點係作者所加。原文亦不分章，文章分章之處，亦係作者所為，旨在使文意更加清楚。

第六，對於意思晦澀難懂的句子，除注解外，盡可能引用其他史料、文獻中意思相近的內容和史事，供讀者參互理解。

第七，文下的「語譯」盡可能用直譯，但考慮古今表達方式不同，為使文意清楚暢達，個別文句輔以意譯。

第八，叢刊本全書之前有宋代陸佃所撰〈鶡冠子序〉和唐人韓愈所撰〈讀鶡冠子〉兩篇文字。備要本書前錄有《四庫全書總目》關於《鶡冠子》的提要和陸佃所撰〈鶡冠子序〉兩篇文字，未收韓愈之文。今既以叢刊本為底本，又以陸本為《鶡冠子》諸本之祖，且陸氏序言對讀者學習瞭解本書不無裨益，故酌將陸氏序言保留，並置於全書之前。

鶡冠子序

宋・陸佃

鶡冠子，楚人也，居於深山，以鶡為冠，號曰鶡冠子❶。其道踳駁❷，著書初本黃老❸，而末流迪於刑名❹。傳曰❺：「申韓厲名實❻，切事情❼，其極慘礉少恩❽，而原於道德之意❾」，蓋學之弊有如此者也❿，故曰：「孔墨之後，儒分為八，墨離為三」⓫。嗚呼，可不慎哉⓬！此書雖雜黃老刑名⓭，而要其宿⓮，時若散亂而無家者⓯。然其奇言奧旨⓰，亦每每而有也⓱。自〈博選〉篇至〈武靈王問〉，凡十有九篇，而退之讀此云十有六篇者，非全書也⓲。今其書雖具在，然文字脫繆不可考者多矣⓳。語曰：「書三寫，魚成魯，帝成虎」⓴，豈虛言哉㉑？余竊閔之㉒，故為釋其可知者㉓。而其不可考者，輒疑焉以俟博洽君子㉔。

【注釋】❶鶡冠子五句　鶡冠子是楚國人，居住在深山中，戴著用鶡鳥羽毛製作的帽子，故而稱為鶡冠子。鶡，鶡鳥，據《說文解字》，是產於趙國上黨，即今山西省長治市一帶的一種雉鳥。冠，帽子。❷其道踳駁　他的學說駁雜不純正。道，指學術主張。踳駁，雜亂。❸著書初本黃老　著書以黃老之學為本。著，寫。初，開始，基礎。本，依據，以之為本。黃老，道家的一個學派，盛行於秦末漢初，因為同時推尊黃帝和老子，故稱黃老。❹而末流迪於刑名　發展到後期講求法家刑名之術。末流，指學說發展後期。末，終。流，發展。迪，進。刑名，刑法名理，指法家學說。❺傳曰　史傳之書說。傳，記載事跡以傳於世曰傳，指史傳之書。❻中韓厲名實　申不害、韓非之學要求名實必須相符。申，申不害，法家代表人物之一。韓，韓非，法家代表人物之一。厲，嚴格，嚴格要求。名實，名實相符。名，名分。實，事物，實際。❼切事情　務實。切，貼近，貼合。事情，實際事務。❽其極慘礉少恩　其極致嚴酷苛刻，缺少恩寬。極，極致。慘，嚴酷。礉，核實，引申指苛刻。少恩，缺少恩澤。少，缺少。恩，恩德。❾而原於道德之意　但還是推究講求道家的思想。原，推究，推求。道德，指道家學說。意，思想。❿蓋學之弊有如此者也　治學的流弊如此嚴重。蓋，發語辭。學，治學。弊，弊病。如此，像這樣。⓫故曰四句　因此說，孔子和墨子之後，儒家分為八派，墨家分為三派。孔，孔子。墨，墨子。儒，儒家學派。八，八個流派。墨，墨家學派。三，三個流派。⓬嗚呼二句　啊，治學怎能不審慎呢。慎，審慎。⓭此書雖雜黃老刑名　《鶡冠子》這本書雖然將黃老之說和法家刑名之術混雜糅合在一起。雜，混雜。⓮而要其宿　但總結其歸宿。要，歸結。宿，歸宿，指學說的落腳點。⓯時若散亂而無家者　有時就像散亂沒有宗旨一樣。時，有時。若，像。散亂而無家，指各部分有矛盾之處，不能形成一致，沒有一以貫之的明確宗旨。家，學術宗旨。⓰然其奇言奧旨　但這本書出人意表的言辭和深奧的理論。奇，奇特，奇妙。言，言論。奧，深奧。旨，意圖，思想。⓱亦每每而有也　也常常能看到。每每，經常。有，指讀得到。⓲自博選篇至武靈王問四句　全書從〈博選〉篇到〈武靈王問龐煥〉篇，一共十九篇。但韓愈讀的時候卻說是十六篇，那是因為他讀的不是全本。凡，統，一共。退之，唐代文學家韓愈，字退之。讀，讀書。全書，完整的書。按：「博」，叢刊本全書均作「慱」。「慱」為「博」的俗字，今據備要本和治要本改「慱」為「博」。以下各篇皆同，不再一一注出。⑲今其書雖具在二句　今天這本書雖然存世，但書中文字脫佚錯誤無從考證的地方很多。雖，雖然。具，備。在，指存世。脫，脫漏。繆，錯誤。考，考證。⑳語曰四句　俗話說：書抄寫三次，魚字就變成了魯字，帝字就變成了虒字。語曰，俗話說。語，格言，俗語。書三寫，書抄寫三次。寫，抄寫。三，三次。魚成魯，魚字和魯字形近，抄寫筆誤，誤將魚字寫成了魯字。帝成虒，帝字和虒字形近，抄寫時誤將帝字寫作了虒字。按：虒，備要本作「虎」，二字古通用。㉑豈虛言哉　哪是亂講的啊。豈，哪裏。虛言，空話；無根之談。㉒余竊閔之　我私下裏感到可惜。竊，謙稱，私下。閔，惋惜。㉓故為釋其可知者　因此釋讀可以通解的內容。釋，疏解釋讀。可知，指還可以通解的文字。知，知曉；理解。㉔而其不可考者二句　而無從考證的內容，就存疑以待後世學問淵博之人。考，考證。輒，就。疑，存疑。俟，等待。博洽君子，學問淵博的人。按：輒，備要本作「輙」，二字古通用。

【語譯】鶡冠子是楚國人，居住在深山中，戴著用鶡鳥羽毛製作的帽子，故而稱為鶡冠子。他的學說駁雜不純正，著書立說從黃老之學出發，後來就開始講求法家刑名之術。史傳之書說：「申不害、韓非的法家學說追求名實必須相符，務於實際，其極致嚴酷苛刻，缺少恩寬，但總的來說還是以道家的思想為本。」治學的流弊是如此嚴重，所以孔子和墨子之後，儒家就分裂為八派，墨家就分成了三派。啊，治學怎能不審慎呢？《鶡冠子》這本書雖然將黃老之說和法家刑名之術混雜在一起，但要總結其學說落腳點，有時卻像散亂沒有宗旨一樣。但這本書出人意表的言辭和深奧的理論，還是經常可以讀到。全書從〈博選〉篇到〈武靈王問龐煥〉篇，一共十九篇。但韓愈讀的時候卻說是十六篇，那是因為他讀的不是全本。今天這本書雖然存世，但書中文字脫佚錯誤無從考證的地方很多，俗話說：「書抄寫三遍，魚字就寫成了魯字，帝字就變成了帍字」，這話真是有道理啊！我私下裏對此感到可惜，因此釋讀還可以通解的內容。而無從考證的內容，就存疑以待後世學問淵博之人來解決了。

卷上

博選第一

【題解】本篇討論甄選人才的重要性及選才之法。鶡冠子認為治理好國家的根本，在於能夠選拔、任用真正的人才，所以《鶡冠子》這本書把甄選人才放在最前面進行討論。博選，就是廣泛選用的意思。《戰國策・燕策一》與本篇有雷同之處，可相互參看。

博選者，序德程俊也❶。道凡四稽❷：一曰天❸，二曰地❹，三曰人❺，四曰命❻。人有五至❼：一曰百己❽，二曰十己❾，三曰若己❿，四曰廝役⓫，五曰徒隸⓬。

【章　旨】本章總括介紹選用人才的方法，並對人才進行分類。

【注　釋】❶博選者二句　所謂博選，就是根據德行、才能選用人才。博，廣泛。選，選拔。序德，根據德行排列先後次序。序，排序。德，道德名望。程俊，衡量人才。程，衡量。俊，才能。按：叢刊本和備要本此二句均作：「王鈇非一世之器者，厚德隆俊也」，與下文文義不相連。此據治要本改。❷道凡四稽　博選之道要把握四方面的前提。即要在掌握、遵循以下四個方面的前提下，才能做好人才的選拔。道，承上文，指博選之道。凡，總共。四稽，四個方面的原則。稽，止。❸一曰天　一是天文。❹二曰地　二是地理。❺三曰人　三是人情。❻四曰命　四是政令。❼人有五至　招徠的人才有五種。至，到來。按：叢刊本和備要本均作「權人有五至」，誤，今據治要本刪去「權」字。❽一曰百己　一是勝過自己百倍的人。百，百倍。按：「百己」，叢刊本、備要本均作「伯己」，伯、百通用，百是本字，此據治要本改。下同。❾二曰十己　二是勝過自己十倍的人。十，十倍。按：「十己」，叢刊本、備要本均作「什己」。什、十通用，十是本字，此據治要本改。下同。❿三曰若己　三是和自己能力相仿的人。若，相仿；等同。⓫四曰廝役　四是供人驅使的下賤之人。⓬五曰徒隸　五是服役的罪人，較之上面的廝役則又低一等。

【語　譯】博選，指的是根據德行、才能衡量選用人才。選拔人才首先要把握四個方面的前提：一是天文，二是地理，三是人情，四是政令。招徠的人才又可以分為五種：一是勝過自己百倍的人，二是勝過自己十倍的人，三是和自己能力相仿的人，四是供自己驅使的奴僕，五是下賤的罪人。

所謂天者，理物情者也❶；所謂地者，常弗去者也❷；所謂人者，惡死樂生者也❸。所謂命者，靡不在君者也❹。君者，端神明者也❺。神明者，以人為本者也❻。人者，以賢聖為本者也❼。賢聖者，以博選為本者也❽。

【章　旨】本章是對上一章四個方面考察因素的具體闡釋。

【注　釋】❶所謂天者二句　天總理萬物。理，統理。物，萬物。情，萬物之性。古人認為萬物生成於天，所以說天統理萬物，是萬物生成的根源。按：「理物情者也」，叢刊本、備要本均作「物理情者也」，誤將「理」、「物」二字顛倒，此據治要本改。❷所謂地者二句　大地上的萬物，生息消長有恆定的規律。常，恆常。弗，不。去，失去；變。❸所謂人者二句　人情貪生怕死，即人情好惡有其客觀規律。惡，厭惡。樂，喜愛。❹所謂命者二句　政令都出自君主，意思是必須政令歸於君主一人，不能令出多門。命，政令。靡，無。❺君者二句　君主要明確並遵循自然之道。端，端正；明確。神明，自然之道，即上文所說的「所謂天者，理物情者也；所謂地者，常弗去者也；所謂人者，惡死樂生者也」這三方面的客觀規律。按：叢刊本和備要本，「君」字後均有「也」字，參照上下文例當係衍文，此據治要本刪去。❻神明者二句　此二句承上一句而發，君主要能明確並遵行自然之道，關鍵就在於能任用人才。以人為本，以用人為根本。本，根本；關鍵。按：治要本無「者也」二字。❼人者二句　任用人才，關鍵在於能選拔賢聖之人。賢聖，賢能、聖明之人。按：治要本無「者也」二字。❽賢聖者二句　欲得賢聖之人，必須要廣招人才。按：治要本無「者也」二字。

【語　譯】上天為萬物之本；大地上的萬物消長，有其恆定的規律；人情好惡有其客觀規律。政令必須要出自於君上一人。君主要遵行自然之道，關鍵是要任用人才。任用人才，關鍵在於能選拔賢聖之人。要想得到賢聖之人，就必須廣招人才、從中選錄。

博選者，以五至為本者也❶。故北面而事之❷，則百己者至❸。先趨而後息❹，先問而後默❺，則十己者至❻。人趨己趨❼，則若己者至❽。憑几據杖❾，指麾而使❿，則廝役者至⓫。樂嗟苦咄⓬，則徒隸之人至矣⓭。故帝者與師處⓮，王者與友處⓯，亡主與徒處⓰。

【章　旨】本章是對第一章所論五種人才的具體闡釋。

【注　釋】❶博選者二句　廣招人才要以五至為原則。按：治要本無「者也」二字。❷故北面而事之　君主執弟子禮尊崇人才。北面，面朝北。古時以坐北朝南為尊位，弟子敬師，師長居於北，弟子居於南，面朝北執禮。事，對待。按：治要本無「而」字。❸則百己者至　勝過自己百倍的人才就會前來效力。❹先趨而後息　執朋友之禮對待人才。先趨，搶先服勞。先，在前面。趨，快步走。後息，後於人休息。息，休息。先趨後息，即以身先勞，殷勤侍奉，是誠摯接待朋友的禮節。按：「趨」，治要本作「趍」。趍是趨的俗字，今依叢刊本和備要本。下同。❺先問而後默　以不恥下問的態度對待人才。問，詢問。默，緘默。以上兩句，均指君主以勤謹謙恭的態度禮敬人才。❻則十己者至　勝過自己十倍的人才就會前來效力。❼人趨己趨　執左右之禮對待人才。先派使者聘請，對方前來則君主前往迎接，此屬於對待左右臣屬的禮節。❽則若己者至　和自己能力相仿的人才就會前來效力。❾憑几㩀杖　倚靠著桌几而坐，扶靠著手杖站立。几、杖，古時供老人倚靠扶持的小桌子和手杖，賜几杖是表示敬老的禮節。常人「憑几㩀杖」，是傲慢無禮數的樣子。憑，倚靠。㩀，憑依；倚仗。按：「憑」，治要本作「馮」，二字互通。「㩀」，治要本、備要本均作「據」，兩字異體。❿指麾而使　揮手指派，傲慢狀。指麾，指揮。使，派遣；指使。以上兩句，均指君主對待人才傲慢無禮。⓫則廝役者至　甘為奴僕的人就會前來效力。廝役，奴僕。⓬樂嗟苦咄　疑當作「响藉叱咄」，喝斥狀。响、藉、叱、咄，皆指大聲喝斥。按：叢刊本此處有缺文，備要本作「樂嗟苦咄」，此據備要本補；而治要本作「噫唶叱」。皆有訛誤。本章文字與《戰國策・燕策》雷同，今據〈燕策〉，此句似當作「响藉叱咄」。⓭則徒隸之人至矣　甘於下賤的罪人就會前來效力。徒隸，服勞役的罪人。按：治要本無「之」字。⓮故帝者與師處　君主執弟子禮對待人才就能統一天下。帝者，皇帝，指成為天下之主。師，老師。處，交往。⓯王者與友處　君主執朋友禮對待人才就能稱霸。王者，此處所論，疑當指春秋霸道，即稱霸諸侯。友，朋友。按：「友」，治要本作「交」，二字意思相近。⓰亡主與徒處　君主奴使人才就會亡國。亡，滅亡。徒，罪奴。按：「徒」，治要本作「役」，意思相近。

【語　譯】廣招人才要以五至為原則。君主如能執弟子禮尊崇人才，勝過自己百倍的人才就會前來效力；如能執朋友禮殷勤招待人才，不恥下問，勝過自己十倍的人才就會前來效力；如果執對待左右臣屬之禮對待人才，和自己能力相仿的人就會前來效力；如果待人傲慢無禮，甘為奴僕的人就會前來效力；如果欺侮役使人才，甘於下賤的罪人就會前來效力。因此，君主執弟子禮對待人才就能稱帝，執朋友禮對待人才就能稱霸，奴使人才就會亡國。

故德萬人者謂之雋❶，德千人者謂之豪❷，德百人者謂之英❸。德音者，所謂聲也❹，未聞音出而響過其聲者也❺。貴者有知❻，富者有財❼，貧者有身❽。信符不合❾，事舉不成❿。不死不生⓫，□不斷不成⓬。計功而償⓭，權德而言⓮，王鈇在此⓯，孰能使營⓰。

【章旨】本章總結四稽、五至並討論鑒別選用人才的方法。

【注釋】❶故德萬人者謂之雋　惠及萬人的人稱為俊才。德，惠及，使人願意追隨。雋，同「俊」。俊才。❷德千人者謂之豪　惠及千人的人稱為豪傑。豪，豪傑。❸德百人者謂之英　惠及百人的人稱為英才。英，秀挺特出之人。以上雋、豪、英，皆指才略出眾之人，三字常混用，古無定說。❹德音者二句　施恩惠者（即上面所說的雋、豪、英），就像發出聲音一樣。音，即聲，聲音。❺未聞音出而響過其聲者也　沒有聽說過回聲能大過聲音本體的，意思是人物的影響力不可能超出其所能惠及的範圍。響，回聲。❻貴者有知　地位高的人擁有知識才華。貴，身分貴重。知，通「智」。指知識、才華。上古學在官府，非貴族世官都無法掌握文字知識，所以說「貴者有知」。❼富者有財　富人擁有錢財。財，錢財。❽貧者有身　貧賤的人擁有自己的身體。身，身體。❾信符不合　不能使名實相符。信、符，古時軍中取信的憑證，比如兵符、虎符之類。合，印證。❿事舉不成　事情就辦不成。舉，舉行。⓫不死不生　死為生根，沒有死就沒有生。此句為興起、襯托下句，本身無意義。⓬□不斷不成　不能決斷就不會成功。按：叢刊本、備要本在「不斷不成」前空一字。據文句格式及陰符經注，此處不當有闕文。⓭計功而償　根據功勞大小進行獎賞。計，計算。償，同「賞」。⓮權德而

言　根據人物的德行安排其做事。權，衡量。言，使；令。此二句承篇首「序德程俊」而言，計功而償是程俊，權德而言是序德，均指獎罰任用符合人物的實情。⑮王鈇在此　王者的法度在這裏。王鈇，王者治國的法度。鈇，斧鉞，古時代表統治者的權力。故以王鈇指代君主治國的法度。⑯孰能使營　沒有人能迷惑君主。孰，誰。營，迷惑。

【語　譯】惠及萬人的稱為俊才，惠及千人的稱為豪傑，惠及百人的稱為英才。人物的能力與影響力的關係，就如同聲音與回聲的關係一樣，回聲不可能大過聲音本身。地位高的人擁有知識才華，富人擁有錢財，貧賤的人擁有自己的身體，（選用人才）如果不能使名實相符，事情就辦不成。沒有死就沒有生，不能決斷就不會成功，根據功勞大小進行獎賞，根據人物的德行安排其做事，這就是治國的法度，（依法度考核獎懲就）沒有人能迷惑君主。

【研　析】西周之時，周王室分封子弟宗親，受封的各諸侯國之於周天子有著相對的獨立性，西周的統治很大程度上依賴於宗親關係。而春秋以至戰國，封建井田被破壞，新的全國性政體尚未形成。在那個時候，社會面臨的首要問題，就是應該建立一個什麼樣的政權，以及怎樣有效地管理這個政權。

當時的社會狀況是，政出私門，陪臣執國命，並由三家分晉、田氏代齊而使這樣的風氣愈演愈烈，貴族階級逐漸消失，王室與官吏之間的相處越來越像一種利益的博弈，沒有上下宗親關係的職業官吏越來越普遍。西周以血緣親屬關係維繫統治的時代既已一去不復返，君主就越來越成為「孤家寡人」，國家政權的金字塔結構初步形成。在這個金字塔結構當中，君主孤獨地高踞在塔尖上，下面是各級官僚和民眾。那麼，這種沒有血緣、宗法關係的官僚結構，應該怎樣才能有效地管理？怎樣才能使上下齊心、形成合力？這就成為戰國時期迫在眉睫的重大命題。

當時，諸子各家給出的答案，就是：分權、用人。君主負責選拔任用賢能的官員，官員負責處理具體事務，彼此職責清楚，不得越權干預。君主管理官員，靠的就是獎賞和處罰兩個手段而已。這個問題放在兩千多年後的今天來看，可能非常普通。但在當時，卻具有非同一般的意義和複雜性。在確認選賢用人以後，如何有效地選賢用人，也是西周宗法制時代未曾提出而為戰國之人所必須面對的一個全新命題。

〈博選〉篇介紹的正是黃老道家所提出的解決方案，這個方案分為兩步：第一步是根本原則，即文中所說的四稽。其實，在筆者看來，四稽更像是三稽加上一個尊君。三稽包括天、地、人，也就是治國用人，都要在遵循天、地、人這三維的客觀規律前提下進行，否則就沒有任何意義。這是黃老與早期道家學說相一致的地方，即都把因循自然作為所有理論的客觀前提。在他們看來，如果不懂得以自然為本、以因循為用，就不足與言治世立身。而在這個前提下，首要之事就是確立四稽的最後一稽：「所謂命者，靡不在君者也」，也就是尊君，即確立君主的絕對權威。戰國時陪臣執國命，當時有識之士都認識到國家不寧的一個根本原因就是政出多門，所以產生尊君思想是當時社會發展的必然結果。

而作為君主，以一人統率一國，能力不足是很正常的。更不要說自古君主當中，顢頇平庸之輩總是遠多於聰明睿智之人。所以，君主的職責，決不是以一人之力總攬全國之事，這既非常人能力所及，也沒有必要，就更不要說治事施政還需要因循自然之道。黃老道家由此提出，君主要清靜無為，要放手發揮人才的作用，讓他們幫助自己處理國內各方面的事情。所以一個政權如果不懂得尊重、重用人才，就無法做到遵循自然界的規律和採取正確有效的施政方針。

至於第二步，則是具體的選人和用人之法，即：通過考察人物發揮的作用及其影響力來確定其能力，然後根據其能力安排相應的職位，根據其功過進行賞罰。

這個方案第一步接近於道家的理論，講究因循客觀規律、講究君主的無為。第二步的操作則比較像法家的風格，強調法度和考覈。但必須說明的是，後半部分所說的見功賜賞、量能授官並不是法家所特有，而是戰國各家學派的共識，就像《荀子》也說要考察人物的德行、才能來授予官職。這也恰好反映了黃老兼賅百家之長的特點。

綜上，〈博選〉篇的主題有兩點。一是說治國選才，必須要以因循自然之道為前提。二是說廣泛招攬人才，誠心重用賢才，量能授官，循名責實。

著希第二

【題　解】本篇旨在說明賢人君子處身亂世庸主之下，在干人主、人國時要清楚認識到君子之道和亂世之行的區別，要謹言慎行、明哲保身。著希，介紹說明（賢人君子）求取功名、迎合人主世俗的方法。著，著明、說明。希，追求、求取。

道有稽❶，德有㨿❷。人主不聞要❸，故耑與運堯而無以見也❹，道與德館而無以命也❺，義不當格而無以更也❻。若是置之❼，雖安非定也❽。端倚有位❾，名號弗去❿，故希人者無悖其情⓫，希世者無繆其賔⓬。文禮之野⓭，與禽獸同則⓮。言語之暴⓯，與蠻夷同謂⓰。

【章　旨】本章介紹君主不行博選之道的後果。

【注　釋】❶道有稽　承〈博選〉篇「道凡四稽」而言，博選要遵循自然之道。❷德有㨿　承〈博選〉篇「德音」而言，考察人物德行有所依據。㨿，即「據」，依據之意，即〈博選〉篇所謂「未聞音出而響過其聲者也」。按：「㨿」，備要本作「據」。❸人主不聞要　君主不懂得要領。聞，聽，這裏指明白、領悟。要，要領；關鍵，即〈博選〉篇所講的選人用人方法。❹故耑與運堯而無以見也　因而小大紛擾卻無法分辨。耑，古「端」字，引申指小的意思。與，和。運，通「渾」。引申指大的意思。堯，當作「撓」，擾亂；紛擾。見，看見，這裏指分辨清楚。❺道與德館而無以命也　道德敗壞卻不能明白。道與德，這裏指道德。館，通「貫」。貫瀆，指侮慢、褻瀆。命，明白。❻義不當格而無以更也　儀禮不合規格卻不知更改。義，通「儀」。儀禮、儀節。當，符合。格，規格；標準。更，更改。❼若是置之　處在這種情況下。若，像。置，居處。❽雖安非定也　雖然暫時平靜無事，但並不安定。安，安寧、平靜。定，安定；安全。❾端倚有位　君子和小人都享有官職。端，正，指君子。倚，邪，指邪僻小人。有，享有。位，職位。❿名號弗去　不能去除小人的職位頭銜。名號，與上面的「位」同義，指職位、尊號。弗，不。去，去除。⓫故希人者無悖其情　希望得到君主的賞識就不要違逆君主的意願。希，追求；迎合。人，這裏指君主。悖，違逆。情，實情，指君主的欲望、利益。⓬希世者無繆其寘　迎合世俗就要隨波逐流。繆其寘，指不與世俗同好。繆，通「謬」。欺騙；背離。寘，世人。⓭文禮之野　不守禮法。文禮，禮儀。野，野蠻，指不合乎禮法。⓮與禽獸同則　與禽獸相同，指不自節制，不守禮法，與禽獸一樣任性任情。則，儀制；法度。⓯言語之暴　言語的粗暴。暴，粗暴。⓰與蠻夷同謂　像鳥語一樣。蠻夷，《孟子．滕文公上》說南蠻人說話像伯勞鳥叫。謂，說。

【語譯】廣泛選人要依於自然，考察人物的德行要有所依據。作為君主如果不懂得考察的要領，就會出現小大紛擾卻無法分辨、道德敗壞卻不能明白、儀禮不合規格卻不知更改的現象。處在這種情況下，雖然暫時無虞，卻難保長久平安。官位上良莠雜處，卻不能去除其中的小人。因此，希望得到君主的賞識就不要違逆他的意願，希望得到世俗的認可就要隨波逐流。世人總是憑著本性做事，不自我節制，不遵行禮法，與禽獸蠻夷無異。

夫君子者❶，易親而難狎❷，畏禍而難卻❸，嗜利而不為非❹，時動而不苟作❺。體雖安之而弗敢處❻，然後禮生❼；心雖欲之而弗敢言❽，然後義生❾。夫義，節欲而治❿；禮，反情而辨者也⓫。故君子弗徑情而行也⓬。

【章　旨】本章討論賢人君子的處世之道。

【注　釋】❶夫君子者　作為君子。君子，指德行高潔，能遵行禮法、自我節制的人，與上文的小人相對而言。❷易親而難狎　平易近人卻難以用不合禮法的行為結交。易，容易。親，親近。狎，親近而不莊重，指不合乎禮法的親近行為。❸畏禍而難卻　戒懼禍患卻不容易被禍患嚇退。畏，畏懼。禍，禍患。卻，退卻。按：卻，治要本作「刼」，文義略同。❹嗜利而不為非　指君子愛財，取之有道。嗜，喜好。利，利益。非，越矩之事。❺時動而不苟作　適時而動，而不隨意而為。時，適時，依據自然規律。動，行動。苟，隨意，不因順規律和形勢。作，行動。按：動，治要本作「動靜」，治要本誤。❻體雖安之而弗敢處　所處的環境雖然感覺安適，卻不敢違制居處。指克己復禮，必須遵循道義起居行事。體，身體。安，安閒舒適。弗，不。處，居處。❼然後禮生　產生禮儀。禮，禮儀。按：治要本在「生」後多一「焉」字，當係衍文。❽心雖欲之而弗敢言　心裏雖然想要卻不敢說出口。欲，想要；希望。言，說。按：「言」，叢刊本、備要本均作「信」，當係傳鈔之誤，此據治要本改。❾然後義生　產生道德。義，道義；道德。按：治要本在「生」後多一「焉」字，當係衍文。❿夫義二句　道德是通過節制欲望來處理事情的。節，節制。治，處理。⓫禮二句　禮儀是通過抑制人的性情來處理事情的。反，相反。情，性情，指人的七情六欲。辨，與上一句的「治」同義，處理。⓬故君子弗徑情而行也　因此君子不任性而為。徑情，即任性、由著嗜欲和心情。徑，徑直。

【語　譯】君子平易近人卻難以越禮交結，戒懼禍患卻不會被恐嚇，愛好財帛卻取之有道，適時而動卻不隨意而為。環境舒適卻不敢違制居處，雖有欲望卻不隨意言表，於是禮儀、道德就（在君子的身上）應運而生。道德、禮儀都是要節制人的欲望性情，因此君子不會率性而為。

夫亂世者❶，以麤智為造意❷，以中險為道❸，以利為情❹。若不相與同惡❺，則不能相親❻。相與同惡❼，則有相憎❽。說者言仁❾，則以為誣❿。發於義⓫，則以為誇⓬。平心而直告之⓭，則有弗信⓮。故賢者之於亂世也⓯，絕豫而無由通⓰，異類而無以告⓱。苦乎哉，賢人之潛亂世也⓲。

【章　旨】本章介紹亂世之情，感慨賢人身處亂世的悲苦。

【注　釋】❶夫亂世者　亂世之人，疑當與上一章「君子」相對而言，指習於世亂流俗的小人。❷以麤智為造意　把粗淺的智計當作精微之思。麤智，粗淺之智。麤，「粗」的異體字。造意，精微之思。造，至；極。❸以中險為道　把窺測隱私當作道術。中險，指窺測隱私。中，射中；命中。險，即巇，間隙，指隱密私情。❹以利為情　以逐利為理所當然。利，利益。情，性，事物的本性，即理所當然，本就如此。❺若不相與同惡　如果沒有共同的好惡。相與，一起。惡，好惡。❻則不能相親　關係就不親近。親，親近。❼相與同惡　有共同的好惡。❽則有相憎　又相互嫉妒。有，同「又」。憎，憎恨，這裡表示憎惡嫉妒之意。❾說者言仁　諫說的人談論仁。說，此處指游說、進言。❿則以為誣　認為是荒誕不實。誣，虛假不實。⓫發於義　諫說者以道義為出發點。發，出發。義，道義。⓬則以為誇　認為是誇大之言。誇，同「夸」。誇大。⓭平心而直告之　以平允之心坦誠相告。平心，平允之心，不偏頗。直，坦誠。告，告訴。⓮則有弗信　又不相信。有，同「又」。信，相信。⓯故賢者之於亂世也　因此賢人處於亂世之中。⓰絕豫而無由通　沒有朋友可以幫助晉身。絕豫，沒有知交、朋友。絕，斷絕。豫，借為「與」，結交。通，通達，這裏指晉身、入仕。⓱異類而無以告　沒有同黨可以相告知。異類，與上一句「絕豫」同義，指沒有知交朋友。異，相反；不同。類，同類；知交。⓲苦乎哉二句　賢人伏身於亂世之中是悲苦的事情。苦，痛苦、苦楚，有傷心義。潛，潛伏；藏身。

【語譯】習於世亂流俗的小人，把粗淺的智計當作精微之思，把窺測隱私當成道術，以逐利為理所當然。與這種人相處，如果不能同其好惡，就無法親近。如果成為同道中人，又會被嫉妒。如果以仁義為出發點進獻言論，就會被認為是荒誕誇大。以平允之心坦誠相告，又不被相信。因此賢人處於亂世之中，沒有朋友可以交流推薦。賢人伏身於亂世之中，是多麼悲苦的事情啊。

上有隨君❶，下無直辭❷，君有驕行❸，民多諱言❹。故人乖其誠能❺，士隱其實情❻。心雖不說❼，弗敢不譽❽。事業雖弗善❾，不敢不力❿。趨舍雖不合⓫，不敢弗從⓬。故觀賢人之於亂世也⓭，其慎勿以為定情也⓮。

【章旨】本章討論賢人在亂世君主治下的生存方法。

【注釋】❶上有隨君　君主沒有主見。隨，隨順；聽從，指君主輕信近臣之言，沒有主見。❷下無直辭　臣下不肯直諫。直，正直。辭，諫議之辭。❸君有驕行　君主為人驕橫。驕，驕橫。❹民多諱言　民眾言論多有忌諱。諱，忌諱。❺故人乖其誠能　人隱匿其真實能力。乖，違背，這裏指隱匿。誠，真實。能，能力。❻士隱其實情　士人隱匿其真實情況。與上一句互文。實情，真實情況。❼心雖不說　心裏雖然不贊成。說，同「悅」。喜歡；認同。❽弗敢不譽　不敢不贊譽。譽，贊譽。❾事業雖弗善　對從事的工作雖然不認同。善，認同。❿不敢不力　不敢不盡力。力，盡力。⓫趨舍雖不合　去就雖然不一致。趨，趨近。舍，背離。合，一致。⓬不敢弗從　不敢不順從。從，順從。⓭故觀賢人之於亂世也　因此賢人處於亂世。⓮其慎勿以為定情也　謹慎處事，不要顯示自己的真心實情。慎，謹慎。勿以，不要。為，用；展示。定情，真心、實情。定，通「正」。真實。

【語譯】君主輕信無主見，臣下就不肯直言進諫。君主為人驕橫，民眾言論就多有忌諱。因此士人就會隱匿其真實的能力和情況。（對於君主的行為）心裏雖然不贊成，嘴上卻不敢不贊譽。對所做的事情雖然不認同，卻不敢不盡力。（和君主）去就雖然不一致，表面卻不敢不順從。因此賢人處於亂世，要謹慎行事，不要顯示自己的真心實情。

【研析】〈著希〉篇的主旨，學者當中存在一定的爭議。主要分歧在於全篇標題「著希」，「著希」的主體是誰？是君主？還是文中反覆稱說的賢人君子？並由此引發對文中「希人」、「希世」理解的分歧。「希」的人和世是誰？人是君主還是賢人君子？

作者認為，這篇文章的主旨是討論賢人君子在亂世庸主之下的處世之道。「著希」的主體是賢人君子。「希人」略去的主語是賢人君子，賓語「人」指的是君主。全篇的敘述結構基本是將君子之道和亂世庸主之道進行比照，強調君子處亂世的悲苦無奈，認為君子在亂世之中要謹言慎行，以全身為上。如果將「著希」的主體看作君主，那本文的主旨就應當是論述君主希人希世之法，而通篇卻在反覆強調亂世違背禮法之處和賢人君子的困境，幾無一字提及君主希人希世之法。

戰國時期，遊士遍天下，那麼士人干主求名過程中其自身的安全性問題自然受到關注，討論賢人君子處亂全身之道本就是戰國諸子的一個熱門話題，如《論語》的「邦有道，危言危行；邦無道，危行言遜」，《韓非子》的〈說難〉、〈孤憤〉篇，《荀子》的〈臣道〉篇，多與本篇主旨相仿。

夜行第三

【題　解】本篇旨在說明道術玄奧，強調要無為而治。夜行，夜間行路，不為人所見，即正文所謂的「鬼見」，比喻無為而治。

天，文也[1]；地，理也[2]；月，刑也[3]；日，德也[4]。四時，檢也[5]。度數，節也[6]。陰陽，氣也[7]。五行，業也[8]。五政，道也[9]。五音，調也[10]。五聲，故也[11]。五味，事也[12]。賞罰，約也[13]。此皆有驗[14]，有所以然者[15]。隨而不見其後，迎而不見其首[16]。成功遂事[17]，莫知其狀[18]。

圖弗能載⑲，名弗能舉⑳。強為之說曰㉑：芴乎芒乎，中有象乎㉒。芒乎芴乎，中有物乎㉓。窅乎冥乎，中有精乎㉔。致信究情㉕，復反無貌㉖。鬼見不能為人業㉗。故聖人貴夜行㉘。

【注釋】❶天二句　上天運行有一定之理。天，上天；天象。文，文理，古人認為天空彰示日月星辰、氣象變化等現象，布列成一定紋理，暗含規律，叫「天有懸象而成文章」。❷地二句　大地萬物生息消長有其客觀規律。地，大地萬物。理，條理，規律。❸月二句　月主刑殺。古人以月亮為太陰；刑殺為陰刻之事，因此說月主刑殺。❹日二句　日主恩德。古人以日為太陽；陽主萬物生長，因此說日主恩德。❺四時二句　春夏秋冬四季運行有其規律。四時，指春、夏、秋、冬四季。檢，法度；規律。❻度數二句　四時運行的規律是節制人事的依據。度數，承上句，即指四時運行的法則。節，節制；節度。這兩句，意思是政事要遵循曆法對四時的測定。這是古人依時序確定政事內容思想的反映，詳細內容可參見《管子・四時》之類。❼陰陽二句　陰陽是萬物之本。陰陽，古代樸素哲學術語，正反相生。氣，無形之物。陰陽運於無形，無生有，因而指喻陰陽是萬物之本。❽五行二句　五行造就萬事萬物。五行，金、木、水、火、土，陰陽五行思想，認為五行變化而為萬物。五行是至大的功業，所以這裏說「五行，業也」。❾五政二句　五星運行各有其道。五政，金（太白）、木（歲星）、水（辰星）、火（熒惑）、土（鎮星）五星。道，星辰在天空運行的軌跡規律。❿五音二句　五音係調和而成。五音，宮、商、角、徵、羽。調，調和，古人說「聲成文，謂之音」，故而說五音是調和而成。⓫五聲二句　五聲是本來就有的。五聲，同上句，也指宮、商、角、徵、羽。故，固有，指五種聲調是本來就有的。⓬五味二句　五味係調和而成。五味，辛、酸、鹹、苦、甘。事，調治、調和。⓭賞罰二句　賞罰都是依據預先制定好的規矩。賞，獎賞。罰，處罰。約，約定。⑭此皆有驗　這些都可以得到驗證。驗，驗證。⑮有所以然者　有其邏輯原理，即自然之道。所以然，能夠如此（的原因）。⑯隨而不見其後二句　從後追隨看不見它的尾部，當面相迎看不見它的頭部，喻自然之道高深莫測，不著形跡。⑰成功遂事　使事物生長完成。成功，使功業實現。遂事，使事情被完成。遂，使完成。⑱莫知其狀　不瞭解它的情況。知，知道；瞭解。狀，情況。⑲圖弗能載　無法用圖畫來形容。圖，畫。載，記錄；形容。⑳名弗能舉　無法用文字進行描述。名，語言文字。舉，描述；說明。㉑強為之說曰　勉強對它進行解釋說明。強，勉強。說，說明。㉒芴乎芒乎二句　自然之道恍惚，其中包含事物之理。芴，同「忽」。芒，同「恍」。兩字均表示恍惚之意。象，道理。㉓芒乎芴乎二句　道術恍惚，其中包含天地萬物。物，事物。㉔窅乎冥乎二句　自然之道深遠玄奧，其中包含天地的真義。窅，深遠。冥，幽暗。精，最純粹，極，指萬物人事運行的真義。按：「冥」，叢刊本作「寘」，係「冥」的異體字，此據備要本改。下同，不再一一注出。㉕致信究情　具體探求其真實情況。致，至。信，真實。究，探究。情，實情。㉖復反無貌　又歸於無形無跡。復，又。反，同「返」。返回。無貌，即無形跡。㉗鬼見不能為人業　惟鬼能見而人不能見，故而不能被人所用。鬼見，只有鬼可以看見，喻不可知、不可形容。業，事業。㉘故聖人貴夜行　因此聖人推崇因循自然，無為而治。貴，強調。夜行，喻聖人行事遵循自然之道，因循無為，使民自化。也就是《老子》所說的「功成事遂，百姓皆謂我自然」。

【語　譯】天地運行有其規律，日月分主刑德，春夏秋冬四季運行有其法則，四時法則是人事的節制，陰陽為萬物之本，五行造就萬物，五星運行各有其道，五音是人為調和的產物，五聲則本來就有，五味係調和而成，施行賞罰要先明法度。（以上這些說法）都可以在實踐中得到驗證，但這些觀點的提出卻依於自然之道。自然之道玄妙高深，不著形跡，如神龍見首不見尾。世間萬事萬物都依據自然而生長完成，人們卻無法瞭解自然之道具體運行的情況，無法用圖畫來形容它，無法用文字來描述它。如果一定要勉強對它進行解釋說明，也只能說自然之道恍惚深邃，其中包含萬事萬物、運行原理及其真義。一旦要具體探求其實際情況，自然之道就又歸於無形無跡、不可捉摸。因為自然之道不可知不可見，不能為人所用，所以聖人強調為政要因循無為。

【研析】先秦道家學說，特別強調道術形而上的特徵，他們認為治國之道是一種根本性的原則，一種宏觀上的理念，反對像儒家、法家、墨家等學派一樣，把治國之道形而下、具體化。道家認為，一旦將治政具體為各種法令條文和措施要求，就必然帶來「徒文具耳」的缺陷，給吏民逢迎上意、利用律令的漏洞提供機會，越是森嚴的法度、越是繁重的改革，越容易帶來嚴重的後果。

道家的這種說法，在秦朝法治的失誤、漢武帝統治的弊端裏都得到過印證。在專制政體下，政府一味強調制度律令、行為規範，吏民必然將重心放在法規條文的解讀和避忌上面，其弊病就是自上而下，人人受縛於文墨瑣務，而不能體恤人情、關心宏觀局勢和長遠發展，也就是漢文帝時張釋之所說的「其弊徒文具耳，無惻隱之實」和賈誼批評的「俗吏之所務，在於刀筆筐篋，而不知大體」。

本篇反覆闡述的，就是道家所提倡的這種宏觀、原則性的道，它只是一種理念，沒有一套固定僵化的施行方案，所以其理論看起來就有點「隨而不見其後，迎而不見其首」、「芴乎芒乎……芒乎芴乎」的神秘主義。而這種理念的施行，講究高層領導的職責是識別人才，因能授官，並嚴格考核官員的政績；基層官員的職責是具體辦事。高層領導只負責考核督查，不得越權干預基層事務。而基層官員做事，要聽從朝廷的指導，順從農業經濟社會的客觀規律，抓大放小，輕徭薄賦。自上至下，都以減少事務、不違農時、與民休息、鼓勵農貿為重。由於這種施政並沒有一定之規，政府對社會的干預極少，更多是像《漢書》尹翁歸治蜀的那種潛移默化和一些制度上引導，故而基本能達到《老子》所謂的「我無事，而民自富；我無欲，而民自樸」、「功成事遂，百姓皆謂我自然」這種效果，像漢武帝時汲黯十分推崇黃老，他身體不好，做地方官時常常抱病躺在床上，並不做多少政務，但他所在地方的政績都相當好。這就多少有那麼一點「鬼見」的味道了。

天則第四

【題解】篇名「天則」，意思就是自然法則，亦即法度本於自然。天，自然。則，法則。本篇立論從天道發端，以人道為終結，說明聖王依天地之道而立人事，主張立法本於自然規律，以因循為立法之法。

聖王者，有聽□□決疑之道❶，能屏讒權實❷、逆淫辭❸、絕流語❹、去無用❺、杜絕朋黨之門❻。嫉妬之人不得著明❼，非君子術數之士莫得當前❽，故邪弗能奸❾，禍不能中❿。

【章　旨】本章領起全篇，總論聖王之道。

【注　釋】❶聖王者二句　此二句當作「聖王者，有聽微決疑之道」。聖王有判別隱情、決斷疑難的方法。聽，處理；判別。微，隱微；微小。決，決斷。疑，疑難。按：叢刊本無「微」字，「聽」下「決」上空兩字。備要本較叢刊本，多出一「微」字，「微」下「決」上空一字。「聽微決疑」，語義無缺，兩本空格不足據。❷能屏讒權實　能摒棄讒言，辨別真話。屏，杜絕；摒棄。讒，讒言。權，審度。實，真言，與讒言相對而言。❸逆淫辭　抵制邪僻虛妄之言。逆，抵制；杜絕。淫辭，虛誕之辭。❹絕流語　杜絕流言飛語。絕，杜絕；斷絕。流語，沒有根據的傳言。❺去無用　去除浮華無用的人和事。去，去除。無用，指無益於實用的人和事。❻杜絕朋黨之門　避免臣民結黨營私。朋黨，結黨、以私利結交。❼嫉妬之人不得著明　嫉妒賢能之士的小人不能夠上位。嫉妬，指嫉賢妒能。著明，顯赫發達，指居於高位。❽非君子術數之士莫得當前　不是有才德的人不會被重用。君子，有才德的人。術數之士，有才能的人。術數，才藝。當前，居於君主左右，指得到重用。❾故邪弗能奸　因而邪僻之人不能欺瞞。邪，邪僻小人。奸，干；干求。❿禍不能中　災禍不能近身。禍，災禍。中，命中。

【語　譯】聖王有處理隱微、決斷疑難的方法，能夠摒棄讒言、識別真話，抵制邪僻虛妄之言，杜絕流言飛語，去除浮華無用的人事，避免臣民結黨營私。嫉賢妒能的小人不能上位，沒有才德的人不被重用，因而邪僻之人欺瞞不了君主，災禍不會近身。

彼天地之以無極者❶，以守度量而不可濫❷。日不踰辰❸，月宿其列❹，當名服事❺，星守弗去❻。弦望晦朔❼，終始相巡❽，踰年累歲❾，用不縵縵❿，此天之所柄以臨斗者也⓫。中參成位⓬，四氣為政⓭。前張後極⓮，左角右鉞⓯。九文循理⓰，以省官眾⓱，小大畢舉⓲，先無怨讎之患⓳，後無毀名敗行之咎⓴。故其威上際下交㉑，其澤四被而不鬲㉒。

【章　旨】本章強調天道運行有其常則，遵守天則才能生生不息。

【注　釋】❶彼天地之以無極者　天地能夠享無盡的壽命。以，能。無極，無窮盡。❷以守度量而不可濫　因為遵守法度不逾越。守，遵守。度量，法度；標準。濫，逾越；違背。❸日不踰辰　太陽定期與月亮相會。日，太陽。踰，越；超過。辰，古時以日月相會之時為辰。❹月宿其列　月亮止宿在其星次。月，月亮。宿，停止；留宿。列，星次。此句與上一句同義，都是說日月按時行宿，惟上句從太陽的角度來說，此句則從月亮的角度來說。❺當名服事　居其名，從其事。當，居止。名，星次之名。服事，從事。指居於某一星次，即承擔該星次的屬性、功能。當質之名，服質之事；當斗之名，服斗之事。❻星守弗去　各守其星辰分域不離位。星，星辰。守，守其分域。弗去，不離開。❼弦望晦朔　日月升降盈缺。弦，月半圓，似弓弦，故稱弦。望，古時月圓時稱為「望」。晦，月末。朔，月初。❽終始相巡　循環不息。終始，自始自終。巡，同「循」。循環。❾踰年累歲　年年歲歲，指很多年。踰，越。累，積累。歲，與年同義。❿用不縵縵　以此而不漫滅。用，以此。縵縵，同「漫漫」。淹沒；消失。⓫此天之所柄以臨斗者也　這是上天所秉持並通過北斗顯示出來的法則。天，上天。柄，同「秉」。秉持。臨斗，指通過北斗的斗建所顯示出來的天道、法則。臨，下臨；監臨。斗，北斗星。⑫中參成位　日月與天和北斗參配為三。中，天在上，斗在下，日月參配，故言中。成位，確立位次。即參配天、斗、日月之道，確立四時之序、萬物之理。⑬四氣為政　溫、熱、寒、暑四季之氣的運行。四氣，指溫、熱、寒、暑。政，政事，此處指四季之氣的運行。⑭前張後極　朱雀在南，北極星在北。前，南。古人方位，坐北面南，左東右西。所以前面是南方，以下同理，不再一一詳解。張，張宿，南方朱雀七宿之一，此當指代朱雀七星。後，北。極，北極星。⑮左角右鉞　蒼龍在東，白虎在西。左，東。角，角宿，東方蒼龍七宿之一，指代蒼龍七星。右，西。鉞，同「伐」。指參宿，為西方白虎七宿之一，指代白虎七星。⑯九文循理　以上各類天象往復運行。九文，泛指上述各種天象。循，同「巡」。巡回往復。理，運行。⑰以省官眾　以省視全天下，意即為天下萬民取鑒遵循。省，省視。官眾，泛指全天下諸官屬人民。按：「官」，叢刊本作「宮」，不合文意，此據備要本改。⑱小大畢舉　（法象天文則）無論大小事務都能辦理。小大，即大小，無論多大、多小。畢，都。舉，處理；辦理。⑲先無怨讎之患　事前沒有引發怨恨的隱患。先，前。怨讎，怨憤；仇恨。患，隱患；憂患。⑳後無毀名敗行之咎　事行之後不會導致身敗名裂。咎，過失。㉑故其威上際下交　因此其威勢覆蓋天下。威，威勢。上、下互文，指天下。際、交同義，都指交合、會合。㉒其澤四被而不鬲　其影響力播於天下不受阻隔。澤，恩澤；影響力。四被，指播於四海。鬲，同「隔」。阻隔。

【語　譯】天地之所以能享無窮之壽，是因為遵守法度不逾越。日月按時行宿，在其星次，承擔其職，各自守其星辰分域不離位。日月升降盈缺，循環不息，年年如此，因而不會漫滅。這就是上天藉北斗所顯示出來的法則。日月與天、北斗參配為三，以溫、熱、寒、暑四時之氣的運行為其政令。朱雀在南，極星在北，蒼龍在東，白虎在西。以上各類天文現象循環運轉，為天下作出示範，法象天文則大小事務都不會出現差池，行事前後都不會有憂患和失敗。因此其威勢覆蓋天下，其影響力播於天下不受阻隔。

天之不違❶，以不離一❷。天若離一❸，反還為物❹。不創不作❺，與天地合德❻，節璽相信❼，如月應日❽，此聖人之所以宜世也❾。知足以滑正❿，略足以恬禍⓫，此危國之不可安⓬，亡國之不可存也⓭。

【章　旨】本章旨在說明君主為政要仿效天地不「離一」之德，以清靜為本，以因循為用，反對智計機巧、多所創設。

【注　釋】❶天之不違　天道運行不失。天，天道運行。違，悖離；失去。❷以不離一　因為守一而不失。離，悖離。一，道家哲學術語，指天地萬物的本始，名實未生，無法用語言表述，故稱為「一」，也就是道家常說的「道」。❸天若離一　天道運行如果悖離本始。❹反還為物　就變成了有形之物。反還，變回。物，指有形之物。這兩句話，意思是說天道運行如果悖離本始，就不再是天道，就變回了有局限的有形之物。❺不創不作　人不主動創造發動。創、作同義，均指人為主動地創造舉起事端。❻與天地合德　與天地之德相合。合，符合。德，即上文所說的「天之不違，以不離一」。❼節璽相信　符節印璽取信於人。節、璽，均為古代政府、軍隊的印信證件，持之可以取信於人。❽如月應日　就像日月相應一樣。月應日，日月相應，古人認為日月相應而生，有日就有月，是自然之數。❾此聖人之所以宜世也　這就是聖人能久立於世上的原因。宜世，適合世道、久立於世上。宜，適宜。⑩知足以滑正　智能足以惑亂是非。知，同「智」。智慧；才能。滑，擾亂；混淆。正，正確。⑪略足以恬禍　才能使人誤以為可以（憑借才能）安然應對災禍。略，才能。恬禍，以禍為安。恬，安靜。⑫此危國之不可安　這就是傾危之國不可以使歸於安定。危，處於危機。安，使安全、安定。⑬亡國之不可存也　即將滅亡的國家不可以使繼續生存。亡國，將亡之國。存，使生存。

【語譯】天道運行不失，是因為能守一而不失。天道如果悖離本始，就不再是天道，就變回為局限的有形之物。人不要自作主張的干預改變自然和社會，要仿效天地之德，清靜無為，順應客觀自然的發展變化，就像符節印璽取信於人、日月出入相呼應一樣，這就是聖人能久立於世上的原因。違逆自然之道，一味矜耀智能謀略，只能淆亂是非、自取其禍，這正是導致危亡之國不能復返於安定的根本原因。

故天道先貴覆者❶，地道先貴載者❷，人道先貴事者❸，酒保先貴食者❹。待物，□□也❺。領氣，時也❻。生殺，法也❼。循度以斷❽，天之節也❾。列地而守之❿，分民而部之⓫。寒者得衣⓬，饑者得食⓭，冤者得理⓮，勞者得息⓯，聖人之所期也⓰。

【章旨】本章主要討論依據天道而施行人治。

【注　釋】❶故天道先貴覆者　天之道，以覆蓋萬物為本。天在上，覆蓋萬物，其自然之性為覆，故此說天道先貴覆者。先，優先。貴，以……為貴；強調。覆，覆蓋。❷地道先貴載者　地之道，以載育萬物為本。地在下，承載萬物，其自然之性為載，故此說地道先貴載者。載，承載。❸人道先貴事者　人之道，以能做事為本。事，做事情。❹酒保先貴食者　賣酒之人重視吃酒之人。食，吃。❺待物二句　此二句疑當作「待物，氣也」。《莊子・人間世》有「氣者，虛而待物者也」句。又下面二句是「領氣，時也」，似乎是承此二句而發。氣是空濛之體，需要化為物然後變實，故而說「待物，氣也」。待，等待。按：叢刊本和備要本，在「也」字上均缺二字，似誤，當缺一字，疑即「氣」字。❻領氣二句　四時各領一方之氣。領，統領。氣，四時之氣，春領始生之氣，夏領長養之氣，秋領收成之氣，冬領盛寒之氣。❼生殺二句　法律主生殺。法，法律。❽循度以斷　依據日月星辰運行的度數來分劃時序。循，因順；依據。度，日月星辰等天象運行變化的法度。斷，分割。❾天之節也　上天的制度。節，節度。❿列地而守之　分劃土地，並委派官吏分別治理。列，借為「裂」，分割。守，官也，派員治理的意思。⓫分民而部之　分遣民眾居住。分，分派。部，居住。⓬寒者得衣　受凍的人有衣服穿。寒者，受凍的人。衣，衣服。⓭饑者得食　饑餓的人有飯吃。饑，饑餓。食，食物。⓮冤者得理　冤案得到訟理。冤，冤案。理，訟理昭雪。⓯勞者得息　勞作辛苦的人得以休息。勞，疲勞。息，休息。⓰聖人之所期也　這是聖人所希望的。期，期約；希望。

【語　譯】天之道在於覆蓋萬物，地之道在於載育萬物，人之道在於能做事情，酒家首先重視吃酒之人。氣待物而後變實，春夏秋冬四時各領一方之氣，法律掌控生殺之權。依據日月星辰運行的度數來分劃時序，這是上天的制度。分劃地上的疆土，委派官吏分別治理，派遣民眾分別居住，使受凍的人有衣穿，饑餓的人有飯吃，冤案得到訟理，辛勞的人得以休息，這就是聖人所追求的施政效果。

夫裁衣而知擇其工❶，裁國而知索其人❷，此固世之所公哉❸。同而後可以見天❹，異而後可以見人❺，變而後可以見時❻，化而後可以見道❼。臨利而後可以見信❽，臨財而後可以見仁❾，臨難而後可以見勇❿，臨事而後可以見術數之士⓫。

【章旨】本章依天道論人事，介紹選用賢才的方法。

【注釋】❶夫裁衣而知擇其工　裁製衣服知道要挑選優秀的工人。裁，裁製。衣，衣服。擇，選擇。工，工巧；優秀的工人。❷裁國而知索其人　治理國家知道要尋求賢人。索，尋找。人，賢才。❸此固世之所公哉　這本就是世人的共識。固，本來。公，共識。❹同而後可以見天　各人所見的天都相同，所以自各人相同之處可以見出天。同，相同。❺異而後可以見人　人與人各不相同，所以自不同處著眼，可以見出具體的個人。❻變而後可以見時　四時相異，自變化之處可以辨別出四時。變，變化。❼化而後可以見道　道不可見，自萬物的化生化育中可以見出道的存在。化，化育；生長。❽臨利而後可以見信　利益當前，才可以判斷一個人的誠信程度。利，利益。信，誠信。❾臨財而後可以見仁　面對錢財的誘惑，才可以看出一個人的仁義程度。財，錢財。仁，仁愛；仁義。❿臨難而後可以見勇　面臨危難，才可以看出一個人的勇敢程度。難，危難。勇，勇敢。⓫臨事而後可以見術數之士　經辦事務才可以看出一個人的才能。事，事務。術數，才藝。

【語譯】做衣服知道選擇優秀的裁縫，治理國家知道尋求賢才，這本就是世人的共識。不同的人所見之天都一樣，故而可以從各人相同之處見出天。人各相異，從人與人的不同處就可辨別不同的個人。四時有別，自其變化之處可以區分四時。道不可見，但從萬物化生化育中可以看到道的存在。利益當前，可以判斷一個人的誠信。面對錢財的誘惑，可以測試一個人的仁義。面臨危難，可以考驗一個人的勇敢。通過具體事務可以測試一個人的才能。

九皇之制❶，主不虛王❷，臣不虛貴階級❸。尊卑名號❹，自君吏民❺，次者無國❻，歷寵歷錄❼，副所以付授❽。與天人參相結連❾，鉤攷之具不備故也❿。

【章　旨】本章借追溯上古之制，說明君臣名實相符是自然之道。

【注　釋】❶九皇之制　上古帝王的制度。九皇，泛指上古帝王。制，制度。❷主不虛王　君主德稱其位。主，君主。不虛，名副其實。王，稱王。❸臣不虛貴階級　大臣才德貢獻稱其尊位名號。臣，臣屬。貴，貴重。階級，級別。此二字可能是衍文或注文竄入。❹尊卑名號　地位、稱號的高低貴賤。尊，尊貴。卑，低微。❺自君吏民　源自君主、官吏、民人其本人的才德貢獻。❻次者無國　低劣者不能享有封地。次，劣。國，封地。❼歷寵歷錄　受到的寵榮俸祿。歷，遇到；受到。寵，尊寵。錄，俸祿。❽副所以付授　與其所作出的貢獻相符。副，符合。付授，付出，這裏應指作出的貢獻、成績。❾與天人參相結連　與天覆地載之道配合而三。本句承上文「天道先貴覆者，地道先貴載者，人道先貴事者」，九皇之制先貴人事，與天地之道參配而三。結連，連結為一體。「參」，叢刊本作「叅」，是「參」的異體字，據備要本改。❿鉤攷之具不備故也　沒有官吏稽考之制。鉤，選取人才。攷，考核；考績。具，工具。備，具備。此言上古九皇之制，才德高卓者自然在位，庸碌小人自然居下，與天覆、地載之道一樣是自然而致，沒有後世官吏稽考之制。

【語　譯】上古帝王的制度，君臣的才德功績都與其職位、名號相符。其地位、名號的高低貴賤，取決於其人的才德貢獻，才德低劣者不能享有封地，個人的榮寵俸祿，與其所作出的貢獻相符。這一制度，與天覆地載之道配合而三（都是自然而然所致），並沒有後世官吏稽考之制。

下之所逜❶，上之可蔽❷。斯其離人情而失天節者也❸，緩則怠❹，急則困❺，見間則以奇相御❻。人之情也❼，舉以八極❽，信焉而弗信❾。天之則也❿，差繆之間⓫，言不可合⓬，平不中律⓭。月望而晨⓮，月毀於天⓯，珠蛤羸蚌⓰，虛于深渚⓱。上下同離也⓲。

【章　旨】本章借蛤蚌感月引出天人感應、君臣相依；又借人情之蔽與天道精微，說明只要上下稍有離心離德，便會產生隔閡，導致為政行事違背天則，產生悖亂。其旨在於強調上下同德。

【注　釋】❶下之所逜　臣下掩蓋真相。逜，借為「捂」，遮掩；掩蓋。❷上之可蔽　君上可以被蒙蔽。蔽，蒙蔽。❸斯其離人情而失天節者也　這是背離人情而違背天則的事情。斯，這。離，背離。失，違背。天節，即天則。這句話領起下面「緩則怠」至「以奇相御」三句。❹緩則怠　事情不緊急，就懈怠不抓緊。緩，緩和；不緊急。怠，懈怠。❺急則困　事情緊急就束手無策。急，緊急。困，困頓。❻見間則以奇相御　看到機會就用不正確的方法去應對。間，間隙、機會。奇，訓作「斜」，不正當；詐術。御，應對。❼人之情也　人之常情。情，正常情況；實情。這句話領起下面「舉以八極」到「信焉而弗信」兩句。❽舉以八極　列舉八方極限之事。舉，列舉。八極，大地的極限。❾信焉而弗信　表面相信，實則懷疑。信焉，相信的樣子，意思是貌似相信。弗信，不相信。此二句指人情不能夠見遠，一旦聽到遠闊不曾熟悉之事，往往難以深信。❿天之則也　天文度數。這句話領起下面「差繆之間」至「平不中律」三句。⓫差繆之間　有極小的差距。繆，同「謬」。謬誤。間，細小的間距。⓬言不可合　言說不相符合，即表述不準確。言，言說。⓭平不中律　評議不合標準。平，通「評」。評議。中，符合。律，本指定音的竹管，引申為標準。以上四句，說的是古時推步日月星辰宿度之數，稍有誤差，推步就不準確，對星象的預測和曆數的計算就會有很大差錯。⓮月望而晨　月圓時豐滿。月望，月圓之時。晨，同「賑」。富盛、豐滿的意思。⓯月毀於天　月亮消失的時候。毀，疑因與晦同音而誤，當為晦。月晦，月亮消失的時候，與月圓相對而言。⓰珠蛤蠃蚌　水生軟體貝殼生物。⓱虛于深渚　在深水中衰頹。虛，虛弱；衰頹。以上自「月望而晨」至「虛於深渚」，說的是蛤蚌等水產貝殼類動物受月亮盛衰影響的客觀現象，在滿月時其體型肉質最豐美，在月亮消失時其體態肉質最衰敗。按：「于」，叢刊本作「干」，傳抄之誤。⓲上下同離也　上下相互聯繫，指天象與地上萬事萬物上下相感、互相影響，君主與臣民相互依靠。離，附麗；依附。

【語　譯】臣下掩蓋真相，君上就被蒙蔽，這是背離人情、違背天則的事情，（會導致人們）事情不緊急就懈怠，事情緊急就束手無策，一有機會就使用詐術。人情對於遠闊生疏之事，都是表面相信、內裏懷疑。天文度數，推步只要有極小的差錯，表述就不準確，評議就不切合標準。蛤蚌等水產貝殼類動物（會受月亮盛衰的影響），在滿月時其體型肉質最豐美，在月亮消失時其體態肉質最衰敗。（這說明）天道與人事相互感應，君主與臣民互為依托。

未令而知其為❶，未使而知其往❷，上不加務而民自盡❸，此化之期也❹。使而不往❺，禁而不止❻，上下乖謬者❼，其道不相得也❽。上統下撫者❾，遠眾之慝也❿。陰陽不接者⓫，其理無從相及也⓬。筭不相當者⓭，人不應上也⓮。符節亡此⓯，曷曾可合也⓰。為而無害⓱，成而不敗⓲，一人唱而萬人和⓳，如體之從心⓴，此政之期也㉑，蓋毋錦杠悉動者㉒，其要在一也㉓。未見不得其譎而能除其疾也㉔。文武交用而不得事實者㉕，法令放而無以梟之謂也㉖，舍此而按之彼者㉗，曷曾可得也㉘？冥言易㉙，而如言難㉚，故父不能得之於子㉛，而君弗能得之於臣㉜。已見天之所以信於物矣㉝，未見人之所信於物也㉞。

【章旨】本章分別從教化、為政兩端強調上下同德。從「未見不得其譎而能除其疾也」句開始，說明要做到上下同德，只有以法治國。

【注釋】❶未令而知其為　沒有命令就知道去做事。令，命令。為，做事。❷未使而知其往　沒有派遣就知道前往。使，派遣。往，前往。❸上不加務而民自盡　君上不加意致力而百姓就知道盡心力。上，君主。加，加意。務，致力。盡，盡力。❹此化之期也　這是教化治民所期望達到的效果。化，教化。期，期盼。❺使而不往　派遣而不肯前往。❻禁而不止　法令禁止而不聽從。禁，禁止。止，停止。❼上下乖謬者　上下不和。乖謬，抵觸；不和。❽其道不相得也　彼此的想法不一致。道，想法；追求。得，契合。❾上統下撫者　民眾本由君上統領，而群臣撫而有之。統，統領。撫，撫順。按：「統」，叢刊本作「紇」，誤，此據備要本改。❿遠眾之慝也　「遠」字疑為衍文。這句話意思是群臣執國柄的奸惡。眾，群臣。慝，奸惡。⓫陰陽不接者　陰陽不相交合。接，交合。此處以陰陽不接，喻君臣不睦，上下不相結合。⓬其理無從相及也　治國之道無從實施。理，治國之道。及，趕上，這裏指施及。⓭筭不相當者　賦稅的預算不符合實情。筭，賦稅的預算。當，符合。按：「筭」，備要本作「算」。二字古時通用。⓮人不應上也　民眾不能出賦供應君上。人，指納賦稅的人民。應，響應。⓯符節亡此　符節沒有缺口。符節，古時朝廷頒令、調動軍隊等用的印信。亡，無。此，當為「齒」，古時符節分為兩半，各有若干像牙齒一樣的缺口，受令者將兩半符節的齒口契合無誤，方可確認命令的真實性。⓰曷曾可合也　怎麼可以契合呢。曷，怎麼。此二句借印信無齒，不能相合，喻君上與臣民不睦。⓱為而無害　施政創設沒有危害。為，創設。害，危害。⓲成而不敗　政事成功而不敗壞。成，成功。敗，失敗。⓳一人唱而萬人和　君上倡議而國人響應。一人，指君主。唱，倡導。萬人，泛指國人。和，應和；附和。⓴如體之從心　像肢體隨從心意作出動作。體，肢體。心，心意。㉑此政之期也　這是為政所期望達到的效果。政，為政；政事。㉒蓋毋錦杠悉動者　車蓋套上錦帛而錦帛與車蓋一起動。蓋，車蓋。毋，「毌」的誤寫。毌，貫的初文，穿、套。錦，錦帛，套在車蓋上的簾幃，布帛飾品。杠，疑因注文「錦杠」竄入而誤。

悉動，一起動。㉓其要在一也　關鍵在於其動因相同。要，關鍵。一，一致。這兩句意思是，車蓋套上簾幃，車輛行進中，簾幃與車蓋一起晃動，是由於車蓋與簾幃一體，其動因相同。㉔未見不得其讁而能除其疾也　沒有見過不進行診斷就能夠治病的。讁，疑與「診」字因草書形近傳寫而誤，當作「診」，指醫家的診斷。除，治療；去除。疾，疾病。㉕文武交用而不得事實者　寬嚴並濟而不能取得實效。文，寬大。武，嚴刑峻法。交用，交互使用；一起用。事實，政績；實效。㉖法令放而無以梟之謂也　說的就是法令廢弛不能制勝。放，放蕩；廢棄。梟，勝的意思，指克制、制服。㉗舍此而按之彼者　捨棄法治而追求寬嚴兼濟。舍，捨棄。此，指法令、法制。按，抓住。彼，指上文所說的「文武交用」。㉘曷曾可得也　怎麼能夠成功呢。得，得志。㉙冥言易　說假話容易。冥言，即瞑言，夢話。此處借指虛假的言辭。易，容易。㉚而如言難　而說實話難。如言，疑誤，當作「實言」，即實話。㉛故父不能得之於子　父親聽不到孩子的真話。得，得到。㉜而君弗能得之於臣　君主聽不到臣子的實話。㉝已見天之所以信於物矣　看到過相信上天的。信，取信。物，泛指一眾人事。㉞未見人之所信於物也　沒有看過相信人的。這兩句話意思是天道公正客觀，所以足以取信。人言多諱，所以不能依賴人治而應以法令為本。

【語　譯】不用命令就主動做事；不用派遣就主動前往；君主不用勸勉，百姓就知道盡心盡力，這是教化治民所期望達到的效果。派遣而不肯前往，法令禁止而不聽從，上下不和，這是由於彼此的立場追求不一樣。民眾本應由君上統領，卻被群臣撫而有之，這是群臣執國柄的奸惡之事。陰陽不相交合，治國之道就無從實施。賦稅的預算不符合實情，民眾就不願給朝廷繳稅納賦。（上下離心，就好像）符節沒有缺齒，怎麼能契合呢。政策沒有危害，事業成功而不敗壞，君上倡議國人就響應，就像肢體隨從心意而動一樣（自然迅捷無隔閡），這就是為政所期望達到的效果，（這就好像）車蓋套上簾幃而簾幃與車蓋一起動，其關竅就是兩者動因相同。沒有見過不進行診斷就能夠治病的，寬嚴並濟卻不能取得實效，是因為法令廢弛，所以不能制勝。捨棄法治而片面追求寬嚴兼濟，這怎麼能夠成功呢？說假話容易，說實話難，父親聽不到孩子的真話，君主聽不到臣子的實話，只看到過相信上天的，哪裏看到過相信人言的（所以要以法治為本）。

捐物任勢者，天也❶。捐物任勢，故莫能宰而不天❷。夫物，故曲可改❸，人可使❹。法章物而不自許者❺，天之道也❻。以為奉教陳忠之臣❼，未足恃也❽。故法者曲制❾，官備主用也❿。

【章　旨】本章從隨物賦形、因地制宜的角度，再次強調客觀理性的法制為施政之本。

【注　釋】❶捐物任勢者二句　不為物累，一任自然，這是天道。捐，捐棄；放棄。物，外界事物。任，聽任；因順。勢，形勢。天，天道。❷故莫能宰而不天　因而沒有誰能影響而使其悖離天道。莫，沒有。宰，影響；控制。不天，悖離天道。❸夫物二句　因為是具體的物器，所以其形制可以更改。物，具體的物器。故，因而。曲，形制。改，改動。❹人可使　人可以使用，即適應人的使用需求。使，使用。❺法章物而不自許者　法是根據事物的實際情況設定章程，而不是先驗地提出要求。章物，以物為章程，即根據實際確立法度。章，章程。不自許，不先驗地提出要求，即「曲可改」。❻天之道也　這是自然的道理。❼以為奉教陳忠之臣　認為遵奉君主教令、忠誠事主的大臣。奉，遵奉。教，君主的教令。陳，陳列；展示。忠，忠誠。❽未足恃也　不能夠信賴。恃，信賴；依靠。❾故法者曲制　法令因地制宜地制訂。曲制，曲為之制，即根據實際情況、因地制宜地制訂法令。曲，屈曲順從。制，制訂。❿官備主用也　為政府提供支持，為君主使用。官備，指為政府行政提供支持。官，指政府。備，預備。主，君主。用，使用。

【語　譯】不為物累，一任自然，這是天道，能做到這一點，就沒有什麼能影響而使其悖離天道。具體的物器，其形制可以更改，從而適應人的使用需求。（同樣的道理，）法制是依據實際情況設定章程而不是先驗地提出要求，這是自然之理。認為遵奉君主教令、忠誠事主的大臣，未必能夠充分信賴，（只有）法令因地制宜地制訂，為政府施政、君主用權提供支持。

舉善不以窅窅❶，拾過不以冥冥❷。決此❸，法之所貴也❹。若礱磨不用賜❺，物雖詘❻，有不効者矣❼。

【章　旨】本章再次強調法治的重要性。

【注　釋】❶舉善不以窅窅　彰顯善行不能隱晦。舉，彰顯；表揚。善，善行；好的行為。窅窅，隱晦不顯明的意思。❷拾過不以冥冥　揭露過錯不能隱晦。拾，檢舉；揭示。過，過錯。冥冥，與上句窅窅同義，隱晦不顯明的意思。❸決此　決於法令（而非個人主觀決斷）。決，憑借。此，當為「齒」，借指客觀理性的法令。按「決」，叢刊本作「决」，兩字異體，「决」為俗字。❹法之所貴也　法治的可貴之處。貴，貴重；重要。❺若礱磨不用賜　如果不實行法治。礱磨，古時兩種磨谷器物。賜，當為「齒」同音而誤，指礱磨上面鮮明銳利的齒楞，用於切磨穀物。借礱磨以齒切磨谷物，喻指以法治國。❻物雖詘　事情即使不艱難。物，喻指政事。

詘，同「屈」。不強硬；不堅硬。喻指政事不艱難。❼有不効者矣　有些事情沒有成效。効，同「效」。做出成績、獻功。

【語　譯】彰顯善行、揭示過錯都公開明確，一切依於法令條文（而非人的主觀決斷），這就是法治的可貴之處。如果不實行法治，即使事情並不難辦，有些事情也還是不會取得成效。

上下有間❶，於是設防知蔽並起❷。故政在私家而弗能取❸，重人掉權而弗能止❹，賞加無功而弗能奪❺，法廢不奉而弗能立❻，罰行於非其人而弗能絕者❼，不與其民之故也❽。

【章　旨】本章批評當時政在私家、制度混亂的弊病，指出根源在於不能親附百姓，使上下同德。

【注　釋】❶上下有間　君臣之間有隔閡。上下，指君臣。間，間隙，這裏指隔閡。❷於是設防知蔽並起　這種情況下互相設置防範、進行蒙蔽。設，設置。防，防範。知，當為「制」字之誤，製造；設置。設防與制蔽，前後相應。蔽，蒙蔽。❸故政在私家而弗能取　政事取決於個人（而非朝廷）而不能奪其權。政，政令；權力。私家，相對公家而言，指掌握國家大權的卿相士大夫。取，奪取。❹重人掉權而弗能止　操控大權的人任意弄權而不能阻止。重人，詳見《韓非子・孤憤》，與上一句私家意思大致相同，均指掌握國家大權的個人。掉權，弄權。掉，任意使用。止，阻止。❺賞加無功而弗能奪　賞賜於無功之人而不能剝奪。賞，賞賜。奪，奪取、爭奪。❻法廢不奉而弗能立　法令廢弛不用而不能使之重新被遵行。廢，廢棄。奉，遵奉。立，確立；使遵行。❼罰行於非其人而弗能絕者　對不應當受罰之人進行處罰卻不能禁絕。罰，處罰。絕，禁絕；阻止。❽不與其民之故也　百姓不親附的緣故，即上文所說的「下之所逜」。與，親附。

【語　譯】君臣之間有隔閡，就會互相防範、蒙蔽。政事取決於權臣，卻無法奪其權；權臣任意弄權，卻不能阻止；無功之人受賞，卻不能剝奪；法令廢弛，卻不能使之重新被遵行；不應受罰之人受到處罰，卻無力禁絕。這都是由於不能上下同德，使百姓親附。

夫使百姓釋己而以上為心者❶，教之所期也❷。八極之舉❸，不能時贊❹，故可壅塞也❺。昔者有道之取政❻，非於耳目也❼。夫耳之主聽❽，目之主明❾。一葉蔽目❿，不見太山⓫。兩豆塞耳⓬，不聞雷霆⓭。

【章　旨】本章論述為君者不能依靠個人視聽去瞭解、判別各方面事情。

【注　釋】❶夫使百姓釋己而以上為心者　讓百姓放下私念，一心想著君主。釋己，放棄私念。以上為心，始終考慮君主的利益。❷教之所期也　這是教化所期望達到的效果。❸八極之舉　承前文「舉以八極」，即各方的事情。❹不能時贊　不能及時稟告君主。時，及時。贊，稟告。❺故可壅塞也　因此可以堵塞君主的耳目。壅塞，堵塞。❻昔者有道之取政　歷史上有道術的君主執政。取政，執政。取，聽取；執，執掌。❼非於耳目也　不依靠耳目。❽夫耳之主聽　耳朵負責聽聲音。聽，聽到聲音。❾目之主明　眼睛負責看東西。明，看到。

⑩一葉蔽目　一片樹葉擋住眼睛。葉，樹葉。蔽，遮蔽。⑪不見太山　看不見泰山。太山，指泰山，這裏喻指大型物體。⑫兩豆塞耳　兩顆豆子堵住耳朵。豆，豆子。⑬不聞雷霆　聽不見打雷的聲音。以上四句話，喻指極微小的事物就可以遮蔽人的視聽，從而無視外界極大的事物。

【語譯】讓百姓放下私念，一心想著君主，這是教化所期望達到的效果。各地方的事情，如果不能及時稟告，君主就會被蒙蔽。歷史上有道術的君主治國，不依靠自己的耳目。耳朵負責聽聲音，眼睛負責看東西。一片樹葉擋住眼睛，就會看不見泰山；兩顆豆子堵住耳朵，就聽不見打雷的聲音。

道開而否❶，未之聞也❷。見遺不掇❸，非人情也❹。信情脩生❺，非其天誅❻，逆夫人僇❼，不勝任也❽。為成求得者❾，事之所期也❿。為之以民⓫，道之要也⓬。唯民知極⓭，弗之代也⓮。此聖王授業所以守制也⓯。

【章旨】本章強調為政要以因順民情為根本，上位者不能任情隨性。

【注釋】❶道開而否　依道術行事而被蒙蔽。道，道術，即本篇反覆稱說的天道、天則。開，開通，這裏指游心於道術，依道術行事。否，閉塞；蒙蔽。❷未之聞也　沒有聽說過。❸見遺不掇　路上看到別人丟失的物件而不撿拾。遺，路上遺失之物。掇，撿拾。❹非人情也　不是人之常情。情，實情；正常情況。❺信情脩生　任情隨性。信，隨意。情，情意。脩，當為「循」字之誤，因順、任由的意思。生，同「性」。性情。❻非其天誅　違背天道，必遭天譴。非，違背。誅，指上天的懲罰。❼逆夫人僇　違背人倫，必遭刑戮。逆，拒絕。僇，同「戮」。刑戮。❽不勝任也　不能順天應人的緣故。勝，承擔。任，要求；任務。指依道術行事、順天應人的要求。❾為成求得者　有所作為並取得成功，行事達到預期目標。為，同上文「為而無害」之「為」，創設。成，成功。求，希求。得，得到；達成目標。❿事之所期也　這是做事情所希望達到的效果。事，做事。期，希望。⓫為之以民　施政要順應民情。為，同注❾，創設，這裏主要指政治措施。以民，順應民情。以，因；順應。⓬道之要也　這是道術的關鍵。道，道術，即為政之道。要，要害；關鍵。⓭唯民知極　因順民意就能夠把握為政的標準。唯，順應；隨順。知，得到，即上文「為成求得」之意。極，標準。⓮弗之代也　沒有什麼能夠取代他們。弗，沒有。代，取代；代替。⓯此聖王授業所以守制也　這是聖王傳承祖業、遵守先王之制的方法。授，當作「受」，承受。業，事業；基業。守，遵守；奉行。制，制度；方略。

【語　譯】依據天則行事，就不可能被蒙蔽。路上看到別人丟失的物件而不撿拾，這不是人之常情。如果任情隨性，不是違背天道而遭天譴，就是違背人倫而遭刑戮，這是因為沒有順天應人。做事取得成功並達到既定目標，這是為政所希望達到的效果。施政要順應民情，這是道術的關鍵。順應民情就能夠把握為政的標準，沒有什麼事物能夠取代民情。這是聖王傳承祖業、遵奉先王之制的方法。

彼教苦❶，故民行薄❷。失之本❸，故爭於末❹。人有分於處❺，處有分於地❻，地有分於天❼，天有分於時❽，時有分於數❾，數有分於度❿，度有分於一⓫。天居高而耳卑者，此之謂也⓬。故聖王天時、人之、地之⓭，雅無牧能⓮，因無功多⓯。

【章　旨】本章主張為政者要瞭解天時、地利、民情，順應客觀情況施政。

【注　釋】❶彼教苦　其教化粗疏。彼，指代對方之詞。教，政治教化。苦，同「沽」。粗疏；低劣。❷故民行薄　民風就澆薄。民行，即國內的風氣，民風民俗。薄，澆薄；不淳厚。缺少安定、信任、尊重、沉穩、親睦等特質，民心浮躁不齊。❸失之本　指為政不得要領，不能教化。失，失去。本，根本，指君主的教化之道。❹故爭於末　指要求民行淳厚。爭，要求；強求。末，指末節，這裏指民行。❺人有分於處　人各有居所。分，分域；位分。處，居所。❻處有分於地　居所在大地上各有其位置。地，大地。❼地有分於天　地域在天上各有分野。天，上天。古時將天空分為十二星次，對應地上各州國。於天文講，叫分星；於地域上講，就叫分野。❽天有分於時　天分為春、夏、秋、冬四時。❾時有分於數　四時各有干支。數，干支。❿數有分於度　干支各有躔度。度，躔度，古人將周天分為三百六十度，二十八宿各有其度，以辨明日月星辰方位。⓫度有分於一　躔度相對於度數的原始各有其分域。一，道家哲學名詞，天地萬物度數分域之始。⓬天居高而耳卑者二句　這就是所謂的上天居於高處，卻瞭解世間萬事萬物。居高，處於高處。耳卑，即「聽卑」，瞭解卑微細小的情況，泛指萬事萬物。這兩句意思是上面所說的人、處、地、天、時、數、度雖愈分愈細，卻無不源於一。而一只有因順這些細分的枝節，才能成其為一。承接上文「為之以民」、「唯民知極」，喻指為政者雖居高位，卻必須要體察民情才能採取正確的措施。⓭故聖王天時人之地之　因此聖王要知天時、地利、民情。天之，順因天時。這個天時，不僅指客觀形勢，更包含陰陽數術。地之，察知地利。這個地利，不僅指自然山川地貌和土地資源，還包括陰陽數術。人之，體察民情。⓮雅無牧能　素來不自恃才能。雅，素來。無，不。牧，使用；依恃。⓯因無功多　因順自然故而成效顯著。因，因順。無，虛無；自然。功，功勞。

【語　譯】君主教化粗疏，民風就澆薄。君主自己不能教化，卻要求民行淳厚。人各有居住之所，居所在大地上各有其位置，地域在天上各有分野，天分為春、夏、秋、冬四時，四時各有干支，干支各有躔度，躔度之於天之本始又各有其分域。上天居於至高，卻瞭解世間萬事萬物。因此聖王要上知天時，下知地利，中知民情，不剛愎自用，因順自然，才能政績斐然。

尊君卑臣❶，非計親也❷。任賢使能❸，非與處也❹。水火不相入❺，天之制也❻。明不能照者❼，道弗能得也❽。規不能包者❾，力弗能挈也❿。自知慧出⓫，使玉化為環玦者⓬，是政反為滑也⓭。田不因地形⓮，不能成穀⓯。為化不因民⓰，不能成俗⓱。

【章　旨】本章主張因順民情，無為而治。

【注　釋】❶尊君卑臣　尊崇君主，抑制臣權。尊，尊崇。卑，使低下。❷非計親也　不是臣下愛近君主（而是君主對臣下有制勝之勢）。計，考慮。親，親近。❸任賢使能　任用賢能之人。任，任用。使，派遣。❹非與處也　不是因為愛幸他們（而是因為他們對治國有用）。處，相處；愛幸。❺水火不相入　水火不能相融，喻君臣之道彼此不能相同。❻天之制也　這是自然之理。天，自然；道。制，原理。❼明不能照者　光照不到之物，喻極微小的事物。明，光線。照，照射；照亮。❽道弗能得也　法術影響不到。❾規不能包者　木工的工具不能規劃的，喻極大的事物。規，木工畫圓的工具。包，包羅。❿力弗能挈也　人力不能提起。挈，提拉。⓫自知慧出　自從智巧小術出現。知慧，這裏指違背一的智計小術。知，通「智」。智計。⓬使玉化為環玦者　指返樸為機巧散亂。《老子》說「樸散則為器」，《莊子》說「百玉不毀，孰為圭璋」，都是強調璞玉的價值，而反對精工雕琢以為器，喻指違背因順無為之道，而以有為之道治民。⓭是政反為滑也　這是正道反變為亂道。政，同「正」。正確。反，變。滑，擾亂。⓮田不因地形　種田不根據地形。田，種田。因，根據。地形，土地的實際情況，指地勢土宜之類。⓯不能成穀　穀物就不能生成。穀，穀物，糧食作物。成，生成。⓰為化不因民　教化不因順民情。⓱不能成俗　不能形成好的習俗。俗，民俗，這裏指道家推崇的淳樸質木的民風。

【語　譯】尊崇君主，抑制臣權，不是因為臣下愛近君主；任用賢能之人，不是因為君主愛幸他們。君臣之道，彼此不能相同，這是自然之理。過於微小的事物，法術不會觸及；超越人工的事物，人力無法提起。自從智巧小術出現，各自創設主張以治民，返純樸為機巧散亂，這是正道反變為亂道。種田如果不根據地形，穀物就不能生成。教化如果不因順民情，淳樸的民俗就無法形成。

嚴疾過也❶，喜怒適也❷，四者已仞❸，非師術也❹。形嗇而亂益者❺，勢不相牧也❻。德與身存亡者❼，未可以取法也❽。

【章　旨】本章強調君主威權的重要性。

【注　釋】❶嚴疾過也　嚴厲、急躁不過度。嚴，嚴厲；酷烈。疾，急躁。過，不過，古語常有因語速過快而略去程度副詞的情況。該句下有注文：「嚴、疾毋令其過」，可證「過」前有「不」字。❷喜怒適也　喜怒適度。喜，歡喜。怒，憤怒。適，適度；適中。❸四者已仞　據注文，疑當作「四者已初」，意思是嚴厲、急躁、歡喜、憤怒四者，人生來就有，是其本性。按：「已」，備要本作「巳」。❹非師術也　不需要學習。師術，後天習得的能力。❺形嗇而亂益者　君主約束自身而下面紛亂加重。形嗇，省治、約束自身的言行。形，君主的形貌，指自身。嗇，儉省節約。亂，臣民紛擾混亂。益，增加。❻勢不相牧也　威勢不能約束。勢，威勢；權勢。牧，治理；約束。❼德與身存亡者　治政影響力隨著君主的去世而消失，即人亡政息。德，君主的政策及其影響力。身，身體；生命。存，存在。亡，消失。❽未可以取法也　不可以仿效。取法，學習；仿效。

【語　譯】嚴厲、急躁、歡喜、憤怒的情緒不能過度，這四者是人之本性，與生俱來，不需要學習。君主省治自身（的嚴厲、急躁、歡喜、憤怒），但國內的亂局卻加劇，這是因為君主的威勢已經不能約束臣民。人亡政息這種現象是不可以效法的。

昔宥世者❶，未有離天人而能善與國者也❷。先王之盛名❸，未有非士之所立者也❹。過生於上❺，罪死於下❻，濁世之所以為俗也❼。一人乎，一人乎❽，命之所極也❾。

【章　旨】本章強調任用賢才對於君主、國家成敗的重要性。

【注　釋】❶昔宥世者　過去享國於世的君主。宥世，即域世，指有國存於世上。宥，同「囿」。指區域。❷未有離天人而能善與國者也　沒有能離開人才而能夠治理好國家的。離，離開。人，賢才。善與國，治理好國家。按：「天」字當係衍文。❸先王之盛名　指前代建功立業帝王的美名。盛，盛大。❹未有非士之所立者也　沒有不是在賢能士人輔助下建立起來的。士，即上文「離天人」的「人」，指賢人。立，確立；建立。❺過生於上　君主犯了錯。過，過錯。生，產生。上，指君主。❻罪死於下　臣民用命承擔代價。罪，罪責。死，死亡。下，指臣民。❼濁世之所以為俗也　亂世的常態。濁世，即不遵天道、不守法制、上下離德的亂世。俗，常態。❽一人乎二句　感嘆語，反覆感嘆君主的成敗。一人，指君主。❾命之所極也　臣民命運的極至。命，指臣民之命。極，極至。這兩句感嘆臣民的命運繫於君主一人之成敗，但更多是感慨君主蒙蔽，臣民遭殃。古語云「一人有慶，兆民賴之」，大致就是這個意思。

【語　譯】過去享國於世的君主，沒有能離開人才而治理好國家的。前代帝王的美名，沒有不是在賢人輔助下建立起來的。君主犯了錯，卻歸罪於臣民，這是亂世的常態。君主啊君主，廣大臣民的命運都繫於其一身。

【研析】黃老之學，特別是近數十年來出土黃老文獻所展現的黃老之學，其迥然有別於早期道家學說的一個特點，就是其立論經常喜歡從天道說起，由天道推及人事。其關於治國人事方面的觀點，都以天地自然之理為依據而提出。這一邏輯特徵，在早期道家學說中，並不明顯。〈天則〉這一篇，就是黃老學說這種立論邏輯很典型的一個例子。本篇一上來就先從日月星辰、四氣等天象和自然規律說起，從而逐步推導出為政要仿效天地不「離一」之德、任用賢才、名實相符、上下同德等各類人事方面的結論。在充分論述了天人相呼應的關係後，才進一步提出確立法治和因順民情的政治構想。

而黃老與早期道家的另一個區別，在本篇中展現比較明顯的，就是變早期道家的不可知論為可知論。早期道家如老、莊，均強調天意不可知，道不可知，混混沌沌，莫能名狀。正因為不可知，所以只有因循，順其自然而無所作為。這是一種消極的無為政治觀，落實到政治實踐當中，很難實行。黃老則採用了另一種積極的無為政治觀，即認為天道雖然不可知，但卻可以體察，可以參考而用之於人事。如本篇所說的：「同而後可以見天，異而後可以見人，變而後可以見時，化而後可以見道」，就是這個意思。

黃老之學又有別於法家。黃老的法治與法家的法治，頗有不同之處。法家治國，只要確立嚴明的法令，自君至臣，一體遵行即可。在此以外，沒有也不允許再有別的措施。而黃老所說的法，實為「道法」。法不是其治國之道的根本，而只是工具。其根本仍然是道家道術，即清靜無為。法是在道術的基礎上衍生出來的，而且其所謂「法」又與法家之「法」有所不同，它包含了兩方面內容，一方面是道家所講的自然之數；另一方面才是刑律度數。在實際操作當中，法家是事無巨細都要嚴格以法令條文為準，反對人為意志。如此一來，必然要求法令越來越全面，條文越來越細密，也就是政府的主動干預會越來越廣、越來越多。而黃老則講究清靜無為、因循民意，反對政府的主動作為，反對繁文苛法。黃老的法，只是在客觀上需要政府有所作為時，要求人事上要以自然度數為準，講究象天地之數而立人事之法，反對聽任個人意志。如《史記》汲黯傳，載漢武帝時廷尉張湯頻繁修訂律令，汲黯就批評張湯不能真正使朝廷百姓享受實惠，只一味靠舞文弄法來裝點自己的政績，旗幟鮮明地提出來「刀筆吏不可以為公卿」的說法。這一點，是黃老和法家的分水嶺。以本篇為例，雖然篇中反覆強調法治的重要，卻同樣旗幟鮮明地提出：「法廢不奉而弗能立，罰行於非其人而弗能絕者，不與其民之故也」「為化不因民，不能成俗」。

總的來說，〈天則〉篇作為全書篇幅第二長的篇什（最長的是〈王鈇〉篇），比較充分展示了黃老之學由天及人的理論邏輯和以虛無為本、以法治為用的理論特色。篇中還涉及臨利見信、臨財見仁、臨難見勇、臨事見術數之士的識人之術和君逸臣勞（昔者有道之取政，非於耳目也）等內容，反映了我國早熟的政治智慧。

環流第五

【題　解】本篇講述萬事萬物依於道法、化育成敗的規律，特別強調了掌握客觀法則、把握時運的重要性。環流，循環流轉。環，循環、回環。流，流轉、變化。

有一而有氣❶，有氣而有意❷，有意而有圖❸，有圖而有名❹，有名而有形❺，有形而有事❻，有事而有約❼。約決而時生❽，時立而物生❾。故氣相加而為時❿，約相加而為期⓫，期相加而為功⓬，功相加而為得失⓭，得失相加而為吉凶⓮，萬物相加而為勝敗⓯。莫不發於氣⓰，通於道⓱，約於事⓲，正於時⓳，離於名⓴，成於法者也㉑。

【章　旨】本章論述萬事萬物化育發展的過程，強調自然法則的根本性。

【注　釋】❶有一而有氣　從無生有。一，見前文注釋，指天地萬物之始，無物無名之時，即道家所謂的「無」。氣，萬物之母，天地自無而有之時，混混沌沌，無名無形，道家把這個狀態稱之為「氣」。一是無，氣是有，故而說是從無生有。❷有氣而有意　有氣然後生出意念。意，意念。氣的運行，有一定的規律，化生出萬物。有規律，就有相對一定的趨勢和原則，所以說它有「意」。❸有意而有圖　有意念就可以觀摹效法。圖，法象，參考效法，指四象、八卦象數之屬，抽象概念。在道家看來，氣的運行有意念規律，就可由此觀察總結得出象數。❹有圖而有名　有了象數就可以指稱說明。名，稱說。❺有名而有形　可以稱說，就有了可知的具象。形，實體；具象。❻有形而有事　有具象，人就可以針對其有所作為。事，從事。❼有事而有約　有了行為，就要求有法度約束。約，約束；法度。公眾約定俗成的規定。這句意思是，個體各個不同，行為也有各異，相應地，就要求有法度來約束人們的行為，使之順應自然之道，有利於群體的生存和利益。❽約決而時生　確立法度，就會有時限。決，決定；確定。時生，據注文，當作「時立」，指確立時限。時，時限。立，確立。

❾時立而物生　萬物按時（四時、節氣）生長成熟。物，萬物。生，生成。❿故氣相加而為時　依據上下文義和文例，此句疑當作「故時相加而為約」。上文說約決而時生，因此可以說對事物施加時限就成為法度。加，施加。⓫約相加而為期　施加法度就是希望遵守。加，施加。期，期冀；要求。⓬期相加而為功　有要求就會有結果，意思是希望按照法度做事情，必然會有結果（遵守或不遵守）。功，結果；功效。⓭功相加而為得失　有結果就會有得失，意思是做事只要有結果，就一定有收益和損失。得，收益。失，損失。⓮得失相加而為吉凶　有了損益，就會帶來吉祥和災害。吉凶，吉祥和災禍。按：「凶」，叢刊本作「兇」，係「凶」的異體字，此據備要本改。下同，不再一一注出。⓯萬物相加而為勝敗　依文義和句例，此句疑當作「吉凶相加而為勝敗」，意思是吉凶就意味著事業的成功或失敗。勝，勝利。敗，失敗。⓰莫不發於氣　（萬事萬物）沒有不是發生於氣。發，發生。⓱通於道　遵循自然之道。通，連接；通達。道，即「一」，依於道，則無物不通。⓲約於事　有事就有法度。事，事物。⓳正於時　時節至則事行物生。正，定。⓴離於名　言行依於名，名正則實立。離，附麗；依據。㉑成於法者也　事物無不靠法度來成就。成，成就。法，法度；規律。

【語　譯】氣生於無，有氣然後就有意念規律，有意念規律就可以推演出象數，有了象數就要用指稱說明，可以指稱就有了可知可感的具象，有了具象就可以針對其有所作為，有了行為就要求有法度約束。法度確立就會有時限，萬物按時生長成熟。因此對事物施加時限就成為法度，施加法度就是要求人們要遵守，有要求就會有結果，有結果就會有損益，有損益就會帶來吉祥和災害，吉凶就意味著事業的成功或失敗。（萬事萬物）無不生成於氣，遵循於道。有事就會有法度，時節至則事物自然運行生成，事物皆依於名數，成就於自然法度。

法之在此者謂之近❶，其出化彼謂之遠❷。近而至，故謂之神❸。遠而反，故謂之明❹。明者在此❺，其光照彼❻。其事形此❼，其功成彼❽。從此化彼者，法也❾。生法者我也❿，成法者彼也⓫。生法者，日在而不厭者也⓬。生、成在己⓭，謂之聖人⓮。惟聖人究道之情⓯，唯道之法公政以明⓰。

【章旨】本章說明法度源於自然之道。

【注釋】❶法之在此者謂之近　法度存在於道本身稱為近。此，指上文所說的「一」、「道」。❷其出化彼謂之遠　擴展出去化育萬物稱為遠。出，外出。化，化育。彼，指萬物。❸近而至二句　法度能夠施行於遠方，因而稱為神妙。至，達；到。指施及遠方。神，神妙。❹遠而反二句　能夠通過法核察遠方之事，將信息反饋回來，因而稱為明達。遠而反，察知遠方。反，同「返」。返回。明，明達。❺明者在此　法在於近。明者，指法。此，即上文所說的「近」，下同。❻其光照彼　其影響及遠。光，光芒。照，照射。彼，即上文所說的「遠」，下同。❼其事形此　行事於近。事，行為；實體。形，顯現。❽其功成彼　收效於遠。功，功效。《孔子家語》記載孔子評價《詩經・大叔于田》的「執轡如組」，說「執此法以御民，豈不化乎」，大致就是本篇這兩句話要表達的意思。❾從此化彼者二句　從近化遠的是法度。化，化育；施及。❿生法者我也　生成法度的是道。生，孕育；生成。我，即上文所說的「一」、「道」。⓫成法者彼也　體現法度的是萬事萬物。成，成就；體現。彼，指萬事萬物，即器。⓬生法者二句　道無日不在，而人不厭足。生法者，指道、自然。日在，每天都在。厭，滿足。⓭生成在己　生成法度、成就法度都可以通過自己來實現。己，自己。按：「己」，叢刊本作「巳」，誤，此據備要本改。⓮謂之聖人　稱為聖人。這兩句意思是聖人體道而行，自然法則都可以通過聖人制成，也可以通過聖人體現。《莊子・人間世》：「天下有道，聖人成焉；天下無道，聖人生焉。」大致就是這個意思。⓯惟聖人究道之情　只有聖人能體察自然之道的情況。惟，只有。究，探究；體察。道，天地萬物之始，「一」。情，實際情況。⓰唯道之法公政以明　只有由道所生之法公正顯明。唯，只有。道之法，即依據於道的法則，即上文所論之法。公正，公允正直、不偏私。政，同「正」。正直、不偏私。

【語　譯】法度在於道本身稱為近，擴展出去化育萬物稱為遠。法度能夠由近及遠，又能將遠方信息反饋回來，因而稱為神妙明達。法度在於近，其影響及遠。行事於近，收效於遠。從近化遠的是法度。生成法度的是道，體現法度的是萬事萬物。道無日不在，而人不厭足。能夠自己依道推演生、確立法度的，稱為聖人。只有聖人能體察自然之道的實情，只有依據於道的法度公正顯明。

斗柄東指，天下皆春❶。斗柄南指，天下皆夏❷。斗柄西指，天下皆秋❸。斗柄北指，天下皆冬❹。斗柄運於上❺，事立於下❻；斗柄指一方❼，四塞俱成❽，此道之用法也❾。故日月不足以言明❿，四時不足以言功⓫。一為之法⓬，以成其業⓭，故莫不道⓮。一之法立⓯，而萬物皆來屬⓰。

【章　旨】本章從天象入手，進一步強調要遵循自然之道和客觀法則。

【注　釋】❶斗柄東指二句　初昏時分，北斗七星的斗柄指向東方，天下進入春季。❷斗柄南指二句　初昏時分，斗柄指向南方，天下進入夏季。❸斗柄西指二句　初昏時分，斗柄指向西方，天下進入秋季。❹斗柄北指二句　初昏時分，斗柄指向北方，天下進入冬季。以上八句說的是古人黃昏時分，觀測北斗七星斗柄所指方位以確定四季。❺斗柄運於上　北斗七星的斗柄在天上轉動。運，運轉。❻事立於下　季節現象顯現於下。事，指各個季節的徵候、現象。立，確立；顯現。❼斗柄指一方　斗柄指向一個方向。❽四塞俱成　地面上的四方都進入一個季節。四塞，大地之四方。❾此道之用法也　這就是自然之道行使法度。道，自然之道，即上文所說的「一」。用，行使。❿故日月不足以言明　因此即使以日月的亮度，也不足以與道爭輝。⓫四時不足以言功　四時使萬物消長，但其功業也不能與道相比。這兩句話意思是，即以日月之明、四季之功，都不足以與道法爭輝，極言道法的最高地位。⓬一為之法　道生成法度。一，即道。為，生成；確立。⓭以成其業　成就事業。業，事業。⓮故莫不道　指萬事萬物無不遵從道法而運行。莫，沒有。道，以……為道；遵行。⓯一之法立　道法確立。一之法，指依於道的法則。立，確立。⓰而萬物皆來屬　萬物都來歸附。屬，歸附。

【語　譯】北斗七星的斗柄指向東、南、西、北，分別表示天下的時節進入春、夏、秋、冬。斗柄轉動於上，季節現象就顯現於下；斗柄指向一個方向，大地的四方就都要進入這個季節，這就是自然之道在行使法度。即使以日月之明、四季之功，都不足以與道、法爭輝。道生成法度，法度成就事業，萬事萬物無不遵從道、法而運行。確立依道之法，萬物都來歸附。

法貴如言❶，言者萬物之宗也❷。是者，法之所與親也❸。非者，法之所與離也❹。是與法親故強❺，非與法離故亡❻。法不如言故亂其宗❼。故生法者命也❽，生於法者亦命也❾。

【章旨】本章旨在說明奉行法治的重要性。

【注釋】❶法貴如言　為法貴在執行。貴，以……為貴。如言，按法律所規定的做。如，像。言，指法律條文。❷言者萬物之宗也　法是萬物之主。言者，法律條文，指代法。宗，尊者；主導。❸是者二句　依法而行，是為法所認可推崇的。是者，承上兩句，即「如言」。法，立法；行法。親，親近；親附。這裏指認可。❹非者二句　背法而行，是為法所反對的。非者，即不「如言」不按照法規行事。離，背離；離棄。❺是與法親故強　指奉法而行，國家就強大。是，即上文的「是者」、「如言」。與，連詞，和、同。強，強大，指國家強大。❻非與法離故亡　不奉法而行，國家就滅亡。非，即上文的「非者」、不「如言」。亡，滅亡，指國家滅亡。❼法不如言故亂其宗　有法不依會禍亂宗國。亂，擾亂；禍害。宗，宗族；宗國。❽故生法者命也　法的生成是自然之數。生，誕生；生成。命，命運；命數。指自然之數。❾生於法者亦命也　萬物生成於法，這也是自然之數。生於法者，道生法，法生萬物，這裏指的是生於法的萬物。

【語譯】法治貴在能依法行事，法是萬物之主。依法而行，是為法治精神所認可推崇的。背法而行，是法治精神所反對的。奉法而行國家就強大，不奉法而行就滅亡，有法不依會禍亂宗國。法的生成是自然之數；萬物生成於法，這也是自然之數。

命者，自然者也❶。命之所立❷，賢不必得❸，不肖不必失❹。命者，挈己之文者也❺。故有一日之命，有一年之命，有一時之命，有終身之命❻。終身之命，無時成者也❼。故命無所不在，無所不施，無所不及❽。時或後而得之，命也❾。既有時有命❿，引其聲合之名⓫，其得時者成⓬，命日調⓭。引其聲合之名，其失時者精神俱亡⓮，命日乖⓯。時命者，唯聖人而後能決之⓰。

【章　旨】本章論述把握時運的重要性。

【注　釋】❶命者二句　命運是自然之數。命，命運；命數。統包壽命、機遇、運氣等人生一切運數而言。❷命之所立　命運所確定的事。立，確定。❸賢不必得　賢才不一定能成功。賢，有才能的人。❹不肖不必失　庸才不一定會失敗。不肖，無能之輩；庸人。此三句意思是，命運所定之事，與個人才能無關，非人力所能改變。❺命者二句　命運是自身浮沉的根源。挈，懸持，這裏是牽引、影響之義。己，自己。文，疑為「父」字之誤，《老子》說「吾將以為教父」。父，同「甫」。始生；初始。這裏指命運的始原、根源。按：「己」，叢刊本作「巳」，誤，此據備要本改。❻故有一日之命四句　運數有發生在一日之間，有發生在一年之內，有發生在某個時限內，有發生在一生之中。這四句意思是命運不定，無從捉摸。故，猶「夫」，發語詞。❼終身之命二句　一生之內的命運，是不定時發生成就的。無時，不定時，指不可預測。成，成就，指運數的發生。❽故命無所不在三句　承上句，因是一生中的命數，所以任何時間都可能發生影響。故，因此，承接詞。命，即上句的「終身之命」。❾時或後而得之二句　時機吻合才能成功，這就是命。時，時機。或，據下文，疑為「合」字音近之誤，當解作吻合之義。得，得逞；成功。指命數發生。❿既有時有命　既然有時機才會有命數的成就。既，既然。⓫引其聲合之名　拖長聲音喊叫以求會合其名，比喻盲目辦事。引，延長。聲，聲音。合，符合。名，名稱。⓬其得時者成　時機吻合，獲得成功。得時，碰到合適的時機，指時機吻合。得，遭遇。成，成功遂事。⓭命日調　命運日趨協調。日，日漸；日趨。調，協調。⓮其失時者精神俱亡　時機不合就精力、神情都消耗，徒勞無功。失時，沒有遇到合適的時機，即時機不吻合。精，精力。神，神情。亡，消耗；耗費。指徒勞無功。⓯命日乖　命運日趨坎坷。乖，乖舛；坎坷。與上文的「命日調」相反。⓰時命者二句　只有聖人能把握時機與命運。時命，時機與命運相合，即上文所說的時命相得則成，時命不相得則亡。決，決斷；裁決。指把握住時機與命運相得的機會。

【語　譯】命運是自然之數，命運所定之事無關人物賢不肖，非人力所能改變。命運是人事浮沉的根源，運數會發生在一天內、發生在一年內、發生在更長的某個時限內、發生在一生之中，總之是飄渺無定、無從捉摸。人一生中的運數，不定時就會發生。因是一生中的運數，所以任何時間都有可能發生影響，只有在時機恰巧時才能成功，這就是命運。既然只有時機合適才會有命數的成就，那麼盲目辦事，碰到時機吻合就會成功，運數就變好。時機不合就徒勞無功，命運就變坎坷。只有聖人能把握時機與命運。

夫先王之道備❶，然而世有困君❷，其失之謂者也❸。故所謂道者，無已者也❹。所謂德者，能得人者也❺。道德之法❻，萬物取業❼。無形有分❽，名曰大孰❾。故東西南北之道踹❿，然其為分等也⓫。陰陽不同氣⓬，然其為和同也⓭。酸、鹹、甘、苦之味相反⓮，然其為善均也⓯。五色不同采⓰，然其為好齊也⓱。五聲不同均⓲，然其可喜一也⓳。

【章　旨】本章旨在說明要從事物的共性入手，去瞭解、掌握先王制度和道德的法則。

【注　釋】❶夫先王之道備　先王的制度方略具在。先王之道，指歷代帝王治國方略。備，具備。❷然而世有困君　但是世代總有失敗的君主。世，世代。困，困頓；不得志。❸其失之謂者也　不得時命。失，失去；沒有把握住。之，即上文所說的「其得時者成」「時命者」。❹故所謂道者二句　道的施行要求不執泥己意，隨任自然。道，道家所講求的天地人事的規律法則，道術。無已，疑當作「無己」，即摒棄主觀執念和欲望，因循客觀自然之情。按：叢刊本作「無巳」，備要本作「無已」，均係傳寫之誤。❺所謂德者二句　做人的品德要求與他人和同。德，指個人的品德、德行。得人，得於人，臣民歸心。❻道德之法　道與德的法則。法，法則，即上面四句所說的內容。❼萬物取業　萬物生成的依賴。取業，取以為事；依賴。業，事。❽無形有分　沒有形跡而有位分。無形，沒有形跡，即上文所說的「道」。因任自然、不執泥己意，故而說是無形。有分，有位分，即上文所說的「德」。雖然因循無為，但卻得於人，享有位分。分，位分。❾名曰大孰　稱之為大。孰，當作「敦」。名曰大敦，即《老子》所謂「可名為大」。敦，盛；厚。與「大」義略同。❿故東西南北之道踹　往東、往西、往南、往北去的路方向相反。道，道路。踹，同「舛」。相反。⓫然其為分等也　但就有方位這點講都是一樣的。分，位分；方位。等，相同。⓬陰陽不同氣　陰陽之氣不相同。古人認為天地之氣分為陰、陽兩種，性質各不一樣，所以說「不同氣」。⓭然其為和同也　但它們可以互相調和這點是一樣的。和，互相調和。同，相同。⓮酸鹹甘苦之味相反　酸、鹹、甜、苦各類味道的口感各不相同。鹹，鹽的味道，即鹹味。甘，甜味。按：「鹹」，叢刊本作「醎」，係「鹹」的異體字，此據備要本改。⓯然其為善均也　但它們能夠調配美味這點是一樣的。善，美味。均，一樣。⓰五色不同采　各類顏色各不相同。五色，青、赤、黃、白、黑五種顏色。采，同「彩」。色澤。⓱然其為好齊也　但它們在都是美好顏色這點上是相同的。好，美色。齊，一致。⓲五聲不同均　各種音階聲調各不相同。五聲，指宮、商、角、徵、羽。均，同「韻」。音調。⓳然其可喜一也　但在令人愉悅方面這點上是一樣的。可喜，可愛；使人愉悅。一，一致。

【語　譯】先王的制度方略具在，但世世代代總有失敗的君主，這是因為其施政不得時命。行道要求不執泥己意，隨任自然；為人的品德要求與他人和同。道與德的法則，是萬物生成的依賴，其無形無跡卻位分分明，稱之為大。往東、往西、往南、往北去的路方向相反，但就有方位這點講都是一樣的；陰陽之氣性質不同，但它們可以互相調和這點是一樣的；酸、鹹、甜、苦各類味道的口感各不相同，但它們能夠調配美味這點是一樣的；各種顏色的色澤互不相同，但它們在都是美好顏色這點上是相同的；各種音階聲調各不相同，但在令人愉悅方面這點上是一樣的。

故物無非類者❶，動靜無非氣者❷。是故有人將得一人氣吉❸，有家將得一家氣吉❹，有國將得一國氣吉❺。其將凶者反此❻。故同之謂一❼，異之謂道❽。相勝之謂埶❾，吉凶之謂成敗❿。賢者萬舉而一失⓫，不肖者萬舉而一得⓬，其冀善一也⓭，然則其所以為者不可一也⓮。知一之不可一也⓯，故貴道⓰。

【章　旨】本章強調掌握、順應客觀規律的重要性。

【注　釋】❶故物無非類者　萬物無不是按類進行區別。故，猶「夫」，發語詞。類，類別。❷動靜無非氣者　動靜無不是由氣主導。❸是故有人將得一人氣吉　因此如果有一個人將得之於氣，則這個人的運勢就吉利。有人，指假如有一個人。人，指一人。將得，將得之於氣。一人，指前面「有人」之人。氣，指運形勢。吉，吉利；吉祥。❹有家將得一家氣吉　如果有一家將得之於氣，則這個家的家道就興旺。❺有國將得一國氣吉　如果一個國家將得之於氣，則該國國運就昌盛。❻其將凶者反此　前三句都說「將得」，則此句的「將凶」疑為「將失」之誤。其將失者反此，意思是如果不能夠得之於氣，則結果就與前三句相反。失，失去。反，相反。此，指代前面三句中「一人氣吉」、「一家氣吉」、「一國氣吉」的情況。❼故同之謂一　萬物皆同，叫作一。這句話承上文，意思是自其相同處看，自其都由氣主導來看，萬物並無分別，同為一體。故，猶「夫」，發語詞。同，一致；統一。❽異之謂道　這句話意思是從差別處（即「故物無非類者」）看，萬物都是道的各種產物。異，差異。❾相勝之謂埶　形勢決定勝負。勝，超過；勝過。埶，即「勢」，形勢。按：「埶」，叢刊本作「執」，誤，此據備要本改。❿吉凶之謂成敗　成敗決定吉凶。吉，吉祥；吉利。凶，凶險；惡劣。成，成功。

敗，失敗。⓫賢者萬舉而一失　指有才能的人做很多事情卻很少失敗。萬，極言其多。舉，行事。一，極言其少。失，失誤；失敗。⓬不肖者萬舉而一得　庸人做很多事情卻很少成功。得，成功；有所得。⓭其冀善一也　他們都是希望能夠成功的。其，指上文的賢者和不肖者。冀，希望。善，好；成功。一，一致。⓮然則其所以為者不可一也　但他們的結果卻不一樣。所以為，指結果。一，一致。⓯知一之不可一也　知道人們雖然都希望成功，但卻不可能都成功。前一，即「其冀善一也」的「一」。後一，即「然則其所以為者不可一也」的「一」。⓰故貴道　因而重視道術。這兩句話意思是，知道事情的成敗取決於是否得氣、是否有賢者參與（這兩者都取決於道術），所以要重視道術，重視聖人、賢者的作用。

【語　譯】萬物都是按類進行區別，動靜無不是由氣主導。因此如果有一個人將得之於氣，這個人的運勢就吉利；如果有一個家庭將得之於氣，這個家的家道就興旺；如果一個國家將得之於氣，該國的國運就昌盛。如果不能夠得之於氣，則結果就與前面所說相反。從萬物都是由氣主導來看，其本質都是一樣的，並無分別；而從萬物按類區分的差異處來看，其都是道的各類產物。形勢決定勝負，成敗決定吉凶，有才能的人做再多事情也很少會失敗，庸人不論做多少事情都很少能成功，人們做事希望能夠成功，但他們的結果卻不一樣。明白了人們雖然都希望成功但卻不可能都成功這一點，就要重視道術。

空之謂一❶，無不備之謂道❷。立之謂氣❸，通之謂類❹。氣之害人者謂之不適❺，味之害人者謂之毒❻。夫社不刈則不成霧❼，氣故相利相害也❽，類故相成相敗也❾。積往生跂❿，工以為師⓫。積毒成藥⓬，工以為醫⓭。美惡相飾⓮，命曰復周⓯。物極則反⓰，命曰環流⓱。

【章旨】本章討論物類相反相成、循環轉化。

【注釋】❶空之謂一　承上文「同之謂一」，萬物從本始來看無不同，而萬物的本始就是空，是無，所以說「空之謂一」。❷無不備之謂道　承上文「異之謂道」，道化生萬物，則萬物具備就是道。無不備，就是具備的意思。❸立之謂氣　疑當作「通之謂氣」，「立」疑與下句的「通」字互竄。氣是流通之物。通，流通；通達。❹通之謂類　當作「立之謂類」。類是確定之物。立，確定。❺氣之害人者謂之不適　「氣」疑與下句的「味」互竄。又據上文，「味」疑為「類」字之誤。由於具體的一種事類有限定範圍，出現差錯時對人的傷害比較淺。害，傷害。不適，程度較淺的損害。適，適和。❻味之害人者謂之毒　疑當作「氣之害人者謂之毒」，氣是流通之物，可推此類及於他類，通類則廣，如果出現差錯，則其對人的傷害程度較深。毒，毒害，程度較深的損害。❼夫社不刺則不成霧　此句疑有竄人之文或誤字，前人注疏已多揣測之說，較為難解。一般認為這句話，可能是說祭天的社壇本應露天以受風霜霧雪，古時已亡之國的祭壇上面會蓋房屋進行遮蓋，斷絕其與天的連接。社壇上不接天，就不受天氣，其上不能成雨霧之氣。社，祭壇。刺，疑即「達」，連接。霧，天氣現象。❽氣故相利相害也　氣有對人有益的，也有對人有害的。相利，有益於人。相害，有害於人。❾類故相成相敗也　類有助益於人的，也有敗亡人事的。成，成就。敗，敗亡。❿積往生跂　腿部長期畸形導致走路跛腳。積，積累。往，當作「尪」，脛部畸形。生，產生。跂，當作「跛」，瘸腿、跛腳。⓫工以為師　認為是師巫之師。工，當作「巫」，古時祈神之人。師，教授之人。這兩句意思是，古時巫師多跛足顛舞之人，所以雖腿部畸形而導致跛足，卻因此而成為祈神祭天的巫師。⑫積毒成藥　長期接觸各類毒草從而懂得藥理。毒，毒草。成藥，掌握藥理。藥，藥性藥理。⑬工以為醫　工技之人將他們當作醫生。工，從事工技之人。醫，醫生。這兩句意思是，雖然長期接觸有毒的草藥（容易傷害身體），卻因熟知藥理而成為醫生。⑭美惡相飾　美好和醜惡相互修飾。美，事物好的一面。惡，事物壞的一面。飾，修飾；裝飾。按：「飾」，叢刊本作「餙」，異體字，此據備要本改。⑮命曰復周　稱為周而復始。命，稱作。復，又。周，循環。⑯物極則反　事物走到極端就會向其相反面轉化。極，極限；極至。反，相反。⑰命曰環流　稱為循環流轉。

【語　譯】萬物的本始就是一，化育生發萬物就是道。氣是流通之物，類是確定之物，類對人的傷害程度比較淺，氣對人的傷害程度較深。社壇上不接天，其上就不能成雨霧之氣。氣與類都有對人有益的，也都有對人有害的。有雖然腿部畸形而導致跛足，卻因此而成為祈神祭天巫師的；也有雖然長期接觸有毒的草藥，卻因熟知藥理而成為醫生的，美好和醜惡相互修飾，叫作周而復始。事物走到極端就會向其相反面轉化，稱為循環流轉。

【研　析】本篇名為「環流」，其謀篇布局也頗有回環周轉的韻味，前人就曾說過：「此篇文勢，有許多轉，然意思直貫，每轉愈深。」開篇先討論客觀規律，即所謂「道」；然後由「道」的客觀性引申出「法」，強調法治的重要意義；再由「法」轉而提出應當把握住時運、掌握「道」「法」；最後強調「道」的流動性，則又近似於早期道家因循的說法。

總的來看，本篇所呈現的是道↓法↓道的敘述邏輯，再一次強調了黃老理論的核心實為「道法」，所以學術界有些專家就主張稱黃老道家為「道法家」，以便從稱謂上與早期道家和法家學說區分開來。黃老的「道法」，並非「道+法」這種疊加模式，而是道法一體。黃老所說的道，是天地之間的客觀規律，是可以從萬事萬物的共性和差異之中尋找並掌握到的，這就有別於老莊等早期道家的混沌不知論。同時，由於這種客觀規律本身是純粹理性，不受影響，外於萬事萬物而獨立存在的，所以它表現出來就是自然度數，一如人間的法律一樣客觀純粹，故而可以映射到人世間，成為人間治政律令的理論依據和母體。也就是說，在黃老學說當中，特別是具體到人事上面時，道就是法，而法也就是道，二者並無根本分別。只是從整體上、根本上說，在理論生成邏輯上來說，道是優先於法的，法是道的產物。於是黃老所說的法，也就有別於法家所說的法，黃老之法根本上就是道，它本身有流轉性，講究事物相生相化的辨證法，講究順天應人，以虛無為本，以因循為用。這與法家所主張的法律至高無上、人事一斷於法令是有本質區別的。

但這樣一來，黃老所講求的道法，又不免陷於含糊，界於可知論與不可知論之間。黃老力求把握時運、掌握道法，這是可知論。但他們既講求循環流轉、因循無為，則道法不免又成為外於人事而獨立存在的混沌體，因為只有這樣，只有不可知，人事上才需要因循、才需要無為。這一點在漢初政治上，表現得十分明顯，號稱無為而治的文帝和景帝，都頗喜法術而崇尚無為，一方面講究法治的客觀性，一方面又敬畏天道民意的不可知。漢宣帝說漢家政治「本以霸王道雜之」，一個「雜」字，可謂一針見血。

道端第六

【題解】本篇講述為君之道的根本在於用人和取法遵從自然之道。道，道術，這裏指為君之道。端，根本。

天者，萬物所以得立也❶。地者，萬物所以得安也❷。故天定之❸，地處之❹，時發之❺，物受之❻，聖人象之❼。

【章旨】本章總起全篇，說明聖人之道在於取法自然。

【注釋】❶天者二句　天文是萬物能夠產生、確立的源泉。天，天文。立，確定；確立。❷地者二句　地理是萬物能夠生存居處的根基。地，地理。安，安居；生存。以上天、地，皆陰陽數術概念。古時人們以為天空星象之理是萬物人事存在的根源；認為大地八風地氣之屬是萬物人事盛衰的源動力。❸故天定之　因此上天確立萬物。❹地處之　大地為萬物提供居處。❺時發之　春、夏、秋、冬等節候催發萬物，即萬物春生、夏長、秋熟、冬藏之類。發，催發；發生。❻物受之　萬物承受天立、地處、時發的影響，從而生長發展。受，承受；接受。❼聖人象之　聖人取法萬物生長發展之道。象，取象；效法。

【語譯】天文是萬物產生、確立之根，地理是萬物生存之基。因此說上天確立萬物，大地載育萬物，節候催發萬物。萬物在上天、大地、節候的影響下生長發展，聖人則取法萬物生長之道。

夫寒溫之變❶，非一精之所化也❷。天下之事，非一人之所能獨知也❸。海水廣大，非獨仰一川之流也❹。是以明主之治世也❺，急於求人❻，弗獨為也❼。與天與地❽，建立四維❾，以輔國政❿。鉤繩相布，銜橛相制⓫，參偶其備⓬，立位乃固⓭。

【章旨】本章說明君主要取法自然和任用賢人。

【注釋】❶夫寒溫之變　寒暑交替，指一年四季的氣候變化。寒溫，即寒暑，代指四季氣候。變，變化。❷非一精之所化也　不是單獨某一精所能造成的。精，疑為「五精」的「精」。五精，即金、木、水、火、土五行。一精，即五行中的一個元素。兩句話意思是說，氣候的變化，是由五行共同作用的結果，成因複雜，不是某一種元素所能造就。❸天下之事二句　天下事情眾多，一個人的認知是有限的。獨，單獨。知，瞭解。❹海水廣大二句　海水是由眾多河流匯集而成，一條河流的貢獻有限。仰，依賴。川，河流。❺是以明主之治世也　因而賢明君主治理國家。明主，賢明的君主。治世，治理國家。❻急於求人　把搜求人才作為當務之急。急，迫切。求人，求取人才。❼弗獨為也　不仗恃自己，即不剛愎自用。為，作為。❽與天與地　參照、遵循天地運行的規律。與，參照；順從。❾建立四維　任用四方面的輔臣，象天地之有四時。四維，古時認為人間政治需效法天象，天人之間存在神秘感應。故而仿效四方四時而設立專職人員，負責觀測四時的星象物候，主持人間四時政事，故而有「黃帝四面」等說法，實則是仿效四時運行設置四大輔臣，作為維繫生存、統治的關鍵綱要。維，支柱；綱要。詳見下文「左法仁」「前法忠」「右法義」「後法聖」等注解。⑩以輔國政　以（四維）輔持國家政權。輔，輔持；輔助。⑪鉤繩相布二句　設置治國之具。鉤繩，木工使用的畫曲畫直的工具，古時常以鉤繩規矩並稱，指代儀制法令等治國的政治策略。布，排布；布置。銜橛，古時御馬的工具，喻指治國御民的制度策略。這兩句話都是指政治方略的實施。⑫參偶其備　多方設置籌備，匯集各方面的力量。參偶，喻指從多方面著手、發揮各方面的作用。參，三。偶，二。⑬立位乃固　君主的地位才會穩固。立，定。位，君主的位置。固，牢固。

【語譯】氣候的變化是由五行共同推動，非某一種元素所能獨自造就；天下事情眾多，一個人的認知是有限的；大海由眾多河流匯集而成，一條河流的貢獻是有限的。因而賢明君主治理國家，會多方搜求人才，而不會剛愎自用；會效法天象四時設置四大輔臣，職司四時、四方之事，成為維繫統治的四大支柱，輔持國家政權。只有匯集各方人才的力量，君主的地位才會穩固。

經氣有常理❶，以天地動❷，逆天時不祥❸，有祟❹。事不仕賢❺，無功必敗❻。出究其道，入窮其變❼，張軍衛外❽，禍反在內❾，所備甚遠❿，賊在所愛⓫。是以先王置士也，舉賢用能⓬，無阿於世⓭。仁人居左，忠臣居前，義臣居右，聖人居後⓮。左法仁則春生殖，前法忠則夏功立，右法義則秋成熟，後法聖則冬閉藏⑮。先王用之⑯，高而不墜⑰，安而不亡⑱，此萬物之本剸⑲，天地之門戶⑳，道德之益也㉑。此四大夫者㉒，君之所取於外也㉓。

【章旨】本章說明要遵循自然之道來任用賢人。

【注釋】❶經氣有常理　天地之氣有一定的規律。經氣，天地之間穩定運行之氣。經，常；恆定。氣，即〈環流第五〉篇首「有一而有氣」的「氣」，天地之氣。常，恆定；固定。理，道理；規律。❷以天地動　遵循自然法則而運轉。以，因；遵循。天地，天地之道，即自然法則。動，變動；運轉。❸逆天時不祥　違背天時不吉利。逆，違背。天時，陰陽家說，非指政治人事上的客觀形勢。祥，吉兆。❹有祟　有災禍。祟，祟事；災禍之事。按：「祟」，叢刊本作「崇」，誤，此據備要本改。❺事不仕賢　為政不任用賢人。事，政事。仕，據下文「任事之人」，疑當作「任」，任用。賢，賢能之人。❻無功必敗　為政沒有成效，一定失敗。功，成效；成績。敗，失敗。❼出究其道二句　反覆探究其中的規律原理。出、入，指從正、反兩面著手，即反覆。究、窮，探究；探尋。道，指規律。變，變化之理。❽張軍衛外　陳列軍隊防禦外敵。張，陳設。軍，軍隊。衛，防衛。外，外部的敵人。❾禍反在內　禍患反而在內部。反，反而。內，內部。這兩句的意思，即孔子所說「吾恐季孫之憂不在顓臾，而在蕭牆之內」。❿所備甚遠　防備遠方的敵人。備，防備。遠，遙遠。⓫賊在所愛　禍害起於寵臣。賊，禍害、傷害。在，在於。愛，寵臣。⓬是以先王置士也二句　因此先王用人，選用才德出眾的人。置士，設官用人。置，設立。舉、用；選用。⓭無阿於世　公正不偏私。阿，曲從；偏袒。世，世人。⓮仁人居左四句　指天子的四鄰或四輔臣。古人認為，上古天子有四鄰（又有稱四輔臣），分居左、前、右、後，各有職責，詳見下四句注釋。⑮左法仁則春生殖四句　古人認為春天主萬物初生，是仁愛之道；夏天萬物生長，是忠誠之道；秋天作物豐收成熟，是美宜之事，屬義道；冬天萬物收藏，是聖人無為之道。所以分別置臣位仿效春、夏、秋、冬四季，叫法仁則春生殖，法忠則夏功立，法義則秋成熟，法聖則冬閉藏。而在易象當中，震位為春，兌為秋，離為夏，坎為冬。震位為左，兌位為右，離位在前，坎位在後。所以是左法仁主春，前法忠主夏，右法義主秋，後法聖主冬。這八句話的意思是，設置四名官員，遵循四時之宜，分掌四時之事，以輔佐君主。⑯先王用之　先王採用這種方法治國。用，採用。⑰高而不墜　享有美好的德名而不會受損。高，指君主享有美譽。墜，受損；失落。⑱安而不亡　自身安閒而國家不會衰亡。安，安閒。亡，滅亡。⑲此萬物之本䕼　這是萬物的根本。本䕼，本末，偏義指本，即根本的意思。這種偏義的用法，古文中比較常見，如諸葛亮〈出師表〉中「陟罰臧否，不宜異同」的「異同」，即偏義指「異」，「同」字在此處無意義。䕼，借為「標」，指樹梢，這裏用作末梢之意。⑳天地之門戶　順應、連接天地自然之道的樞紐。門戶，連接處，樞紐。㉑道德之益也　君主行道施德的助益。益，助益。㉒此四大夫者　指上述仁、忠、義、聖四輔臣。㉓君之所取於外也　君主從外面選取的，意思是公正無私，不以親幸取人。取，選於。外，外部。

【語　譯】天地之氣有其規律，即因天地法則而運轉，違背天時是不吉利的，會帶來災禍。為政不任用賢人，就不會有成效，一定失敗。一味探究政事受挫的原因，陳列軍隊防禦外敵，禍患反而發生在內部；防備遠方的敵人，禍害卻起於近臣。因此先王用人，以才德出眾為標準，決不偏私，並效法天地四時的法則設置仁、忠、義、聖四輔臣。先王用這種方法治國，其名德不會受損，自身安逸國家卻不致衰亡。舉賢用能是萬物的根本，是治政順應、把握自然之道的樞紐，是君主行道施德的助益。上述四輔臣，都不是君主偏任的近幸之人。

君者，天也❶。天不開門戶❷，使下相害也❸。進賢受上賞❹，則下不相蔽❺。不待事人賢士顯不蔽之功❻，則任事之人莫不盡忠❼。鄉曲慕義❽，化坐自端❾，此其道之所致，德之所成也❿。本出一人，故謂之天⓫。

【章　旨】本章強調為君之道的決定性作用。

【注　釋】❶君者二句　君主是上天所立，君道法天，所以說君主是天。❷天不開門戶　君主不效法天道設置四輔臣。開門戶，承上文，喻效法天象四時運行之道設置四輔臣。開，開啟；使通達。❸使下相害也　使臣民自相殘害。下，指臣民。相，互相。害，傷害。❹進賢受上賞　舉薦賢人受到重賞。進賢，舉薦賢人。上賞，即重賞。上，上等。❺則下不相蔽　臣民不會掩藏賢人不舉薦。蔽，掩藏。❻不待事人賢士顯不蔽之功　賢士不需要攀結權貴以求顯達，這都是下不相蔽的功勞。事人，攀結權貴以求進。顯，顯達；顯露。功，作用；功勞。按：顯，叢刊本作「顯」，「顯」的古字，此據備要本改。❼則任事之人莫不盡忠　有官職的人都盡忠效力。任事之人，指有官職的人。❽鄉曲慕義　鄉下的人都仰慕道義，意思是萬民仰慕。鄉曲，鄉間；鄉下。慕，仰慕；敬仰。義，道義；品德。❾化坐自端　舉止自然端正。化坐，舉止。化，當為「吪」的誤字，行動，舉動。坐，止也。自，自發；自然。端，端正。❿此其道之所致二句　這是君主行道施德所帶來的結果。道、德，即前文「道德之益也」的「道德」。致，達成；實現。成，成就；實現。⓫本出一人二句　意思是說天下的治理都源自於君主一人，所以說君主就是天。本，根本；根源。一人，指君主。

【語譯】君主就像上天，君主如果不效法天道設置四輔臣，就會使臣民自相殘害。如果舉薦賢人能受到重賞，臣民就不會掩藏賢人而不舉薦，賢人就不需要攀結權貴以求顯達，這都是下不相蔽的功勞，這樣有官職的人就會盡忠效力，百姓就會思慕景仰，則其舉止自然就會端正。這些都是君主行道施德所取得的成效。因為天下的治理根本上都取決於君主一人，所以說君主就像是上天。

莫不受命❶，不可為名❷，故謂之神❸。至神之極❹，見之不忒❺。匈乖不惑❻，務正一國❼。一國之刑❽，具在於身❾。以身老世❿，正以錯國⓫。服義行仁⓬，以一正業⓭。

【章旨】本章主講對君主自身的要求。

【注釋】❶莫不受命　天下人都是君主的臣屬，即「率土之濱，莫非王臣」的意思。莫，沒有。受命，受其恩澤。命，影響。❷不可為名　指君道廣大，無可名說。即《論語》「蕩蕩乎，民無能名焉」的意思。❸故謂之神　因而稱之為神妙。神，神妙。❹至神之極　神妙的極至。至，極至。極，極至；頂點。❺見之不忒　據注文和馬王堆漢墓帛書〈經法‧論〉篇，本句當作「見知不或」，意思是對所見所知，沒有疑惑。見知，指所見所知。或，即「惑」，疑惑；困惑。❻匈乖不惑　匈，古「胸」字，指胸骨。乖，當係[illegible]的誤字，脊椎骨。惑，疑為誤字，應當是「倚」、「斜」之類。這句話字面意思是胸骨和脊椎端正不偏斜，喻君主持身端正，以身作則。

❼務正一國　務求一個國家方正不偏。務，務求。正，端正。❽一國之刑　一個國家的典範。刑，同「型」。典範、範式。❾具在於身　都在於君主自身。身，指君主。❿以身老世　以自身的標準考校世人。老，當作「考」，考察；校準。⓫正以錯國　以（自身的）正直來治理國家。正，端正；正直。錯，措置；治理。⓬服義行仁　施行仁義。服，與「行」同義，施行。⓭以一正業　統一治理天下之業。一，統一。正業，疑當作「王業」，治理天下之業。業，事業。

【語譯】天下都是君主的臣屬，君道廣大，無法稱說，因而稱之為神妙。神妙的極至，就是對所見所知之事都沒有疑惑。君主持身端正，以身作則，就能使一個國家方正不偏。一個國家的典範，都在於君主自身，君主以自身的標準考校世人，以自身的正直來治理國家，施行仁義，就能統一治理天下。

夫仁者，君之操也❶。義者，君之行也❷。忠者，君之政也❸。信者，君之教也❹。聖人者，君之師傅也❺。君道知人❻，臣術知事❼。故臨貨分財使仁❽，犯患應難使勇❾，受言結辭使辯❿，慮事定計使智⓫，理民處平使謙⓬，賓奏贊見使禮⓭，用民獲眾使賢⓮，出封越境適絕國使信⓯，制天地御諸侯使聖⓰。

【章　旨】本章具體講述用人的方法。

【注　釋】❶夫仁者二句　君主內心要仁德。仁，仁德。操，操守，內在的品德。❷義者二句　君主行事要適宜不越矩。義，適宜；不違背規矩。行，外在的言行舉止。❸忠者二句　君主的政令要真誠。忠，真誠；誠懇。政，政令。❹信者二句　君主施行教化要誠信不欺。信，誠信。教，教化。❺聖人者二句　君主的師傅應當是聖人。聖人，即掌握天道法制、具有最高才智的人。師傅，輔佐、教導（君主）的人。❻君道知人　做好君主的方法在於任用人才。道，道術；方法。知人，用人。知，主持，主管。人，人才。❼臣術知事　做好臣屬的方法在於能處理好事務。術，道術；方法。知事，負責事務。事，指具體的事務。❽故臨貨分財使仁　處置財貨要任用仁德的人。臨，面對。分，分配；處分。使，派遣；任命。仁，仁德的人。❾犯患應難使勇　干犯應對災禍要任用勇敢的人。犯，干犯；冒。患，災禍。應，應對。難，災難。勇，勇士。❿受言結辭使辯　聽取言辭、締結約定要任用能言善辯的人。受言，聽受言辭。言，言辭，此處當主要指外交辭令。結辭，通過辭令，締結約定。辯，巧言。⓫慮事定計使智　謀劃決策要任用有才智的人。慮，思慮；謀劃。定，決定。計，計謀。智，才智之士。⓬理民處平使謙　處理民眾獄事訴訟要任用正直的人。理民處平，指辦理訴訟獄案。理民，指處理訴訟。理，治理。處平，公允地判案。處，治理。平，公正；平允。謙，當為「廉」的假借字。正直；剛正。按：「謙」，叢刊本作「謙」，異體字，據備要本改。⓭賓奏贊見使禮　接待賓客要任用熟悉禮制的人。賓奏，賓客進獻。賓，賓客。奏，進獻。贊見，進見。贊，進見；進謁。禮，熟悉禮制儀式的人。⓮用民獲眾使賢　指得民心、用民力要任用有才德的人。用民，使用民力，使百姓為自己效力。獲眾，得民心，得到百姓的效命。賢，有才德的人。⓯出封越境適絕國使信　出使遠方他國要任用有信用的人。出封越境，越出邊境，指出使外國。封、境同義，國境；邊境。適，前往。絕國，極其遙遠的國家。絕，極端。信，指能取信於人。⓰制天地御諸侯使聖　控制天地、駕馭諸侯國，要任用聖人。制，控制。御，駕馭。聖，聖人。

【語譯】君主內在要仁德，行事要適宜不違背規制，政令要真誠，施行教化要誠信不欺，要以聖人為師。君主的職責是選用人才，臣屬的職責是處理好事務。處置財貨要任用仁德的人，干犯應對災禍要任用勇敢的人，聽取言辭、締結約定要任用能言善辯的人，謀劃決策要任用有才智的人，處理民眾獄事訴訟要任用正直的人，接待賓客要任用熟悉禮制的人，得民心、用民力要任用有才德的人，出使遠方他國要任用能取信於諸侯的人，控制天地、駕馭諸侯國要任用聖人。

夫仁之功，善與不爭❶，下不怨上❷。辯士之功，釋怨解難❸。智士之功，事至而治❹，難至而應❺。忠臣之功，正言直行❻，矯拂王過❼。義臣之功，存亡繼絕❽，救弱誅暴❾。信臣之功，正不易言❿。貞謙之功，廢私立公⓫。禮臣之功，尊君卑臣⓬。賢士之功，敵國憚之⓭，四境不侵⓮。聖人之功，定制於冥冥⓯，求至欲得⓰，言聽行從⓱，近親遠附⓲，明達四通⓳。

【章旨】本章分別講述各類人才的長處和作用。

【注釋】❶夫仁之功二句　仁德的作用，在於和善地給予，而不與之爭利。善，和善；柔善。與，即「予」，給予。爭，指與民爭利。❷下不怨上　指臣民不怨恨君主。下，臣民。怨，怨恨。上，君主。❸辯士之功二句　能言善辯之人的作用，在於能排解爭端困難。釋、解同義，均指排解、解除。怨，仇怨；爭端。難，困局。按：「解」，叢刊本作「觧」，為「解」的異體字，書中凡此，皆據備要本作「解」，不再一一注出。❹智士之功二句　有才能之人的作用，是到事情發生時有能力解決。事，事情，此處主要指國家軍政之事。至，到來；發生。而，能；能夠。治，處理；解決。❺難至而應　災難出現時有能力應對。難，指災禍。應，應對；應付。❻忠臣之功二句　忠誠之臣的作用是言行正直。正言，言論公正無偏私。直行，行事正直無偏私。❼矯拂王過　糾正君王的過錯。矯拂，矯正；糾正。矯，矯正。拂，同「弼」。輔助。❽義臣之功二句　守義不苟之臣的作用，是能使將亡之國繼續存在，使已亡之國重續國脈。存，使生存。亡，即將滅亡的國家。繼，使繼續。絕，已經滅亡的國家。❾救弱誅暴　匡扶弱國，討伐暴虐之國。救，匡救。弱，弱國。誅，派兵討伐。暴，強暴之國。❿信臣之功二句　守信之臣的作用，是出言確定就不改變，即言出如山、一諾千金的意思。正，確定。易，改變。⓫貞謙之功二句　正直之臣的作用，在於能夠大公無私。貞謙，據上下文義，當作「謙臣」，即廉臣，指正直無私的臣屬。廢私立公，即公正無私。按：「謙」，叢刊本作「謙」，異體字，據備要本改。⓬禮臣之功二句　守禮之臣的作用，在於能夠明辨君臣之分。尊君，尊高君主的地位。卑臣，抑制臣權。⓭賢士之功二句　有才德之臣的作用，在於能使敵國畏懼。敵國，敵對之國。憚，畏懼。⓮四境不侵　國家不遭受侵犯。四境，泛指國家的邊境。侵，侵犯。⓯聖人之功二句　聖人的作用，在於施行政令不為人所知。冥冥，幽微不為人知。⓰求至欲得　想要的都能夠得到、實現。求、欲同義，都指想要的東西。至，達到。得，達成；得到。⓱言聽行從　言行都為世人所追隨。聽，聽從。從，隨從。⓲近親遠附　無論遠近的國家都來歸附。親，親附。附，歸附。⓳明達四通　指施政無所不通、無所不達。明達，通達；無阻礙。四通，指各方都通達無礙。

【語譯】仁德的作用，在於和善地給予，而不與之爭利，使臣民不怨恨君主。能言善辯之人的作用，是能排解爭端困難；有才能之人的作用，是事情發生時有能力解決，災難出現時有能力應對；忠誠之臣的作用，是言行正直，能糾正君王的過錯；守義不苟之臣的作用，是能挽救危亡，匡扶弱國，討伐暴虐之國；守信之臣的作用，是言出如山，可取信於人；正直之臣的作用，在於能夠大公無私；守禮之臣的作用，是能明確君臣之分。有才德之臣的作用，是使敵國畏懼，保護國家不遭受侵犯。聖人的作用，是施政因天順人、因勢利導，從而不使人察覺，凡想做的事都能夠實現，言行都為世人所追隨，遠近諸侯都來歸附，政令無所不通、無所不達。

內有挾度❶，然後有以量人❷。富者觀其所予❸，足以知仁❹。貴者觀其所舉❺，足以知忠❻。觀其大祥❼，長不讓少❽，貴不讓賤❾，足以知禮達❿。觀其所不行⓫，足以知義⓬。受官任治⓭，觀其去就⓮，足以知智⓯。迫之不懼⓰，足以知勇⓱。口利辭巧⓲，足以知辯⓳。使之不隱⓴，足以知信㉑。貧者觀其所不取㉒，足以知廉㉓。賤者觀其所不為㉔，足以知賢㉕。測深觀天㉖，足以知聖㉗。

【章 旨】本章講述鑒別人才的方法。

【注 釋】❶內有挾度 內心有忖度。內，內心。挾度，注文作：「所謂道揆者是也」，疑當作「揆度」，估量、忖度。❷然後有以量人 然後可以鑒別人才。有以，憑借。量，衡量；鑒定。❸富者觀其所予 對於富人要觀察他們的施予。予，施予，指與人分財。❹足以知仁 足以瞭解其仁德程度。仁，仁德。❺貴者觀其所舉 對於處於高位之人，要觀察他們的選拔用人。貴者，地位尊貴的人。舉，選舉；選拔。❻足以知忠 足以瞭解其忠誠程度。❼觀其大祥 觀察人物的大端要點。大祥，事情的大端、主要部分。❽長不讓少 指年輕人不能凌駕在長者之上。長，長者；年紀大、資歷深的人。讓，退讓；避讓。少，少年；年輕人。❾貴不讓賤 地位低下的人不能凌駕於地位尊貴的人上面。貴，地位高的人。賤，地位低的人。❿足以知禮達 足以瞭解禮制明達的程度。禮，禮制；禮儀。達，明達；通達。⓫觀其所不行 觀察人們不肯做的事。不行，不採用，這裏指拒絕做的事情。⓬足以知義 足以瞭解他們的節操。義，節操。⓭受官任治 授予官職，委任使治理政務。受，同「授」。授予。官，官職。任，委任、任命。治，治理。⓮觀其去就 觀察其施政舉措。去就，取捨，此指舉止行動。去，捨棄。就，選擇。⓯足以知智 足以瞭解其智能。⓰迫之不懼 被威逼卻不畏懼。迫，威逼；恐嚇。懼，畏懼。⓱足以知勇 足以瞭解其勇敢程度。⓲口利辭巧 談話流利有技巧。口利，流利。巧，多變；有技巧。⓳足以知辯 足以瞭解其口才。⓴使之不隱 指使臣回國能傳達外國的實情。隱，隱瞞。㉑足以知信 足以瞭解其誠信程度。㉒貧者觀其所不取 對於貧窮的人，觀察其取財有道。貧，貧窮的人。不取，指拒絕不義之財。㉓足以知廉 足以瞭解其正直程度。按：「廉」，叢刊本作「亷」，異體字，此據備要本改。㉔賤者觀其所不為 地位卑下的人，觀察其不肯做的事情。不為，指拒絕做非禮、不義之事。㉕足以知賢 足以瞭解其賢德程度。賢，賢德；品行高潔。㉖測深觀天 能夠洞察深遠，大致就是上文「聖人之功，定制於冥冥」的意思。測，測度。深，幽深。觀，觀測。天，高遠，與「深」相對而言。㉗足以知聖 足以瞭解其聖智程度。

【語　譯】君主內心有忖度，就可以鑒別人才。對於富人，觀察他們施予錢財的情況，就可以瞭解其仁德程度；對於處於高位之人，觀察他們的選拔用人，就可以瞭解其忠誠程度。要觀察人物言行的關鍵點，年輕人不能凌駕在長者之上，地位低下的人不能凌駕於尊貴的人上面，通過這兩點就可以判斷禮制明達的程度。觀察人們不肯做的事，可以瞭解他們的節操；委任官員，觀察其施政舉措，可以瞭解其才能；被威逼卻不畏懼，就可以知道其勇敢；談話流利有技巧，就能瞭解其口才；使臣回國能如實傳達外國的情況，就可以知道其誠信；貧窮之人取財有道，就可以知道其正直；地位卑下的人，觀察其不肯做的事情，可以瞭解其賢德程度；觀察人物能否洞察深遠，就足以瞭解其聖智程度。

第不失次❶，理不相舛❷，近塞遠閉❸，備元變成❹，明事知分❺，度數獨行❻。無道之君，任用幺麼❼，動即煩濁❽。有道之君，任用俊雄❾，動則明白❿。二者先定素立⓫，白蔘明起⓬，氣榮相宰⓭，上合其符⓮，下稽其實⓯。

【章　旨】本章認為能否任用賢才取決於君主的材質。

【注　釋】❶第不失次　指量才授官，不失倫次。第，次第；等級。次，條理次序。❷理不相舛　指用人是非標準清楚不混亂。理，理數，這裏指君主選用人才的是非標準。舛，矛盾；混亂。❸近塞遠閉　遠近都閉塞，這裏指各方面都留意避免用人不當、標準不一。近、遠互文，指無論遠近。塞、閉，都是塞閉隱患的意思。❹備元變成　慎始慎終的意思。備，防備；預備。元，始。變，同「繇」。治；處置。成，終。❺明事知分　明白事理，清楚職分。明，知道。事，事理。分，職分；地位。這句話意思是明白為政之理和君臣職分所在，不失理數，不相干亂。❻度數獨行　只依據度數行事。度數，治國的法度。獨，專。❼任用么麼　任用小人。么麼，細小，這裏指無才無德的小人。么，細小。麼，同「幺」。細、小。❽動即煩濁　凡有舉措都會產生混亂。動，一動。即，猶「則」。煩濁，糊塗、不清楚。❾任用俊雄　任用才能出眾的人。俊雄，才能傑出之人。❿動則明白　政策都清明正確。明白，清楚；不含糊。⓫二者先定素立　以上兩種情況都是有必然性的。二者，上文無道之君、有道之君兩種為政情況。先，預先；事先。定，確定。素，預先。立，成；有。⓬白蓼明起　此處疑有誤字，前人注疏已難索解。黃懷信先生認為當作「白生明起」，解釋為必然發生、明白出現。可備一說。⓭氣榮相宰　由君主的本性所決定。氣榮，即指人的氣血，在中醫理論中為人體之根本，這裏引申為君主的本質、本性。氣，人體的精氣，即衛。榮，血。宰，主宰；控制。⓮上合其符　上符合上天對其所付授。合，符合。符，同「付」。付授。⓯下稽其實　下符合其實際情況。稽，符合。實，實際。

【語　譯】量能授官，要不失倫次，用人的標準要清楚明白，要處處留意避免用人失當，慎始慎終。要明辨為政之道和君臣職分，不失理數，不相干亂，完全按照法度行事。如果任用小人，則舉凡措置都會產生混亂。如果任用賢人，政策就會清明正確。而是否任用賢能，取決於君主的本性，其實是有必然性的。君主用人的表現，上對應其天然的秉性，下對應其實際行徑。

時君遇人有德❶，君子至門❷。不言而信❸，萬民附親❹。遇人暴驕❺，萬民離流❻。上下相疑❼，復而如環❽。日夜相橈❾，諫者弗受❿。言者危身⓫，無從聞過⓬，故大臣偽而不忠⓭。是以為人君親其民如子者⓮，弗召自來⓯，故曰有光⓰，卒於美名⓱。不施而責⓲，弗受而求親⓳，故曰有殃⓴，卒於不祥㉑。

【章旨】本章講述君主有德的重要性。

【注釋】❶時君遇人有德　在位的君主以仁德待人。時君，指現任君主、在位之君。遇，對待。❷君子至門　君子前來效力。至門，登門造訪，這裏指前來歸附效力。❸不言而信　指君主仁德，躬親為範，威望很高，不用說話勸導就取得百姓的信任。言，說話。信，取得信任。❹萬民附親　百姓歸順。附，歸附。親，親近。❺遇人暴驕　君主對待人民殘暴驕橫。暴驕，嚴酷驕橫，不體恤民情。❻萬民離流　百姓流離失散。離，離去。流，流散。❼上下相疑　君主和臣民互相猜疑。疑，疑忌。❽復而如環　指惡性循環。復，反覆。環，圓轉如環。❾日夜相橈　日夜環繞不停。橈，當係「撓」字之誤，借為「繞」，環繞。❿諫者弗受　臣下的勸諫不被接受。諫者，指臣下對君主的正言勸諫。受，接受。⓫言者危身　進諫的人自身有危險。危身，危害到自身。危，危害。身，自身。⓬無從聞過　君主不知道自己的過錯。聞，聽說；知道。⓭故大臣偽而不忠　因此大臣虛偽而不忠誠。偽，虛偽。⓮是以為人君親其民如子者　因此作為君主能愛民如子的。⓯弗召自來　百姓不用徵召就自動來歸附。召，徵召。自來，自動前來。⓰故曰有光　有榮光。光，榮光。⓱卒於美名　終享盛名。卒，最終。美名，美好的名譽。⑱不施而責　不施予恩德而責求百姓效力。施，施予。責，責求。⑲弗受而求親　當作「弗愛而求親」，即不親愛百姓卻要求其親附。受，當作「愛」，撫愛百姓。親，親附。⑳故曰有殃　有災禍。殃，災禍。㉑卒於不祥　終將遭受不祥之事。不祥，不吉利。

【語譯】在位的君主如果以仁德待人，君子就會前來效力。君主躬親為範，不用勸導就能得到百姓的信任，萬民歸附。君主如果對待人民殘暴驕橫，百姓就會流離失散。君主和臣民互相猜疑，就會形成惡性循環，離心離德的情況無休無止。君主如果不肯聽從臣下的勸諫，勸諫的人就會承擔風險（而不肯進言），這樣君主就無從瞭解自己的過錯，大臣們就虛偽不忠。因此作為君主能愛民如子的，百姓不用徵召就自動來歸附，君主有榮光，終享盛名。君主如果不施予恩德卻強求百姓效力，不親愛百姓卻要求其歸附，就會導致災禍，終將遭受不祥之事。

夫長者之事其君也①，調而和之②，士於純厚③。引而化之④，天下好之⑤。其道日從⑥，故卒必昌⑦。夫小人之事其君也⑧，務蔽其明，塞其聽⑨，乘其威以灼熱人⑩，天下惡之⑪，其崇日凶⑫，故卒必敗⑬，禍及族人⑭。此君臣之變，治亂之分⑮，興壞之關梁⑯，國家之閱也⑰。逆順利害⑱，由此出生⑲。

【章　旨】本章講述任用賢人的重要性。

【注　釋】❶夫長者之事其君也　寬厚君子奉事君主。長者，在先秦、秦漢時期有特定的含義，指年歲較長、寬厚待人、不拘小節之人。❷調而和之　調和以成就君主。調、和，均指協調、調和，意思是協調彰顯君主之明，成就君王的事業。❸士於純厚　做事務於純正篤厚。士，同「仕」。做事；施政。純，純正。厚，篤厚。❹引而化之　勸導感化民眾。引，誘進；勸導。化，感化；教化。❺天下好之　百姓安樂。好，樂於。❻其道日從　其治國之道日益被聽從。日，日益。從，聽從。❼故卒必昌　國運最終一定昌隆。卒，最終。昌，興盛。❽夫小人之事其君也　小人奉事君主。❾務蔽其明二句　喻蒙蔽君主，使內外隔絕。蔽，遮蔽。明，視線。塞，堵塞。聽，聽力。❿乘其威以灼熱人　憑借其權勢欺凌臣民，與上文長者的寬厚仁德相對而言。乘，憑藉。威，權威。灼熱，炙烤，喻指欺凌。⓫天下惡之　天下都很憎恨。惡，厭惡、憎恨。⓬其祟日凶　其禍患日益凶猛。祟，當為「祟」字之誤，禍患。凶，猛。⓭故卒必敗　最終必然敗亡。敗，失敗。⓮禍及族人　其災禍牽連到宗族之人。族人，宗族的人。⓯此君臣之變二句　這是國家成敗的分界點。君臣，此處不是分別君與臣，兩字應合讀，指君臣治國之道，與「治亂」互文。變，同「辯」，又同「辨」。與「分」同義，區分；分別。⓰興壞之關梁　國家興衰的關鍵。興壞，興衰。興，興盛。壞，衰敗。關梁，關鍵。關，關隘。梁，橋梁。⓱國家之閱也　國家興衰的標誌。閱，疑當為「閥閱」，此處漏一「閥」字，樹立在前門用以旌表功績的石柱，這裏引申指標誌。⓲逆順利害　指君臣的成敗與國家的興衰。逆，失敗。順，成功。利，獲益。害，受損。⓳由此出生　從這裏產生。生，產生。

【語　譯】寬厚君子奉事君主，會調和諸事以成就君主，做事純正篤厚，能夠勸導感化民眾，使百姓安居樂業，於是其治國之道日益被遵從，國運最終一定昌隆。小人奉事君主，務於蒙蔽主上，憑借權勢折辱臣民，天下怨恨，埋下的禍患日益凶猛，最終必然導致敗亡，災禍牽連到宗族。用人的得失是治國成敗的分界點，是國家興衰的關鍵和標誌。君臣的成敗與國家的興衰，都取決於此。

凡可無學而能者❶，唯息與食也❷。故先王傳道，以相效屬也❸。賢君循成法❹，後世久長❺。惰君不從❻，當世滅亡❼。

【章　旨】本章總結全篇，強調要師從先王之法、因循自然之道。

【注　釋】❶凡可無學而能者　指生下來就會，不需要學習的能力。學，後天學習。能，掌握；通曉。❷唯息與食也　只有呼吸和吃飯。息，呼吸。食，飲食。❸故先王傳道二句　先王傳下治國之道，使後世效法延續。傳，傳遞；傳承。効，同「效」。效法。屬，接續。❹賢君循成法　賢德君主遵循先王既定之法。循，遵循；依據。成法，既定之法。成，固定。❺後世久長　指世代相傳，國運綿長。後世，世世代代。❻惰君不從　怠惰之君不學習順從先王之法。惰，懶惰。按：惰，叢刊本作「隋」。「隋」為「惰」的借字，此據備要本。❼當世滅亡　指國運及身而絕。

【語　譯】人只有呼吸、吃飯，是天生就會、不需要學習的。所以先王傳下治國之道，使後世效法延續。賢能的君主遵循先王之法，就能世代承繼，國運久長；怠惰之君不遵循先王之法，國運往往及身而絕。

【研　析】本篇較之前面幾篇，更為具體，揭示了黃老之學的幾個重要命題，讀者可借本篇對黃老之學有一個更深刻、更具體的認識。

本篇主講任用賢人，這裏就顯示出黃老之學與法家學說的一個重大區別。法家崇尚法治，認為人性利己、主觀性強，不可以信賴，只有法令條文是最客觀、最公正、最理性之物，因而主張國家之事一斷於法，法令之外，更無他事。上至官府、下到民間，都要依據法令條文辦事。士人如果想從政，就要「以吏為師」。所謂「以吏為師」，就是跟隨熟悉法令條文的官吏學習法令和法令的執行。法家非常反對尊崇賢人和學問，覺得這是民間和朝廷爭奪話語權，認為任何事只有一斷於法，才能根本上消除人治帶來的偏私混亂。

法家的這種做法，決定了世間學問的主要內容就是法令條文，其優點是可操作性強、上手快、施政客觀公正。缺點則是日久天長，官吏士人只知文牘瑣事，不知人情，不識大體。西漢賈誼〈治安策〉曾提出批評：「夫移風易俗，使天下回心而鄉道，類非俗吏之所能為也。俗吏之所務，在於刀筆筐篋，而不知大體。」西漢名將周亞夫任丞相時，府中趙禹精通法令條文，辦事非常得力，周亞夫批評說：「極知禹無害，然文深，不可以居大府。」賈、周的批評，可謂一針見血。

而在專門針對法家流弊的黃老之學當中，任法和用賢卻並行不悖。黃老承認法令的客觀和公正，但更重視當政者的修養和能力，認為只有任用賢人，才能更好地用法，改良法令，撫育百姓。特別是黃老繼承並發揚了先秦諸子明分、分權的思想，即本篇所說「君道知人，臣術知事」，強調君主的職責在於選用人才，而被選用的人才負責經辦各類事務，反對君主干預臣屬的事權，這就有效地避免了君權過大、君主能力有限導致的權責混亂、行事偏私。「君道知人，臣術知事」這一點，雖然法家也很重視，但法家所強調的在於職責分工，對於臣屬的要求只是精熟法令條文；而黃老不僅強調分工，更強調臣屬的才略，這是與法家又一迥然不同的地方。

又，本篇雖然講用賢，但出發點和落腳點都在效法自然之道上面。而這裏所說的自然之道，在繼承早期道家自然、虛無說的基礎上，更進一步將其可知可視化，融入了許多陰陽五行的理論，即如文中所說：「左法仁則春生殖，前法忠則夏功立，右法義則秋成熟，後法聖則冬閉藏」，這就較之早期道家學說，多了很多具體的陰陽數術方面的內容。

最後，本篇向讀者展示了中國早在上古時期即已成熟的識人鑒人之術：「富者觀其所予，足以知仁。貴者觀其所舉，足以知忠。觀其大祥，長不讓少，貴不讓賤，足以知禮達。觀其所不行，足以知義。受官任治，觀其去就，足以知智。迫之不懼，足以知勇。口利辭巧，足以知辯。使之不隱，足以知信。貧者觀其所不取，足以知廉。賤者觀其所不為，足以知賢。測深觀天，足以知聖。」這是一套非常具體、可操作性很強的方法，充分顯示了中國政治理論的早慧。類似的表述，還可以參看《史記·魏世家》魏文侯卜相等文獻記載。

近迭第七

【題　解】本篇承上一篇，著重明確任用賢人的重要性，認為任用賢能是聖王治國用兵取得成功的根本。近迭，接近勝利，即取勝之道。近，接近。迭，借為「捷」，勝利。

龐子問鶡冠子曰：「聖人之道何先？」❶鶡冠子曰：「先人❷。」龐子曰：「人道何先❸？」鶡冠子曰：「先兵❹。」龐子曰：「何以舍天而先人乎❺？」鶡冠子曰：「天高而難知❻，有福不可請，有禍不可避❼，法天則戾❽。地廣大深厚❾，多利而鮮威❿，法地則辱⓫。時舉錯代更無一⓬，法時則貳⓭。三者不可以立化樹俗⓮，故聖人弗法⓯。」

【章　旨】本章以問答的形式，反對盲目信奉天、地和四時之德的不可知論，強調重視人事的重要性。

【注　釋】❶龐子問鶡冠子曰二句　龐煖問鶡冠子說：「聖人治世，以什麼為首要內容？」龐子，即《漢書·藝文志》縱橫家與兵權謀家中的龐煖，戰國趙悼襄王時的將軍，曾為趙國破燕軍，殺其將劇辛，其事詳見《史記·廉頗藺相如列傳》。龐煖曾師從鶡冠子，向他問學。聖人之道，即聖人治世之法。先，首要。❷先人　以人事為首。❸人道何先　人事的首要之務是什麼。❹先兵　以軍事作戰為首要之務。兵，軍事。❺何以舍天而先人乎　為什麼捨棄敬禮天神，而以人事為首要之務。舍，捨棄。天，此處所說的天，不是自然之道，也不是後文多言的陰陽度數，而是偏於迷信的人格化之神秘上天，即俗話說的老天爺、天神、天意。❻天高而難知　天意高遠難以探知。高，高遠。知，知道；瞭解。❼有福不可請二句　指上天降福降禍，不以人的意志為轉移。請，求取。避，躲避。❽法天則戾　迷信天神，事情的結果往往與自己的願望相反。法天，尊法天神，即崇神淫祀、迷信占卜之類。戾，違背；相反。❾地廣大深厚　大地承載滋養萬物，所以說地德廣博深厚。❿多利而鮮威　意思是大地以載育萬物為主，其德在於利人利物，缺少嚴酷的威勢。利，受益。鮮，少。威，威勢；威迫。⓫法地則辱　效法地道就容易使自己受辱。辱，受辱。⓬時舉錯代更無一　四時變化更替不專一。時，四時。舉錯，變化。舉，舉動。錯，同「措」。置放。代更，更替。一，專一；恆定。⓭法時則貳　效法四時就會產生悖亂。貳，不專一；混亂。⓮三者不可以立化樹俗　效法天意、地德、四時不能夠教化民眾，樹立美好的風俗。立，設立。化，教化。樹，樹立；形成。俗，指好的民風民俗。⓯故聖人弗法　因此聖人不效法。

【語譯】龐煖問鶡冠子：「聖人治世，以什麼為首要之務？」鶡冠子回答說：「以人事為先。」龐煖又問：「人事的首要之務是什麼？」鶡冠子說：「以軍事為先。」龐煖再追問：「為什麼捨棄敬禮上天，而以人事為首要之務？」鶡冠子說：「天意高遠莫測，天降禍福，不以人的意志為轉移，所以崇信天意就只能順其自然、無所作為，事情的結果多非所願；大地載育萬物，其德在於利人利物，缺少嚴酷的威勢，所以效法大地之德就容易懦弱受辱；四時變化，其氣更替不定，效法四時就會無所適從。因為效法天道、地德、四時都不能樹立美好的習俗、化育百姓，所以聖人不效法這三者。」

龐子曰：「陰陽何若❶？」鶡冠子曰：「神靈威明與天合❷，勾萌動作與地俱❸，陰陽寒暑與時至❹，三者聖人存則治❺，亡則亂❻，是故先人❼。富則驕，貴則嬴❽，兵者百歲不一用❾，然不可一日忘也❿，是故（ㄍㄨˋ）人（ㄖㄣˊ）道（ㄉㄠˋ）先（ㄒㄧㄢ）兵（ㄅㄧㄥ）⓫。」

【章　旨】本章進一步闡述人事為先的理由，並從人性的角度強調憂患意識的重要性。

【注　釋】❶陰陽何若　此句可能涉下文「陰陽寒暑與時至」而誤，據上下文義，疑當作「法人何若」，意思是既然不能法天、法地、法時，而應以人事為首要之務，那麼依人道治世應該怎麼做。何若，如何；怎麼樣。❷神靈威明與天合　人的思想意志可以上合天意。神靈威明，指人的思想意志。合，合乎天意。❸勾萌動作與地俱　指人能像大地一樣撫育創造萬物。勾萌，指事物初生。動作，創造；製作。俱，一起；一同。❹陰陽寒暑與時至　指人對溫涼寒暑的體察能像四時變化一樣清楚準確。陰陽，氣候的溫涼。至，達；到。❺三者聖人存則治　以上三者能具備，國政就清明。按：「聖人」二字疑係衍文。存，具備。治，安定有序。❻亡則亂　不具備，國政就混亂。亡，沒有。亂，混亂。❼是故先人　因此以人事為首要之務。❽富則驕二句　指人性富貴就容易驕縱自滿。富，富有。驕，驕縱。貴，地位高。嬴，即「盈」；滿；溢。指自滿自得。❾兵者百歲不一用　指不可輕言戰事。兵，軍事、戰爭。百歲，極言時間之長，喻戰事不可輕啟。❿然不可一日忘也　但是一天也不能輕忽可能發生戰爭的憂患。忘，忘記。⓫是故人道先兵　因此人事以軍事為首要之務。

【語　譯】龐煖問：「那麼依人道治世應該怎麼做呢？」鶡冠子說：「人有主觀意志可以合乎上天之意，人可以像大地一樣撫育萬物，人對溫涼寒暑變化的識察能像四時變化一樣清楚準確。為政者能具備以上這三種品質，治政就清明不混亂。不具備的，國政就混亂失序。因此聖人以人事為首要之務。而人性在富貴之時就容易驕縱自滿、失去警惕，所以戰端雖不可輕啟，但絕不可忘卻憂患，要如履薄冰、時刻備戰。因此人事要以軍事為先。」

龐子曰：「先兵柰何❶？」鶡冠子曰：「兵者，禮義忠信也❷。」龐子曰：「願聞兵義❸。」鶡冠子曰：「失道，故敢以賤逆貴❹。不義，故敢以小侵大❺。」龐子曰：「用之柰何❻？」鶡冠子曰：「行枉則禁❼，反正則舍❽，是故不殺降人❾。主道所高❿，莫貴約束⓫。得地失信⓬，聖王弗據⓭。倍言負約⓮，各將有故⓯。」

【章旨】本章指出治兵應以禮義忠信為根本。

【注釋】❶先兵柰何　以軍事為首要之務應該怎麼做。柰何，即奈何，怎麼辦。柰，通「奈」。❷兵者二句　治軍就是要做到禮、義、忠、信四個方面的要求。❸願聞兵義　請講述什麼情況下適宜用兵。願，敬辭。義，宜。❹失道二句　禮制淪喪，所以卑微之人敢於淩犯尊貴之人。失道，指禮制廢弛。逆，抵觸；違背。按：「失道」，叢刊本作「夫道」，誤，此據備要本改。❺不義二句　規矩不存，所以小邦敢於侵犯大國。不義，指行止失宜，規矩不存。侵，侵犯。❻用之柰何　應該怎樣用兵。用，使用。❼行枉則禁　行為失當則興兵制止。行，行為。枉，不正確；失當。禁，禁止。❽反正則舍　復歸於正道就繼往不咎。反正，反歸於正道，與行枉相對而言。舍，同「赦」。赦免；不追咎。這兩句所說，大略比較接近春秋義兵之說。❾是故不殺降人　因此不殺害已經投降的人。❿主道所高　軍中主帥所重視的。主，這裏指軍中主帥。高，推崇；重視。⓫莫貴約束　沒有比軍規盟約更重要的了。莫，沒有。約束，指軍中的規定、約定。⓬得地失信　得到土地卻失去信用。地，土地。信，信用；信任。此句的具體含義，可以參見《左傳‧僖公二十五年》所載的「晉侯圍原」一事。⑬聖王弗㨿　聖明的君主是不會做的。㨿，同「居」。處。按：㨿，備要本作「據」，二字異體。⑭倍言負約　違背軍規約定。倍，同「背」。違背。言、約同義，都指軍中的規定、約定。負，違背。⑮各將有故　軍中的將領將會承受災禍。將，將領。故，災禍。

【語　譯】龐煖問：「既以軍事為首要之務，那麼應該怎麼做呢？」鶡冠子說：「治軍應以禮、義、忠、信為本。」龐煖問：「那麼什麼情況下才適合興兵呢？」鶡冠子說：「禮制淪喪，所以卑微之人敢於凌犯尊貴之人。規矩不存，所以小邦敢於侵犯大國。」龐煖問：「應該如何用兵？」鶡冠子說：「行為失當則興兵制止，復歸於正道就繼往不咎，因此不能殺害已經投降的人。作為一軍主帥所應該重視的，莫過於軍規盟約。像得到土地卻失去信用這樣的事，聖明的君主是不會做的。如果違背軍規盟約，軍中的將領將會承受災禍。」

龐子曰：「弟子聞之曰❶：地大者國實❷，民眾者兵強❸，兵強者先得意於天下❹。今以所見合所不見❺，蓋殆不然❻。今大國之兵，反詘而辭窮❼，禁不止，令不行❽，之故何也❾？」

【章　旨】本章就大國不強的現象提出疑問。

【注　釋】❶弟子聞之曰　學生聽說。弟子，學生。聞，聽說。❷地大者國實　土地廣博，國家就富庶。大，面積大。實，富，富庶。❸民眾者兵強　人口眾多，軍隊就強大。眾，多。強，強有力。❹兵強者先得意於天下軍隊強大的國家就能稱霸於諸侯。得意，得遂所願。天下，這裏指諸侯國。❺今以所見合所不見　現在用所親見的事實與前面所聽說的話相印證。所見，指自己看到的實際情況。合，印證。所不見，指上文「弟子聞之曰」的內容。❻蓋殆不然　恐怕（「弟子聞之曰」的話）是不對的。蓋、殆同義，都是大概、恐怕的意思。不然，不對；不是這樣。❼今大國之兵二句　現在的大國軍隊反而不能稱霸，且師出無名。詘，同「屈」。不能如願，不能得意於天下，與上文「得意於天下」相對而言。辭窮，師出無名，得不到響應。辭，舉兵的名義、興兵的理由。❽禁不止二句　指號令不行，軍心渙散。禁、令，都指軍規約定。❾之故何也　這是什麼緣故。之故，這其中的原因。何，什麼。

【語　譯】龐煖說：「學生聽說，土地廣博，國家就富庶；人口眾多，軍隊就強大；軍隊強大的國家，就能稱霸於諸侯。現在卻發現事實和傳言恐怕並不相符。當今的大國軍隊反而不能稱霸，且師出無名，號令不行，軍心渙散。這是為什麼呢？」

鶡冠子曰：「欲知來者察往❶，欲知古者察今❷。擇人而用之者王❸，用人而擇之者亡❹。逆節之所生❺，不肖侵賢，命曰凌❻。百姓不敢言，命曰勝❼。今者所問，子慎勿言❽。」

【章　旨】本章揭示大國不強的根源在於君主。

【注　釋】❶欲知來者察往　想要推斷事情未來的發展，可以參看歷史上同類事情發生發展的情況。來，將來。察，考察。往，以前；過往。❷欲知古者察今　想要瞭解歷史事情的真相，可以參考同類事情在當前發生發展的情況。古，古代；過往。今，今天；當下。❸擇人而用之者王　先挑選人才然後任用的君主能夠統治天下，指根據才德高下用人。擇，挑選；評選。王，稱王；統治天下。❹用人而擇之者亡　先任用而後評判人才優劣的君主會亡國，指依據主觀好惡用人。亡，滅亡。❺逆節之所生　不正常的事情發生。逆節，違背正道、節制的事，不正常的情況，即上文所謂「用人而擇之」。生，發生。❻不肖侵賢二句　庸人凌駕於賢人之上，叫做以下犯上。命，稱為；叫做。凌，侵犯。❼百姓不敢言二句　百姓不敢指摘國政得失，叫做以上欺下。言，議論。勝，克制，以上制下。❽今者所問二句　你現在問的話，出去千萬不要說。慎，告誡之辭，千萬、一定。這兩句是告誡之言，意思是龐煖「地大者國實，民眾者兵強，兵強者先得意於天下。今以所見合所不見，蓋殆不然」這樣的話，很可能觸犯時忌，給自己招來禍患。

【語譯】鶡冠子說：「想要推斷事情未來的發展，可以參看歷史上同類事情的情況。想要瞭解歷史事情的真相，可以參考同類事情在當今的狀況。任人唯賢的君主能夠統治天下，根據主觀好惡用人的君主會亡國。在這種不正常的情況下，庸人凌駕於賢人之上，這是以下犯上；百姓不敢指摘國政得失，這是君主以上欺下。你現在問的話，出去千萬不要說。」

夫地大、國富、民眾、兵強曰足❶，士有餘力❷，而不能以先得志於天下者❸，其君不賢而行驕溢也❹。不賢則不能無為❺，而不可與致焉❻。驕則輕敵❼，輕敵則與所私❽。謀其所不知為❾，使非其任❿。力欲取勝於非其敵⓫，不計終身之患⓬，樂須臾之說⓭。是故國君被過聽之謗醜於天下⓮，而謀臣負濫首之責于敵國⓯。敵國乃責，則卻⓰，卻則說者羞其弱⓱。

【章旨】本章進一步解釋君主不賢明導致國大不強的原因。

【注釋】❶夫地大國富民眾兵強曰足　土地廣大、國家富庶、人口眾多、軍隊強大，足以「得意於天下」。足，足以。❷士有餘力　軍士力量充足。士，軍士。有餘力，指力量充足。❸而不能以先得志於天下者　不能率先稱霸諸侯。得志，與上文「得意」同。❹其君不賢而行驕溢也　君主不賢德，行為驕縱自滿。驕，驕縱。溢，自滿。❺不賢則不能無為　不賢德就會胡亂妄為。不能無為，則胡亂妄為。❻而不可與致焉　此句疑當作「不可與知為」，意思是不能夠使他懂得怎樣作為。與，即「以」。致，當作「知」。知道；內心理解。焉，當作「為」。作為。❼驕則輕敵　驕縱就會輕視敵人。輕，輕視。❽輕敵則與所私　輕視敵人，就（不會重用賢才而）偏愛愛幸之臣。與，親幸。所私，愛幸之人。私，偏愛。❾謀其所不知為　使寵幸之臣籌劃其所不懂的事。為，行為；事件。❿使非其任　交辦其不擅長的事情。任，任務；職責。按：任，備要本作「在」，係書寫之誤。⓫力欲取勝於非其敵　力求戰勝實力勝過自己的敵軍。力，指軍事上。非其敵，實力勝過自己、不是對方對手之敵。⓬不計終身之患　不考慮長遠的禍患。終身，指長久。⓭樂須臾之說　只圖一時之快。樂，以之為樂。須臾，時間短。說，通「悅」。愉悅、快樂。⓮是故國君被過聽之謗醜於天下　因而國君被天下人指責說錯信人言。被，蒙受。過聽，錯誤的聽取。謗，指責；批評。醜，羞愧。⓯而謀臣負濫首之責于敵國　謀臣（即上文的「所私」）被敵國認為胡亂建言獻策。負，欠。濫首，當為「濫言」之誤，虛妄不實的言辭。責，即「債」。⑯敵國乃責二句　敵國（因為其之前的錯誤行為）報復追責，就卑辭退讓。責，求；索取。卻，退讓。⑰卻則說者羞其弱　退讓的話，輿論就會恥笑其軟弱。說者，議論的人，指輿論。羞，恥笑。弱，軟弱。

【語　譯】土地廣大、國家富庶、人口眾多、軍隊強大，足以得意於天下。軍士力量充足，卻不能稱霸諸侯，這是因為君主不賢德，行為驕縱自滿。不賢德就會胡亂妄為，無法使他懂得怎樣正確作為。驕縱就會輕視敵人，輕視敵人就輕賢而偏私愛幸之人，讓他們籌劃他們所不瞭解的事情、承擔他們不擅長的任務。力求戰勝實力勝過自己的敵軍，不考慮長遠的禍患，只貪圖一時之快，因而國君被世人嘲諷聽信讒言，謀臣被敵國批評為胡亂建言。敵國報復追責，就卑辭退讓。退讓，輿論就恥笑其軟弱。

萬賤之直❶，不能撓一貴之曲❷。國被伸創❸，其發則戰❹，戰則是使元元之民往死❺，邪臣之失策也❻。過生於上，罪死於下❼。讎既外結❽，諸侯畜其罪❾，則危覆社稷❿。世主懾懼⓫，寒心孤立⓬，不伐此人⓭，二國之難不解⓮，君立不復⓯。悔曩郵過⓰，謀徙計易⓱，濫首不足⓲，蓋以累重⓳。滅門殘疾族⓴，公謝天下㉑，以讓敵國㉒。不然，則戰道不絕㉓，國創不息㉔。大乎哉，夫弗知之害㉕！悲乎哉，其禍之所極㉖！此倚貴離道、少人自有之咎也㉗，是故師未發軔而兵可迭也㉘。

【章　旨】本章討論君主剛愎自用、失德偏私的危害。

【注　釋】❶萬賤之直　眾多臣民的正確。萬，極言人數之多。賤，地位低下的人，這裏當指居下位的臣民。直，正確。❷不能撓一貴之曲　不能糾正君主一人的過錯。撓，屈，糾正；使改變。一貴，這裏當指君主。曲，錯誤。❸國被伸創　國家遭受重創。被，蒙受。伸，猶「大」，重大。創，創傷；傷害。❹其發則戰　君主發現國家受重創就會發動戰爭。發，發現。戰，發動戰爭。❺戰則是使元元之民往死　發動戰爭就是讓無知百姓去送死。元元，無知的樣子。往死，送死。❻邪臣之失莿也　奸邪之臣失策。莿，「策」的異體字，策略。❼過生於上二句　上層犯錯，百姓用生命承擔代價。❽讎既外結　指與諸侯結仇。讎，即「仇」，仇怨。外，指諸侯。❾諸侯畜其罪　指諸侯被其錯誤行為激怒。畜，同「蓄」。積蓄。罪，罪行。❿則危覆社稷　國家就會危亡傾覆。覆，滅亡。⓫世主懾懼　繼世之君恐懼不安。世主，指繼世之君。懾、懼同義，形容恐懼不安。⓬寒心孤立　形容君主恐懼無助之貌。寒心，恐懼。孤立，無助貌。⓭不伐此人　不殺失策的奸邪之臣。伐，處死。此人，即上文的「所私」。⓮二國之難不解　兩個國家的矛盾無法化解。難，仇怨。解，化解。⓯君立不復　君位不能恢復穩固。立，同「位」。復，恢復。⓰悔曩郵過　後悔以往的過錯。悔，後悔。曩，以往。郵，同「尤」。過錯。過，過錯。⓱謀徙計易　改變之前的方針策略。謀、計同義，均指策略。徙、易同義，均指改變。⓲濫首不足　指殺一首惡之人尚且不足以彌禍。「濫首」，疑涉上文「濫首」而誤，似當作「難首」，指首惡之人。難，災禍。首，為首。不足，不夠。⓳蓋以累重　恐怕還會牽連更廣。蓋，大概；恐怕。累，連累。重，大。⓴滅門殘疾族　全家全族之人都被殺。滅門，全家被殺。殘疾族，疑當作「殘族」，全宗族被殺，「疾」字疑係衍文。㉑公謝天下　公開向天下謝罪。謝，謝罪。可參見西漢景帝誅晁錯事。㉒以讓敵國　向敵國讓步。讓，讓步。㉓則戰道不絕　戰爭不會停止。戰道，通向戰爭的道路。絕，阻斷。㉔國創不息　國家會繼續受到創傷。創，受傷害。息，停息。㉕大乎哉二句　無知的害處真是太大了。弗知，無知，即上文「謀其所不知為」。㉖悲乎哉二句　災禍的結局真是太可悲了。極，終；止。㉗此倚貴離道少人自有之咎也　這是自恃尊貴而背離人事和兵道，剛愎自用的禍害。倚，仗恃。貴，尊貴的地位。離，背離。道，兵道。少人，輕視賢人之智。自有，自以為是。咎，禍害。㉘是故師未發軔而兵可迭也　因此敵國的軍隊還沒有出發，就已經對其形成制勝之勢了。發軔，發動車前進。軔，車輪下阻止其滾動之物。迭，借為「捷」，勝利。

【語　譯】眾臣民的正直，無法糾正君主一人的過錯。國家既已受重創，君主卻又發動戰爭，發動戰爭就是讓百姓去送死，這都是奸邪之臣失策所致。上層犯錯，卻要百姓用生命來承擔代價。既對外結仇，諸侯都被激怒，國家就有危亡傾覆的危險。繼世之君惶恐無助，如果不殺掉失策的奸邪之臣，兩個國家之間的矛盾就無法緩解，君位就不能恢復穩固。君主後悔以往的過錯，改變之前的方針策略，但殺一首惡之人尚不足以彌禍，恐怕還會牽連更廣，失策之臣其全家全族之人都可能會被殺，以公謝天下，向敵國讓步。否則戰爭就不會停止，國家就不能得到休息。無知的害處真是太大了，災禍的結局真是太可悲了！這是自恃尊貴而背離兵道、剛愎自用的禍害，因此敵國的軍隊還沒有出發，就已經對其形成制勝之勢了。

今大國之君不聞先聖之道而易事❶，群臣無明佐之大數而有滑正之碎智❷。反義而行之，逆德以將之❸，兵詘而辭窮❹，令不行，禁不止❺，又奚足怪哉❻？」

【章旨】本章總結概括國大不強的原因。

【注釋】❶今大國之君不聞先聖之道而易事　現今大的諸侯國國君不懂得先聖治國之道，很容易事奉。大國，大的諸侯國。易，容易。事，事奉；效命。❷群臣無明佐之大數而有滑正之碎智　群臣不懂得英明輔臣的方略，卻有惑亂正道的小聰明。明佐，英明的輔臣，即古代所說的名臣、社稷之臣，如周之呂望、漢之張良、三國之諸葛亮、唐之李靖等人。大數，有大局觀的策略。大，宏大，指全域性。數，方術；策略。滑，同「汩」。汩亂；惑亂。正，正道。碎智，小聰明，謀取一己眼前私利的盤算。小，相對於上文「大數」的「大」而言。❸反義而行之二句　違背德義而行事。反，違反。義、德略同，均指治國的正道。逆，違逆。行、將同義，均指採取行動。❹兵詘而辭窮　即上文「今大國之兵，反詘而辭窮」之義。❺令不行二句　號令廢弛，法紀渙散。❻又奚足怪哉　又有什麼值得奇怪的呢。奚，什麼；何。足，值得。怪，奇怪。

【語譯】現在大的諸侯國國君都不懂得先聖治國之道，很容易討好；群臣不懂得英明輔臣的方略，卻有惑亂正道的小聰明。違背道德、儀制行事，國大兵眾卻不能立名稱霸，號令廢弛，法紀渙散，這又有什麼值得奇怪的呢？」

龐子曰：「何若滑正之智❶？」鶡冠子曰：「法度無以❷，噫意為摸❸。聖人按數循法❹，尚有不全❺。是故人不百其法者❻，不能為天下主❼。今無數而自因❽，無法而自備循❾，無上聖之檢而斷於己明❿，人事雖備⓫，將尚何以復百己之身乎⓬？主知不明⓭，以貴為道⓮，以意為法⓯。牽時誑世⓰，遁下蔽上⓱，使事兩乖⓲。養非長失⓳，以靜為擾⓴，以安為危㉑，百姓家困人怨㉒，禍孰大焉㉓？若此者㉔，北走之日后知命亡㉕。」

【章　旨】本章解說「滑正之智」的含義。

【注　釋】❶何若滑正之智　什麼是汩亂正道的小聰明。何若，是什麼情況。❷法度無以　指不依法治國。無以，不依據。以，因循。❸嚖意為摸　以個人意志為法度。嚖意，聽從個人意志。嚖，同「惠」。與「遂」音近，順遂。意，個人的心意、想法。摸，借為「模」，刑、法度。❹聖人按數循法　聖人依據客觀規律、遵循法度。按，按照；依據。數，指自然規律。循，遵循。法，法度。❺尚有不全　指做事情尚且有不周全之處。尚，尚且。不全，不周全；缺陷。❻是故人不百其法者　君主如果不能在各方面都依法度治理。人，一人，指君主。百其法，施行眾法，即治國理政，在任何時候任何情況下都要依法度行事。百，極言其多。❼不能為天下主　不能勝任國君之位。天下主，指君主。❽今無數而自因　不遵循客觀規律而聽任個人意志。無數，不依據客觀規律。自因，以己意行事。自，自己。因，按照。❾無法而自備循　不遵循法度而依據個人意志。無法，不守法。自備循，疑當作「自循」，「備」字疑係衍文，也是指依己意行事。循，因循；按照。❿無上聖之檢而斷於己明　不依據先聖的法度而根據個人想法行事。上聖之檢，指先聖先王的法度。檢，法度。斷，決斷。

己明，個人的智計想法。明，智計。以上三句話，都是說君主以獨見為明，不師法前代的經驗和成法。按：「己明」，叢刊本作「巳明」，誤，此據備要本改。⓫人事雖備　指雖然有上文的「自因」「自循」「斷於己明」。人事，人為的努力。備，齊備；齊全。⓬將尚何以復百己之身乎　怎麼能夠讓百姓信服呢。復，當作「服」，使信服。百己之身，比自己一人之數多出百倍的人數，指代百姓。百，百倍。按：「百己」，叢刊本作「百巳」，誤，此據備要本改。⓭主知不明　君主的思想不通達。知，通「智」。智計；思路。明，通達；明白。⓮以貴為道　即上文「倚貴離道」義。⓯以意為法　即上文「嗜意為摸」義。⓰牽時誑世　指被時論世俗所迷惑。牽，拘泥。時，時論。誑，欺瞞。世，世俗流弊。⓱逜下蔽上　違背天道民意。逜，同「捂」。抵觸；違逆。下，指民眾、百姓。蔽，蒙蔽；欺瞞。上，指天。⓲使事兩乖　使事與願違。兩乖，指事情的結局與意願相異。乖，違背。⓳養非長失　助長錯失。養、長同義，均指滋養、助長。非，錯誤。失，過失。⓴以靜為擾　變平穩為紛擾。靜，平靜；穩定。紛擾，不穩定。㉑以安為危　變安定為危局。安，安定。危，危險。㉒百姓家困人怨　百姓困頓怨恨。㉓禍孰大焉　沒有比這更嚴重的禍患了。孰，誰，哪個。大，更大；大於。焉，指示代詞，這個。㉔若此者　像這種情況。若，像。㉕北走之日后知命亡　身處絕境才知道要死了，即俗語「不見棺材不落淚」的意思。北走，敗亡。后，當作「後」，然後。知，知道。命亡，死亡。

【語　譯】龐煖問：「什麼是汩亂正道的小聰明？」鶡冠子說：「治國不遵循法度，只憑主觀好惡。聖人嚴格遵循規律、法度為政，尚且有不周全之處。如果君主不能時時處處都依法施政，那就不能勝任國君之位。君主自以為是，不遵從先王聖人的經驗和成法，即使主觀上很努力，也無法令百姓信服。君主的思想不通達，剛愎自用，行事只憑主觀好惡，被世俗流弊所迷惑，違背天道民意，導致行事總是事與願違。助長錯失，使時局日趨紛亂危困，百姓困頓怨恨，沒有比這更嚴重的禍患了。像這種情況，就是俗話說的不見棺材不落淚。」

龐子曰：「以人事百法柰何❶？」鶡冠子曰：「蒼頡作法❷，書從甲子❸。成史李官❹，蒼頡不道❺。然非蒼頡，文墨不起❻。縱法之載於圖者❼，其於以喻心達意❽，揚道之所謂❾，乃纔居曼之十分一耳❿。故知百法者⓫，桀雄也⓬。若隔無形⓭，將然未有者⓮，知萬人也⓯。無萬人之智者⓰，智不能棲世學之上⓱。」

【章旨】本章解說什麼是「以人事百法」。

【注釋】❶以人事百法柰何　君主怎樣才能時時處處都遵循各種法度。以人事百法，即上文「人不百其法者」之義。事，使用。❷蒼頡作法　「法」字疑與下句中「書」字顛倒，疑當作「蒼頡作書」，即蒼頡創造文字。蒼頡，相傳為黃帝時史官，創造了華夏民族的文字。作，創造。❸書從甲子　疑當作「法從甲子」，指據天干地支造字。法，造字的原理、方法。從，依據。甲，即甲、乙、丙、丁、戊、己、庚、辛、壬、癸十天干。子，即子、丑、寅、卯、辰、巳、午、未、申、酉、戌、亥十二地支。❹成史李官　史書刑律。成史，史官之事。成，當作「乘」，春秋時期晉國史書的名字，後用以指代史書。史，史書。李官，刑律之事。李，通「理」。治獄。❺蒼頡不道　蒼頡造字是純客觀行為，並不言及治國理政之事。道，言說。❻然非蒼頡二句　但如果不是蒼頡創造文字，史事刑律也無從記載、無法存在。文墨，文書寫作。起，產生。❼縱法之載於圖者　綜觀圖書所記載的法度。縱，通「綜」。集合；綜合。載，記錄。圖，圖書。❽其於以喻心達意　能夠用來表達清楚（先聖先王為治）的意圖思路。喻，告知。達，告訴。心、意，均指確立法度的先王先聖的意圖、思路。❾揚

道之所謂　宣揚道術之要。揚，宣揚。道，道術。所謂，想表達的意圖。⑩乃纔居曼之十分一耳　才占全部的十分之一。纔，僅僅。居，占。曼，通「滿」。全部，指先王先聖所奉行道術的全部內容。十分一，十分之一。⑪故知百法者　因此通曉眾法的人。⑫桀雄也　傑出的人才。桀，同「傑」。才能出眾。雄，杰出。⑬若隔無形　像隔著時空。無形，無形之物，指時空。⑭將然未有者　預測未來的事情。將然，預測。未有，未來的事情。⑮知萬人也　才智超越世人。萬人，泛指世上眾人。萬，極言其多。⑯無萬人之智者　沒有超越世人的才智。⑰智不能棲世學之上　才智不能居於俗世學者之上。棲，居止。世學，俗世之學。

【語　譯】龐煖問：「君主怎樣才能時時處處都遵循各種法度？」鶡冠子說：「蒼頡依據天干地支創造文字，是純客觀行為，當造字之時，並不涉及史書刑律之事。但如果不是蒼頡創造了文字，史事刑律就無從記載、無法傳世。但綜觀現在圖書中所載的法度，也只能夠記錄說明先聖先王治政意圖和道術之要十分之一的內容。因此通曉先聖先王各種法度的，都是傑出的人才。像那些能超越時空界限，預見未來事態發展狀況的人，其才智都高於世人。沒有絕世的才華，其治國為政之術也無法傲視袞袞諸公。」

龐子曰：「得奉嚴教❶，受業有間矣❷。退師謀言❸，弟子愈恐❹。」

【章　旨】本章慨嘆鶡冠子道術高深。

【注 釋】❶得奉嚴教 得以接受教誨。得，得以。奉，接受。嚴教，教誨。嚴，尊上之詞。❷受業有間矣 學習已經有一段時間了。受業，學習。間，時間；時日。❸退師謀言 離開老師琢磨老師所說的話。退，退下、離開。師，老師。謀，考慮；思量。言，老師所說的話。❹弟子愈恐 學生越發覺得老師所教授的道術學無止境，深不可測。弟子，學生。愈恐，謙詞，指心裏越發沒有底。

【語 譯】龐煖說：「跟隨老師受教，已經有一段時間了。但退居私宅，反覆思考老師的教誨，越發覺得道術無涯，學無止境。」

【研 析】本篇共有兩個明顯的主題，一是人定勝天，二是用賢。

第一個主題，體現在本篇的前三章。這三章針對的，似乎是早期道家的絕對虛無主義。在早期道家看來，自然之道具體化的萬事萬物變化不定，並無一定之規；而決定萬事萬物變化的道，更是不可知、不可言表的。由此決定了人只能因任大化，無所作為。而作為黃老道家，他們反對早期道家一味貶低人的主觀能動性、強調天道自然的絕對不可知論，黃老持積極入世的理念，認為可以從大道具象化的天地物象的異同、變化中去體察、把握道，他們強調外部環境的可知論，推崇能夠體察大道的聖人、賢人的作用。所以這三章當中，就提出來說「神靈威明與天合，勾萌動作與地俱，陰陽寒暑與時至，三者聖人存則治，亡則亂，是故先人」。人能與天、與地、與時，才可以入世，才可以做到司馬遷之父司馬談所說的漢初「以虛無為本，以因循為用」，「與時遷移，應物變化，立俗施事，無所不宜」的無為而治。

第二個主題，是〈道端第六〉部分思想的進一步闡發。本篇前三章、中五章、後三章在銜接上看起來並不很緊湊，其間轉折的痕跡十分明顯。前三章強調人事，並引出兵事之宜；中五章承第三章末的兵事轉而展開大國之兵不強現象的討論；後三章分別討論中五章中所提到的「滑正之智」和「以人事百法」兩個具體問題。三部分看似跳躍性很強，實則都是為了襯托強調聖王任用聖賢之人這個觀點。前三章所強調的，是人，準確地說，是聖人的重要性。中五章討論大國不強，也是為了說明其原因在於君主不能用聖賢之才。後三章看似問題瑣碎分散，實則討論「滑正之智」是為了推尊先聖先王之法；討論「以人事百法」是為了指出先聖先王之法非常人可以輕易理解繼承，必須要有「桀雄」、「萬人之智者」才能做到這一點。所以全篇看似跳蕩兜轉，實則始終不離人才兩個字。

卷中

度萬第八

【題解】度，衡量的意思。萬，極言其多，指萬事萬物。度萬，即篇首的「度神慮成」和篇中「以一度萬」之義，指依於一以處置萬事萬物。一即本篇講論的陰陽、形神協和，即天地之道。

龐子問鶡冠子曰：「聖與神謀❶，道與人成❷，願聞度神慮成之要柰何❸。」

【章旨】總起全篇，提出如何倚道而行的命題。

【注釋】❶聖與神謀　聖人順應自然之道謀劃事情。聖，聖人。與，用；以。神，道不可知即為神，所以此處的「神」即指道。謀，思考、謀劃。❷道與人成　以人弘道，即道術需要有合適的人來實施、完成。道，道術、主張。與，用、以。人，合適的人。成，成就、實現。❸願聞度神慮成之要柰何　請問聖人以神妙之道謀劃事情以及作為個人弘揚、實踐道術的要領是什麼。願，希望。聞，知道、瞭解。度，揣摩。慮，考慮。成，成功。要，關鍵。

【語　譯】龐煖問鶡冠子：「聖人順應自然之道謀劃事情，道術要有合適的人才能施行。請問怎樣才能做到這一點？」

鶡冠子曰：「天者，神也❶。地者，形也❷。地濕而火生焉❸，天燥而水生焉❹。法猛刑頗則神濕❺，神濕則天不生水❻。音〇故聲倒則形燥❼，形燥則地不生火❽。水火不生❾，則陰陽無以成氣❿，度量無以成制⓫，五勝無以成埶⓬，萬物無以成類⓭。百業俱絕⓮，萬生皆困⓯，濟濟混混⓰，孰知其故⓱。

【章　旨】本章闡釋說明「度神慮成之要」在於協順陰陽。

【注　釋】❶天者二句　神者在天，為陽。神，此處指陰陽二氣中陽的部分。❷地者二句　陰者在地，為形。形，此處指陰陽二氣中陰的部分。以上四句，用《周易》之義，神者在天，為乾，為陽。明而形者在地，為坤，為陰。❸地濕而火生焉　陰盛就產生火。火為陽，陰極則陽生，所以說地濕就會生火。濕，陰氣重。❹天燥而

水生焉　陽盛就生水。天燥，陽盛。水為陰，陽極則陰生，所以說天燥就生水。燥，陽氣盛。❺法猛刑頗則神濕　刑法過於嚴苛，就會導致陰氣重。法、刑，均指法令的行使。猛，凶、嚴厲。頗，偏斜不正。神濕，刑罰在陰陽學說中屬陰，刑罰過度，就會傷陽，致使陽氣不足。濕，陰氣加重。❻神濕則天不生水　陽極則陰生，陽氣受損就達不到極致，所以陰氣不生。天，上天。❼音〇故聲倒則形燥　此處當無闕文，疑當作「音斯聲倒則形燥」，聲音嘶啞、氣息倒逆，致陽盛傷陰。音，即聲。故，疑係「斯」字之誤，通「嘶」。嘶啞。聲，氣息。倒，逆。燥，乾燥。音、聲都屬陽，陽盛則傷陰。❽形燥則地不生火　陰氣不足，所以地上不產生火。承上句，陽盛傷陰，陰氣不足，達不到極致，因此陽氣不生，所以說地不生火。❾水火不生　水火不能生成，即陰陽失調，不能正常運行轉化。❿則陰陽無以成氣　陰陽不相濟，四時之氣無從產生。成，形成。氣，四時之氣。以上兩句，古人認為水為陰、火為陽，四時節氣都是由陰陽二氣相互作用生成的。如果水火不生，陰陽失序，不能正常地交互作用，四時之氣的運行交替就無法實現。⓫度量無以成制　陰陽失序，萬物無法生成，計量權衡萬物的規格和標準就無法施設。度量，計量權衡。制，制度。⓬五勝無以成埶　五行依於陰陽，陰陽失序，則五行不能形成相勝之勢。五勝，五行相生相克。埶，同「勢」。形勢。⓭萬物無以成類　古人認為萬物都由五行生成，五行缺少水火，萬物失序，無法各自歸附於其在五行中的種類。成類，形成各種族類，指廣泛生成。類，種類、族類。⓮百業俱絕　指所有事情都無法成功。百業，泛指所有事情。業，事情。絕，斷絕。⓯萬生皆困　人民生活困頓。萬生，人民。困，困頓。⓰濟濟混混　形容眾多紛亂的情狀。濟濟，眾多。混混，混亂貌。⓱孰知其故　沒有人知道原因。孰，誰，這裏指沒有人。故，原因。

【語　譯】鶡冠子說：「天為陽，地為陰。陰極則陽生，陽極則陰生。嚴刑酷法導致陰盛傷陽，陽氣受損則無法正常向陰氣轉化。聲音嘶啞、氣息倒逆導致陽盛傷陰，陰氣受損則無法正常向陽氣轉化。陰陽失調，就會導致二氣不能交互作用，則四時之氣就不能產生和運轉；導致萬物無法生成，則衡量萬物的法度就無從施設；導致五行不能形成相勝之勢；導致萬物混亂失序。所有的人事都無法成功，人民生活困頓，天下擾攘，卻無從明白個中情由。

天人同文，地人同理❶，賢不肖殊能❷，故上聖不可亂也，下愚不可辯也❸。陰陽者，氣之正也❹。天地者，形神之正也❺。聖人者，德之正也❻。法令者，四時之正也❼。故一義失此❽，萬或亂彼❾，所失甚少，所敗甚眾❿。

【章　旨】本章重申聖人法度歸本於天地陰陽之道。

【注　釋】❶天人同文二句　古人認為，天地間無非陰陽二氣，萬物都是陰陽二氣化生出來的，人也是陰陽二氣的產物，所以說人與陰陽同理。天，如上文，為陽。同，相同。文，文理。地，如上文，為陰。理，脈理。文、理，陰陽消長之理。❷賢不肖殊能　賢人和庸人的才能有區別。殊，不同。能，才能。❸故上聖不可亂也二句　賢愚無從混淆。亂，變亂。辯，借音「變」，改變。❹陰陽者二句　陰陽是氣之大者。正，君長。陰陽是氣之大者，所以說是氣之正也。❺天地者二句　天地是陰陽之大者。承上文，「天者，神也。地者，形也」，而刑罰、音聲等也各是神形之具體而小者，所以說天地是陰陽形神之正。❻聖人者二句　聖人擁有最高的道德，是道德的君長，所以說是德之正也。意思也就是說，聖人能體察、把握天地陰陽變化之理。❼法令者二句　這兩句疑當作「四時者，法令之正也」。四時更替，恆久不變，永不錯亂，是眾法的君長，所以說是法令之正也。❽故一義失此　承上文，指總方向上失去君長（正）之道。義，通「宜」。正。失此，失於此。❾萬或亂彼　眾多惑亂發生在彼方。萬或，眾多惑亂。或，通「惑」。惑亂。亂彼，亂於彼。❿所失甚少二句　錯失雖然很小，失敗之處就會很多。意思是總方向上錯一點，下面具體的操作就錯一片。

【語　譯】人與陰陽同理，但人與人之間賢愚有別，不可混淆。陰陽是氣之大者，天地是陰陽之大者，聖人把握天地陰陽之道，四時法則是眾法之本。如果失去根本（即天地陰陽之道），各種混亂就會發生。總方向上錯一點，下面具體的操作就會錯一片。

所謂天者，非是蒼蒼之氣之謂天也❶。所謂地者，非是膞膞之土之謂地也❷。所謂天者，言其然物而無勝者也❸。所謂地者，言其均物而不可亂者也❹。音者，其謀也❺。聲者，其事也❻。音者，天之三光也❼。聲者，地之五官也❽。形神調則生理脩❾。

【章　旨】本章強調自然之道在於陰陽協調。

【注　釋】❶所謂天者二句　這裏所說的「天」，不是指自然界蒼莽的天空。第一個「天」，指本文所稱說的「天」這個名詞。蒼蒼，青藍色。第二個「天」，指肉眼看到的上方蒼青色的天空。❷所謂地者二句　這裏所說的「地」，不是指自然界廣博厚實的大地。第一個「地」，指本文所稱說的「地」這個名詞。膞膞，廣博厚實的樣子。第二個「地」，指肉眼看到的腳下廣博厚實的土地。❸所謂天者二句　這裏所說的「天」，指的是使萬物不斷生成之道。然物，生成萬物。然，成就。勝，窮盡。❹所謂地者二句　這裏所說的「地」，指的是使萬物各依本性生長、互不干亂之道。均物，均勻地分布萬物，意思是使萬物自然生長消亡，不被干擾。均，均勻。亂，紛亂；混亂。❺音者二句　據上下文，皆言形神，疑當作「神者，其謀也」。神為陽、為乾，象數中為生長之道，萬物由之得生，所以說神謀劃萬物之生。謀，謀慮。❻聲者二句　疑當作「形者，其事也」，形為陰、為坤，象數中為成就斂藏之道，萬物由之得成，所以說形是萬物之實。事，質、實。❼音者二句　疑當作「神者，天之三光也」，神就好比天之三光。三光，指日、月、星的光芒。照耀；生成萬物。❽聲者二句　疑當作「形者，地之五官也」，形就好比是地之五官。五官，即五地、五土，指山林、川澤、丘陵、水邊平地、低濕之地，萬物生長成就之所。❾形神調則生理脩　形神協和則生成之道有條不紊。調，協和。生理，生成之道。修，有條理；不紊亂。

【語譯】這裏所說的「天」，不是指自然界蒼莽的天空。這裏所說的「地」，不是指自然界廣博厚實的大地。這裏所說的「天」，指的是使萬物不斷化生之道。這裏所說的「地」，指的是使萬物各自生成之道。神為萬物所以得生，形是萬物所以得成。神就好比天之三光，萬物得之則生；形就好比是地之五官，萬物倚之得成。形神協和則生成之道有條不紊。

夫生生而倍其本則德專己❶，知無道❷，上亂天文，下滅地理，中絕人和❸。治漸終始❹，故聽而無聞，視而無見❺，白晝而闇❻。有義而失謚❼，失謚而惑❽，責人所無❾，必人所不及❿。相史於既⓫，而不盡其愛⓬。相區於成⓭，而不索其實⓮。虛名相高⓯，精白為黑⓰，動靜組轉⓱，神絕復逆⓲，經氣不類⓳，形離正名⓴，五氣失端㉑，四時不成㉒。過生於上，罪死於下㉓，有世將極㉔。驅馳索禍㉕，開門逃福㉖，賢良為笑㉗。愚者為國㉘，天咎先見㉙，菑害並雜㉚，人孰兆生㉛，孰知其極㉜。

【章旨】本章介紹君主背離形神協和之道的具體表現和危害。

【注釋】❶夫生生而倍其本則德專己　修養自身卻背離形神協和的原則，為人處事就會獨斷專行。第一個「生」，養、調養。第二個「生」，自身的修養。倍，同「背」。背離。本，原則，指上文所講的「形神調」。德，指思想行為。專己，獨斷。按：「己」，叢刊本作「巳」，誤，此據備要本改。❷知無道　疑當作「陵知無道」，輕視智者、不知正道。陵，欺凌；蔑視。❸上亂天文三句　違背天地人形神協和之道，獨斷專行的具體表現。上亂天文、下滅地理，即違背陰陽之理。中絕人和，即違背內在修養的協和之道。滅、絕同義，都指滅絕、斷絕。❹治漸終始　所作所為滲透事情發展的整個過程。治，人的所作所為，這裏指上文的「德專己」、「知無道」。漸，浸漬；影響。終始，事情的始末；整個過程。❺故聽而無聞二句　指不得要領、勞而無功。聞，聽到。見，看到。❻白晝而闇　光天化日卻行事昏暗。白晝，光天化日。闇，幽暗不明。❼有義而失謚　謚號與行跡不符，即名實不符。義，名義，謚號所稱說的名義。失謚，謚號與其行為不符。謚，人死後，根據其生前行跡特點所定的謚號。❽失謚而惑　名實不符就使人疑惑。按：以上兩句與上下文不合，疑係衍文。❾責人所

無　向人索要他們沒有的東西。責，索取。無，沒有。⑩必人所不及　苛求人做他們力所不及的事情。必，苛求。不及，做不到。⑪相史於既　務使人盡心盡力。相史，役使。史，同「使」。役使。既，盡。⑫而不盡其愛　不盡心關愛人。盡，盡心盡力。愛，關愛。⑬相區於成　務使人完成事情。區，通「驅」。驅使。成，成功；成事。⑭而不索其實　不考慮實際情況。索，索求；探求。實，實際情況。⑮虛名相高　崇尚虛名，不注重實際。虛名，空虛的名聲。相高，以之為高。⑯精白為黑　顛倒黑白。精白，潔白。⑰動靜組轉　舉止反常。動靜，人的言行舉止。組轉，疑為「紐轉」之誤，交結反轉，這裏指違反常態。紐，交結。轉，轉向。⑱神絕復逆　疑當作「神色復逆」，指神色又不和順。復，又。逆，反常；不和順。⑲經氣不類　秉性不符合君主應有之態。經氣，經脈之氣，喻指人的秉賦性格。不類，不像。⑳形離正名　表現背離人君之名。形，外在表現。離，背離。正名，人君之名。㉑五氣失端　五氣失和。五氣，五行發散形成的寒、熱、風、燥、濕。失端，失和，失去其應有的平衡。端，和協；平衡。㉒四時不成　四時失序，春不生成、夏不成長、秋不成熟、冬不閉藏。不成，失序。以上兩句，古人認為人君負責協和陰陽、化育萬民。為君者既然違背為君之道，陰陽四時就會失和。㉓過生於上二句　上層犯錯，百姓用生命承擔代價。㉔有世將極　指國運將終。有世，指君主擁有天下。極，終。㉕驅馳索禍　驅車追趕災禍。驅馳，驅車馬奔馳。索，追求。禍，災禍。㉖開門逃福　打開門逃離福氣。逃，逃離。福，福氣。以上兩句，喻行為失當，剛愎自用，自絕其福，自取其禍。㉗賢良為笑　被賢良之人嗤笑。笑，笑其驅馳索禍、開門逃福。㉘愚者為國　愚人執掌國政。為國，主持國家的政事。㉙天咎先見　天災先出現。天咎，天災，自然災害，古人認為是上天的譴責。見，同「現」。出現。㉚菑害並雜　人禍同時出現。菑害，對應上句的天咎，指人禍。雜，混合。㉛人孰兆生　疑當作「人執兆生」，「孰」疑係涉下句而誤，意思是君主統治萬民。執，統治；執掌。兆生，萬民。㉜孰知其極　誰知道國運的終點。意思是君主渾渾噩噩，無法掌控自己的命運。孰，誰，指君主。極，終。

【語　譯】君主修養自身背離形神協和的原則，就會獨斷專行，輕視智者，不知正道，違背天地人形神協和之道。這樣的行為貫穿事情發展的整個過程，就會導致行事不得要領，勞而無功，光天化日卻行事昏暗。君主名不符實，名實不符就使人疑惑。這樣的君主，會向臣民索取他們沒有的東西，苛求臣民做他們力所不及的事情；他要求臣民盡心盡力，自己不盡心關愛人；強求臣民做好事情，卻從不考慮實際情況。這樣的君主，崇尚虛名不務實，顛倒黑白，舉止反常，神色悖逆，秉性不符合君主應有之態，表現不符合人君之名，會導致五氣失和，四時失序。君上犯錯，卻以百姓的生命為代價，這樣的國家必將滅亡。這種為君之道，相當於自絕其福，自取其禍，被有識之士所恥笑。愚昧的君主執掌國政，天災人禍同時出現。這樣的君主統治萬民，根本無法把控自己和國家的命運。

見日月者不為明，聞雷霆者不為聰❶。事至而議者，不能使變無生❷。故善度變者觀本❸，本足則盡，不足則德必薄、兵必老❹，其孰能以褊材為褒德博義者哉❺？其文巧武果而姦不止者❻，生於本不足也❼。

【章　旨】本章認為君主協和形神的能力是富國強兵之本。

【注　釋】❶見日月者不為明二句　看到日月的光輝不算眼光明銳，聽到雷霆的聲音不算聽力敏銳，意思是注意到已經赫然顯現在眼前的事情不能算聰明敏銳。明，視力好。聰，聽力好。❷事至而議者二句　事情要發生變化了才商量對策，是不能阻止事變發生的。意思是凡事要未雨綢繆。事至，事變已經發生。議，討論謀劃。變，變化。生，發生。❸故善度變者觀本　善於推斷事情變化的人都會觀察君主的能力。度，推斷；揣度。變，變化。觀，觀察。本，根本，這裏指君主使形神協調的能力、天賦。❹本足則盡二句　能力足夠就可以增進百姓之福、軍士之氣。能力不足，百姓就會遭受禍患，戰士的士氣就會低落。本，自身。足，充足；足夠。盡，借為「進」，增進。德，百姓之福。薄，薄弱；微弱。兵，軍隊。老，士氣低落。❺其孰能以褊材為褒德博義者哉　誰能憑借著低劣的才能建立偉大的功業呢。褊材，低劣的才能。褊，狹小。材，同「才」。才能。為，做。褒德博義，指盛大的功業。褒、博，都是大的意思。按：「孰」，叢刊本作「執」，誤，此據備要本改。❻其文巧武果而姦不止者　文武之道都已施行，但內部紛亂還不能止息。文巧，文治富有智慧。巧，有智慧。武果，武事果敢。果，果敢。姦，作亂；內亂。❼生於本不足也　是君主能力不足所導致的。

【語　譯】事情已經赫然顯現在眼前才意識到，不能算聰明敏銳，凡事一定要未雨綢繆。善於推測事情變化的人，都會關注君主的能力。如果君主具備協和形神的能力，就可以增進百姓之福和軍士之氣；如果君主能力不足，百姓就會遭受禍患，軍隊就會士氣低落。沒有誰能憑借著低劣的才能建立偉大的功業。如果文武之治都已做好，但內部紛亂還不能止息，那就是因為君主的能力不足。

故主有二政❶，臣有二制❷。臣弗用，主不能使❸。臣必死，主弗能止❹。是以聖王獨見❺。故主官以授❻，長者在內，和者在外❼。夫長者之為官也❽，在內則正義，在外則固守❾，用法則平法❿，人本無害⓫。以端天地⓬，令出一原⓭。

【章旨】本章說明君主協和形神之要在於任用寬厚長者主持政事。

【注釋】❶故主有二政　君主政令不遵循形神協和之道。故，猶「夫」，發語詞。二政，兩種政令，與協和形神之道不同，即上文所說的「德專己」。❷臣有二制　臣下行事就不能與君主政令相一致。二制，兩種對策，指君臣不一致。制，對策。❸臣弗用二句　臣屬無意為君主效力，君主就不能差遣他。弗用，不為用。使，差遣。❹臣必死二句　臣下一定要死，君主無法阻止他。必死，存必死之志。止，阻止。以上四句，為戰國習用之說，淡泊名利之人，權欲對他們就不起作用；一心赴死之人，權力不能阻止他們。意思是權力有其極限，違背形勢民情，就會失去作用。❺是以聖王獨見　即篇首「聖與神謀」之意。獨見，獨自看見，見人所不能見，即依於道。❻故主官以授　觀察人才，授予官職。官，當作「觀」，觀察。授，授予。❼長者在內二句　此二句互文，指仁和寬厚之人立於朝野。長者，仁厚君子。內，朝堂。和，平和；無爭心。外，民間。❽夫長者之為官也　仁厚君子任職。❾在內則正義二句　使朝野治政井然有序。在內、在外，互文，指朝野。正義，確保政策制定得當。正，端正。義，政令；制度。固守，堅持，指確保政令實施無偏失。❿用法則平法　即持法公允無偏私。平，公允；無偏私。⓫人本無害　本於人情、施政得體。人本，本於人情、考慮實際情況，不拘泥文墨。無害，指施政熟練、得當。害，不足。⓬以端天地　使天地形神協和之道運行無阻。端，端正。⓭令出一原　政令不二，對應上文「主有二政，臣有二制」而言。令，政令。原，源頭。

【語　譯】君主不能協和形神，臣下行事就不能與君主政令相一致。臣屬無意為君主效力，君主不能差遣他；臣下一定要死，君主無法阻止他。因而聖王順應自然之道謀劃事情。聖人觀察人才，授予官職，選任仁和寬厚之人主持朝野之事。仁厚之人在位，就能使朝野的治政井然有序，持法公允無偏私。治國以人情為本，政策法度就公允得體，就能使天地形神協和，君臣就和同無二。

散無方化萬物者，令也❶。守一道制萬物者，法也❷。法也者，守內者也❸。令也者，出制者也❹。夫法不敗是，令不傷理❺，故君子得而尊❻，小人得而謹❼，胥靡得以全❽。神備於心❾，道備於形❿。人以成則，士以為繩⓫。列時第氣，以授當名⓬。故法錯而陰陽調⓭。

【章　旨】本章說明君主治國，立法施政應以陰陽形神協和之道為依據。

【注　釋】❶散無方化萬物者二句　政令布施沒有一定之規，使萬物依本性發展變化。散，發散；布施。無方，無常，指沒有一定之規，因物制宜。化，生長變化。令，政令。❷守一道制萬物者二句　法度遵循道術，裁制萬物。守，遵循。一道，恆定不變的方法，指形神協和之道。制，裁制。❸法也者二句　承上文「守一道制萬物」，所以說是「守內」。❹令也者二句　承上文「散無方化萬物」，所以說是「出制」。制，制度；政令。❺夫法不敗是二句　法令不違背人情事理。敗，敗壞。是，人之常情、正道。傷，傷害。理，事理。❻故君子

得而尊　君子被尊崇。尊，尊崇。❼小人得而謹　下人恭謹小心。小人，地位低下之人。謹，恭謹、小心。❽胥靡得以全　刑罪之徒得以保全身體。胥靡，刑罪之人。全，保全。以上三句的意思是法令施用得當，則君子、小人、刑徒各得其所，不相凌犯，沒有偏差。❾神備於心　精神充實於內，意思是君主內心領會形神協和之道。神，精神、道之要領。備，具備；儲存。心，指內在。❿道備於形　道通過外在法令展現出來。道，形神協和之道。備，施設。形，形體；外在行為。此處指法令。⓫人以成則二句　無論貴賤，都把法令作為行為準則。人，普通平民，即上文的小人、刑徒。成，猶「為」，當作。則，法則。士，地位尊崇的人，即上文的君子。繩，準則；標準。⓬列時第氣二句　依法行事，使名實相符。就好比按四時節氣授事，使政教農事不失時一樣。列時，依四時的行列。列，行列。時，四時。第氣，依節氣的次序。第，次序。氣，節氣。授，授予。當名，應有的名義。名，名義；名號。⓭故法錯而陰陽調　因此法令頒行，陰陽就協調。錯，同「措」。設置；施設。調，協調；調和。

【語　譯】政令布施沒有一定之規，使萬物依本性發展變化。法度遵循道術，裁制萬物。道法是基礎原則，政令是具體措施。法令不違人情事理，則人倫貴賤各得其所，不亂其位。君主內體形神協和之道，外在立法施政就是道的具體表現。國民無論貴賤，都將法令作為行為準則。依法為政，就像按四時節氣確定政教農事一樣，名實俱相符，沒有差錯。因此法令頒行，陰陽就協調。

　　鳳凰者，鶉火之禽❶，陽之精也❷。騏麟者，玄枵之獸❸，陰之精也❹。萬民者，德之精也❺。德能致之❻，其精畢至❼。」

【章　旨】本章收束上文，引出下文，指出君主能協和陰陽，則萬民歸附。

【注　釋】❶鳳凰者二句　鳳凰是象徵鶉火星次的鳥類。鳳凰，古人心目中的神鳥，是一種祥瑞。鶉火，對應南方朱雀七宿中部的星次，包括柳、星、張三宿。其前後還有鶉首和鶉尾兩個星次，共同構成南宮朱雀。在原始社會，人們通過觀測星象來確定政教農時，初春時節黃昏時分，南宮朱雀七宿位於南方上中天，七星勾連成圖，彷彿一隻張翅欲飛的大鳥。而初春觀察物候，正是鳥雀北飛的時節。古人應當據此將朱雀七宿想像成鳥類的星宿。而朱雀正中正好是柳、星、張三宿。《左傳》中說「我高祖少皞摯之立也，鳳鳥適至，故紀於鳥」。說明古人也將鳳凰視為朱雀七宿的象徵。❷陽之精也　古時刀耕火種，初春動火，故以南宮朱雀為火屬性。南方屬火，火為陽，所以說位於朱雀正中的鶉火是陽之精。精，精粹；精華。❸騏麟者二句　騏麟是象徵玄枵星次的獸類，是一種祥瑞。騏麟，古人心目中的神獸。玄枵，對應北宮玄武七宿中部的星次，包括女、虛、危三宿。❹陰之精也　原始社會觀測星象，初春黃昏時分，朱雀七宿位於南方上中天，而玄武七宿則處在北方地平線以下。朱雀為動火的標誌，性屬陽。而玄武位處地平線下，性顯然屬陰。玄枵是北宮玄武的中心，所以說是陰之精。❺萬民者二句　百姓是道德的精粹。萬民，指全體人民。德，道德，即上文所講的陰陽形神協和之道。《韓非子．解老》說「鄉國天下，皆以民為德」，就是這句話最好的注解。❻德能致之　君主的德行如果能協和陰陽。德，君主之德。致，達到；實現。❼其精畢至　鳳凰、騏麟這些祥瑞都會出現，百姓都來歸附。精，祥瑞和百姓。畢至，都出現；都歸附。

【語　譯】鳳凰是象徵鶉火星次的鳥類，是陽氣的精粹；騏麟是象徵玄枵星次的獸類，是陰氣的精粹；百姓是陰陽之道的精粹。君主之德如能做到協和陰陽，那麼鳳凰、騏麟這些祥瑞就都會出現，百姓就都會來歸附。」

龐子曰：「致之柰何①？」鶡冠子曰：「天地陰陽，取稽於身②，故布五正以司五明③。十變九道④，稽從身始⑤。五音六律⑥，稽從身出⑦。五五二十五⑧，以理天下⑨。六六三十六⑩，以為歲式⑪。氣由神生⑫，道由神成⑬。唯聖人能正其音，調其聲⑭。故其德上反太清，下及泰寧，中及萬靈⑮，膏露降⑯，白丹發⑰，醴泉出⑱，朱草生⑲。眾祥具⑳，故萬口云㉑。帝制神化㉒，景星光潤㉓。文則寑天下之兵㉔，武則天下之兵莫能當㉕。遠之近㉖，顯乎隱㉗，大乎小㉘，眾乎少㉙，莫不從微始㉚。故得之所成，不可勝形㉛。失之所敗，不可勝名㉜。從是往者，子弗能勝問，吾亦弗勝言㉝。凡問之要㉞，欲近知而遠見㉟，以一度萬也㊱。無欲之君㊲，不可與舉㊳。賢人不用㊴，弗能使國利㊵。此其要也㊶。」

【章旨】本章解說使祥瑞盡現、百姓歸附的治國方法。

【注　釋】❶致之柰何　怎麼做能使祥瑞盡現、百姓歸附。承上文鶡冠子「德能致之」之言而發。❷天地陰陽二句　天地陰陽的協和運行，都取決於君主自己。取稽，即參考、取決。稽，借為楷，指法式、法度。身，君主自身。❸故布五正以司五明　因此實施五行之政，以管理五方之事。五正，即五政，五行之政，見《左傳・昭公二十九年》：「故有五行之官，是謂五官，實列受氏姓，封為上公，祀為貴神。社稷五祀，是尊是奉。木正曰句芒，火正曰祝融，金正曰蓐收，水正曰玄冥，土正曰后土。」正，同「政」。政令；措施。五明，即五名，五方之事，泛指各類軍民政事。明，同「名」。事，事務。❹十變九道　所有的變數與常態。這句話當以易理為背景，易理一至九為常數，為道德綱紀，是治道的常態。十是數之極，物極則反歸於初，所以由九至十是變常反初，是治道的變態、非常態。變，變數。道，正理；常態。❺稽從身始　取決於君主自身。以上兩句，意思就是所有的變化和常態，都要靠端正為君之道才能體察把握。稽，考；核。身，君主自身。始，本原。❻五音六律　所有的音律之數。五音，宮、商、角、徵、羽。六律，黃鍾、太簇、姑洗、蕤賓、夷則、無射。此為易數之音律說，並非指普通的音樂聲調。❼稽從身出　取決於君主自身。出，產生。《淮南子・氾論》說「禹之時以五音聽治」，大概就是此處之意。❽五五二十五　《周易・繫辭》：「天數五，地數五，五位相得而各有合。天數二十有五」，五五之數是「天地數」，是易數推演所依大衍之數的基礎。❾以理天下　以此治理天下。理，治理。❿六六三十六　三百六十日。中國古時為陰陽合曆，將一年分為十二個月，大小月相間，一個大月和一個小月為一組，則全年共計六組大小月；一組大小月為六十天。六乘六即為一年的總日數，後發展成為偏理論的易數，即古人所說的周天之數三百六十。⓫以為歲式　作為一年之數。歲，年。式，法則。以上四句，意思是國家之事，都可以依陰陽律曆之數治理好。⓬氣由神生　精氣源於內在的精神。氣，精氣。神，精神。生，產生。⓭道由神成　道術依靠內在的精神來實現。道，道術；思想。成，實現。以上兩句承上文，都是就人身而言，氣、神、道都不指代天地運行的動力和規律。⓮唯聖人能正其音二句　只有聖人能調整、端正其音聲。這句承上文「音〇故聲倒則形燥」，意思是調整、端正音聲，才能協調形神，修其神、養其德。⓯故

其德上反太清三句　聖人之德兼賅天、地、人之道。反，當作「及」，達，至。太清，指天。泰寧，指地。萬靈，指人。⑯膏露降　天上降下甘美的雨露。膏露，甘美的雨露，是古人心目中仁德之政所引發的天地之象，是一種祥瑞。膏，古人認為其形如凝脂，較常規露水密度高，故稱膏。⑰白丹發　山陵中出現白色的丹砂。白丹，白色丹砂，祥瑞的一種。發，出現。⑱醴泉出　地上湧出甜美的泉水。醴泉，甜美的泉水，祥瑞的一種。⑲朱草生　一種紅色的草，據稱可以提煉其顏色作衣服染料，又稱可以食用，是一種祥瑞。⑳眾祥具　眾多祥瑞都出現。眾，泛指各種。祥，祥瑞；吉兆。具，具備。㉑故萬口云　疑當作「萬凶去」。各種不吉之兆都消失。凶，不吉之兆。去，離去；消失。㉒帝制神化　聖人之制神化莫測。帝制，如帝之制，指聖人之制。神化，如神所化，意思是同天地之德，化於未有，高深莫測。㉓景星光潤　大星明亮。景星，古人認知中的一顆只在陰曆月末一天和月初第一天、月亮不見於天空時出現的大星，亮度高，古人稱其亮如半月，即有月亮一半的亮度，助月照臨人間。《史記．天官書》說：「景星者，德星也。其狀無常，常出於有道之國」。古人認為是象徵有道明君在位的一種天象祥瑞。光潤，光亮。㉔文則寢天下之兵　倡導休養生息則天下都偃甲息兵。文，興文事、與民休息，停止戰爭。寢兵，指停止戰爭。兵，戰事。㉕武則天下之兵莫能當　興兵作戰則天下無人可以抵擋。武，起兵；發動戰爭。當，抵擋。這兩句意思是王者之政，所到之處，天下順從。㉖遠之近　疑當作「遠乎近」，意思是遠始於近。乎，同「於」。始於。㉗顯乎隱　顯明始於隱晦。㉘大乎小　大始於小。㉙眾乎少　眾多始於稀少。㉚莫不從微始　事情無不是從小處而起。微，微小。㉛故得之所成二句　有所得則其未來成就無法形容。這兩句承前文，意思是再大的事情，都是從細小處一步一步發展而來。因而即使是很細小的成就，如果一直往好處發展，前景之遠大無法預料。得，取得成功、有所收獲。成，成就。勝，盡；窮盡。形，用言語形容。㉜失之所敗二句　有所失則其未來的損失無法形容。意思是即使很細小的失敗，如果由此導致潰敗，則將來的衰敗程度之大難以預測。失，失誤；過錯。敗，損壞。名，言說。㉝從是往者三句　由此以外，你問不勝問，我也答不勝答。從是，從此。往，猶「外」。弗，不。勝問，逐一提問。勝言，一一作答。言，回答。㉞凡問之要　提問的要領。凡，凡是。問，提問。要，要領。㉟欲近知而遠見　要知曉近前之事，就能推知遠方之事。意思就是由近及遠，推類而及。近知，即知近，瞭解發生在近前的事情。遠見，即見遠，推知發生在遠方的事情。按：古人尤重推類，所謂推類，大致接近今日所說的類比。㊱以一度萬也　即舉一反三，推類及遠。一，原理。度，衡量；測度。萬，同類的各種事情。這三句是鶡冠子批評龐子提問的方法不對，不得要領，不能舉一反三。㊲無欲之君　即上文「不足則德必薄、兵必老」「褊材」，意思是能力低下，不想招致祥瑞、使萬民歸心的君主。無欲，不願意。㊳不可與舉　不可以與其共同行事。與，一起。舉，有所作為。㊴賢人不用　不任用人才。用，任用。㊵弗能使國利　不能使國家受惠。使國利，使國家得利。㊶此其要也　這就是「德能致之，其精畢至」的根本方法。要，關鍵；根本。

【語　譯】龐煖問：「怎樣才能使祥瑞盡現、百姓歸附？」鶡冠子答：「天地陰陽的協和運行，都取決於君主自身，因此君主要施行五行之政，管理各方事務。所有陰陽之數的變化和常態，所有的樂律之數，都要靠端正為君之道才能體察把握。體察把握陰陽律曆之數，就可以治理好國家。精氣源於人物內在的精神，道術依靠人物內在的精神來實現，只有聖人能調和其音聲、協調其形神。聖人之德兼賅天、地、人，使天上降下甘美的雨露，山陵中出現白色的丹砂，地上湧出甘美的泉水，朱紅色的瑞草生長出現。眾多祥瑞都出現，因而各種不吉之兆就都消失。聖人之制神妙莫測，瑞星出現在夜空。聖人倡導休養生息，則天下都偃甲息兵。聖人興兵作戰，則天下無人可以抵擋。遠始於近，顯明始於隱晦，大始於小，眾多始於稀少，事情無不是從小處發起。因此，即使是很細小的成就，如果一直往好處發展，前景之遠大無法預料。即使很細小的失敗，如果由此導致潰敗，則將來的衰敗程度之大難以預測。再往下分說，你問不勝問，我也答不勝答。提問的要領，在於能夠由近知遠，推類而及。能力低下，不想招致祥瑞、使萬民歸心的君主，不可以與其共同行事。不任用人才，就無法使國家受惠。這就是協和陰陽、使祥瑞都出現的根本方法。」

龐子曰：「敢問五正❶。」鶡冠子曰：「有神化❷，有官治❸，有教治❹，有因治❺，有事治❻。」

【章旨】本章引出「五正」說。

【注釋】❶敢問五正　請問實施五行之政的方法。因為上文鶡冠子提到「布五正以司五明」，故有此問。敢，敬辭。❷神化　無為而治。神，神妙。化，使民自化。❸官治　法象天地之道，設立官職而治。官，官職。❹有教治　敕教而治。教，發布教令。❺因治　遵循舊制度進行治理。因，因循；不改變。❻事治　依賴施設各種法令治國。事，政令；法令。意思是針對事務，逐一頒定政策法令。

【語譯】龐煖問：「請問實施五行之政的方法是什麼？」鶡冠子回答說：「五行政事的推行，有五種境界。有無為而治，有法天地之象設立官職為治，有發布教令為治，有因循舊制度為治，有靠法令治理。」

龐子曰：「願聞其形❶。」鶡冠子曰：「神化者於未有❷，官治者道於本❸，教治者脩諸己❹，因治者不變俗❺，事治者矯之於末❻。」

【章　旨】本章概述五正之治。

【注　釋】❶願聞其形　請問以上五種治道的大體情況。形，大體情況。❷神化者於未有　無為而治，使物自成，就像《老子》所說的：「功成事遂，百姓皆謂我自然」，所以說是「於未有」。於，化於。未有，無。❸官治者道於本　設官而治，是導源於自然。道，同「導」。引導。本，根本，指自然之道。法天地四時設官，因此說是導源於自然。❹教治者脩諸己　敕教而治，就要以身作則。脩諸己，涵養自身的言行。脩，涵養；培養。諸，之於。己，自己。按：「己」，叢刊本作「巳」，誤，此據備要本改。❺因治者不變俗　遵循舊制度進行治理，就是不改變民俗。變，改變。俗，民約民俗。❻事治者矯之於末　依政令為治，是務於細枝末節，不能把握治道的根本。矯，矯正；糾正。末，細小。

【語　譯】龐煖問：「請問以上五正之治的大體情況。」鶡冠子回答說：「無為而治，是使事物依本性自然而然地生成。設官而治，是要依從自然之道。敕教而治，就是君主要率民而治，以身作則。遵循舊制度進行治理，就是不要改變民俗。依政令為治，是務於細枝末節。」

龐子曰：「願聞其事❶。」鶡冠子曰：「神化者，定天地❷，豫四時❸，拔陰陽，移寒暑❹，正流並生❺，萬物無害❻，萬類成全❼，名尸氣皇❽。官治者，師陰陽❾，應將然❿，地寧天澄⓫，眾美歸焉⓬，名尸神明⓭。教治者，置四時⓮，事功順道⓯，名尸賢聖⓰。因治者，招賢聖而道心術⓱，敬事生和⓲，名尸后王⓳。事治者，招仁聖而道知焉⓴，苟精牧神㉑，分官成章㉒，教苦利遠㉓，法制生焉㉔。法者，使去私就公㉕，同知壹警㉖。有同由者也㉗，非行私而使人合同者也㉘，故至治者弗由㉙，而名尸公伯㉚。」

【章　旨】本章解說五正之治的具體內涵。

【注　釋】❶願聞其事　請問五種治道的具體內容。事，事務，這裏指的是具體內容。❷神化者二句　神化，指的是確定以天文地理為化治的根本。定，確定。天地，天文地理，如上，陰陽數術之說，不僅指籠統客觀的天地自然。❸豫四時　序次四時，使不干犯。四時，四季。豫，猶「敘」。排序；序次。❹拔陰陽二句　使陰陽寒暑之氣協和不失序。拔，引；引導。陰陽，陰陽二氣。移，引移；使移動。寒暑，陰陽二氣的一種表現形式，亦指陰陽二氣。這兩句當係陰陽家天人感應說，認為人事會影響到天道。具體可參看上文「法猛刑頗則神濕，神濕則天不生水。音〇故聲倒則形燥，形燥則地不生火。水火不生，則陰陽無以成氣」。❺正流並生　本末並用。正，本，指「定天地，豫四時」。流，末，指「拔陰陽，移寒暑」。並生，並用。❻萬物無害　萬事不受影響。萬物，無生命的事物，指事。害，傷害。❼萬類成全　萬物不受傷害。萬類，一切有生命的生物。成全，得其性命之全，不受傷害。以上兩句，意思是神化之道，因用自然，萬事萬物都自然而然，沒有受到外來的干預影響。❽名尸氣皇　這是效法三皇。名，號，稱為。尸，主，指推崇，效法。氣皇，即羲皇伏羲氏，此處以伏羲代指三皇。三皇，中國上古傳說中的三位部落首領，具體是哪三人，說法不一，常見的說法是伏羲、神農、黃帝，即本句所指代者。❾官治者二句　設官而治，指的是師從陰陽之理。師，師從；學習。陰陽，陰陽之理，即陰陽五行、天人感應說。❿應將然　未雨綢繆。應，應對。將然，將要發生的事。以上三句，意思是體知自然變化之理，推步陰陽四時及人事之變。可參看《左傳》中占卜預測之事的記載。⓫地寧天澄　天文地理各得其所，不紊亂失序。地寧，不滅地理。寧，安。天澄，不亂天文。澄，清。⓬眾美歸焉　天下歸心。眾美，眾人認為的美善，即世人的認可。美，善。歸，歸屬。⓭名尸神明　這是效法五帝。神明，指五帝。五帝，中國上古傳說中的五位部落首領，具體是哪五人，說法不一。常見的說法是少昊、顓頊、帝嚳、堯、舜。⓮教治者二句　敕教而治，指的是布署四時的教令。置，疑當作「署」，布署。四時，四時之教，詳細內容參見《管子・四時》之類。⓯事功順道　因順自然之道為政。事功，從事工作，指為政。事，從事。功，工作。順道，因順自然之道。順，因順；遵循。⓰名尸賢聖　這是效法三王。三王，指夏禹、商湯和周文武王，分別是夏朝、商朝和周朝的開國君主。⓱因治者二句　因循舊制而治，指的是繼承學習賢聖的治國心術。招，疑當作「紹」，繼承。道心術，通曉賢聖的心術。道，通。⓲敬事生和　認真恭敬地處事，使諸事協和。敬，恭敬認真。事，事業。生和，滋生和諧之氣。和，和諧。⓳名尸后王　這是效法近世君王。后王，君主，此當指近世賢明的君主。⓴事治者二句　以政令治國，指的是繼承學習仁人的才智。招，如上，疑作「紹」，繼承。仁聖，據注文，「聖」字當為衍文。仁，仁人，指周公等輔國能臣之類。道知，通曉其才智。道，通。㉑苟精牧神　耗盡心神。苟，當作「茍」，音「殛」，借為「極」，竭盡。精，人之精氣。牧，役使。神，心神。㉒分官成章　分設眾官，設立典章制度。分官，分設眾官。官，官職。成，設立。章，典章制度。㉓教苦利遠　教令苛繁，蔭澤較少。教，指教化。苦，教令繁多，百姓難學難行，為之不樂，感到困苦。利遠，百姓所受惠澤少。

利，蔭澤；恩惠。遠，遠則難及，指薄、少。㉔法制生焉　產生法制。生，產生。這句承前句，意思是治國依靠苛繁的政令強行約束，人民感受惠澤很少，不便之處很多，內在就缺少積極性去配合，客觀上就需要禁斷賞罰之術強迫人們服從。㉕法者二句　法制使世人去除私智，一斷於法。去，去除。私，私智。公，法令。㉖同知壹譤　共同的要求，共同的禁戒。同知，共同的要求。法制條文公開，為大家共知。同，相同。壹，一，共同。譤，同「警」。戒，禁令。㉗有同由者也　而為大家所共同遵行。有，又；而。同由，共同遵行。由，行。㉘非行私而使人合同者也　不是使人和萬物各依其自然之性，卻能歸於和同。行私，各行其是，即不受干預，自然而然。私，自己。合同，同歸於一。合，和。同，和同。㉙故至治者弗由　因此最高明的人不採用這種方法。至治，最高明的治道，即神化。由，行。㉚而名尸公伯　這是效法春秋稱霸之術。公伯，霸道。公，公侯之公。伯，霸王之伯。

【語　譯】龐煖問：「請問五種治道的具體內容。」鶡冠子回答說：「神化，指的是確定以天地數術作為化治的根本，使陰陽寒暑之氣協和不失序，本末並用，萬事萬物都自然成就，不受外力干擾，這是效法三皇之治。設官而治，指的是推步綢繆陰陽四時及人事之變，使天文地理各得其所，不紊亂失序，而天下歸心，這是效法五帝之治。敕教而治，指的是布署四時的教令，使政事因順自然之勢，這是效法三王之治。因循舊制而治，指的是繼承學習賢聖的治國心術，認真恭敬地處事，使諸事協和，這是效法近世賢明君主的治國之術。以政令治國，指的是推崇才智之人的智略，耗盡心神，分設眾官，設立典章制度。這種治國之術，教令苛繁，收益較少，於是禁斷賞罰就應運而生。法制使世人去除私智，一斷於法，明文申誡，人所共知，全國上下一體遵行。這不是使人和萬物各依其自然之性、卻能歸於和同之道，因此最高明的人不採用這種方法。這是效法春秋爭霸之術。」

【研　析】本篇在全書當中，屬於比較艱深難讀的一篇，原因在於龐煖與鶡冠子的對答當中，包含了很多古數術學說。這些數術之說，是在古天文、曆算的基礎上衍生出來，十分繁瑣，又多抵牾，展開來講，就脫離本篇的主旨了。讀者所要明白和特別要注意的是，文中所提出的各類概念和理論，都是基於易理，即都是數術之說，不可以普通概念、理論視之；全篇所論述的總原則，或者說終極追求，是要實現陰陽、形神協和。而要實現陰陽、形神協和，鶡冠子認為，關鍵在於君主，君主能通易數、順天道，則國家就能臻於至治。

理解了上面這一點，就可以明白本篇行文的次序。本篇前後連接上略有斷裂，以龐煖的「致之柰何」和「敢問五正」兩問為標誌，共有兩處轉折，使文章分為三個部分。

第一部分講形神協和是為治之本，而君主則是實現形神協和的關鍵，君道正，則民心附、祥瑞出。所以形神協和，根本還是在於人。所以當鶡冠子說到「德能致之，其精畢至」，本篇所要闡發者，其實已經講完。

但龐煖不得要領，問了一個有失水準的問題，即追問怎樣才做到「德能致之，其精畢至」，此為全篇第一個轉折處。龐煖追問的這個問題，上面鶡冠子已經講過，龐煖這是以鶡冠子的論點來求問理由，等同於倒回去重問，相當於鶡冠子前面都白講了。所以鶡冠子說「子弗能勝問，吾亦弗勝言」，批評龐煖不得「問之要」，也就是提問不得要領。

至於以龐煖「敢問五正」為標誌的第二處轉折，則是對第一部分以數術致協和說的再進一步細化，講解了治國的五種不同境界，最高的「尸氣皇」只是一種理想境界，相當於戰國秦漢時人給人建言獻策時常喜歡講的上、中、下三策中的上策，只是標出理想中的方式，往往做不到。鶡冠子實際推崇的，是「尸神明」、「尸賢聖」和「尸后王」這樣的中策。最後批評「尸公伯」以律令為治這樣的下策，正反映了戰國、秦漢之際，黃老道家對法家的批判。

另需補充說明的，有兩點。一是鶡冠子雖認為君主是治國得道的關鍵，但應當也考慮到了多數君主都不具備這樣的才能，故補充說明君主能任用得道之人也可以實現至治，即本篇第七章專門強調君主協和形神之要在於任用寬厚長者主持政事。任用寬厚長者，就可以做到「用法則平法，人本無害」，講的不正是西漢初期的政治麼！

二是解說「五正」的意思。關於五正說，一直以來，學術界都是眾說紛紜，莫衷一是，但總體來看，不外三種看法。一種認為「五正」即「五政」，釋「正」為「政」，即政務、政事。在這個大框架下，或認為泛指各類政務，或認為指金木水火土五行之政，或認為特指的政府機構和職務。第二種看法，是據本篇，認為「五正」就是神化、官治、教治、因治和事治。第三種看法，參考長沙馬王堆漢墓出土帛書《十大經》、《易傳・要》篇和長沙子彈庫楚帛書〈天象〉篇等，認為「五正」說包含古數術因素，與傳說時期的黃帝數術有關聯，其中清華大學李學勤先生在〈鶡冠子與兩種帛書〉一文中，把五正說解釋為「自君主本身之正推至外人之正、萬事之正」，認為「五正」的本義是「己身及四方之正」，而〈度萬第八〉篇中所講的神化、官治、教治、因治和事治，「不是各為『五正』之一」，「是『五正』的不同層次」。李學勤的這一說法影響最大。第三種看法框架下的各家說法，無不受其影響，只是對「五正」這一數術的具體內涵解說有所不同而已。

李學勤先生說神化、官治、教治、因治和事治不可能同時實施，所以是為治的五種，不是各為「五正」之一，化繁為簡，一語中的，確是不移之論。但筆者感覺，諸家對「五正」具體內容的解釋，或過於拘泥古人注解，或拘於古數術而流於玄深繁複，似乎對文本本身的邏輯有所疏忽。細讀馬王堆漢墓帛書《十大經·五政》的「吾欲布施五正」「五正既布，以司五明」、《易傳·要》篇的「有君道焉，五官六府不足以稱之，五正之事不足以盡之」和子彈庫楚帛書〈天象〉篇的「群神五正，四興堯祥，建恆懌民，五正乃明」，則「五正」很像一個時人說得很順溜、很純熟的名詞，也就是說，「五正」在當時很可能是一個意思眾所周知、內涵相對固定的專有名詞；因與「五官六府」這個專指政府機構和職司的名詞並稱，則「五正」應該並非泛指政府機構和職司之事，卻又顯然與治國政務相去不遠；又因「五正之事不足以盡」君道，則顯然不應該是聖王所獨得的玄深數術之學。故而筆者在釋讀本篇時，認為還是應遵從《左傳》，將「五正」釋為五行之政。又因為在上古數術中，時間與方位本為一事，五行之政，亦可粗略理解為陰陽數術學說框架下的五方之治。

王鈇第九

【題　解】王鈇，天子的斧鉞。王，天子。鈇，斧。天子的斧鉞，象徵著天子的權勢和法度。故本篇托言上古成鳩氏，講的是為君者的法度，即明君的治國之道，認為得其道者可以像成鳩氏一樣長久地享有天下。

龐子問鶡冠子曰：「泰上成鳩之道❶，一族用之萬八千歲❷，有天下❸，兵強❹，世不可奪❺。與天地存❻，久絕無倫❼。齊殊異之物❽，不足以命其相去之不同也❾。世莫不言樹俗立化❿，彼獨何道之行，以至於此⓫？」鶡冠子曰：「彼成鳩氏天⓬，故莫能增其高，尊其靈⓭。」

【章旨】本章通過一問一答，提出「成鳩氏天」這個話題，引出下文的論述。

【注釋】❶泰上成鳩之道　上古時期，成鳩氏的統治之道。泰上，太古。泰，極。成鳩，上古時期氏族部落的名稱。道，治理的方法。❷一族用之萬八千歲　運用這個方法長久地治理部族。一族，成鳩氏族。萬八千歲，概略之數，極言時間之久。❸有天下　成為天下之主。有，擁有。❹兵強　武力強盛。兵，指軍隊、戰力。強，強盛。❺世不可奪　沒有人能奪去其享有的天下。世，世系。奪，奪取其天下。❻與天地存　與天地同壽，極言其世系之久。存，共存。❼久絕無倫　世系久遠，無與倫比。久絕，久遠。絕，遠。無倫，沒有可以匹敵的。倫，比。❽齊殊異之物　即使列舉世間事物最大的差別。齊，同「儕」。一起。殊異，絕對不同。殊，特別。異，差別。❾不足以命其相去之不同也　也不足以形容成鳩氏和後世普通諸侯國治政的差異。命，表述、形容。相去，差別。❿世莫不言樹俗立化　世上各國都強調樹立美俗，化育人民。莫，沒有。言，說。樹，樹立。俗，指美好的習俗。立，樹立。化，教化。⓫彼獨何道之行二句　成鳩氏是怎麼做的，能夠達到如此地步。彼，指成鳩氏。何道，用什麼方法。行，治理。至，達到。此，指上文所說的「世不可奪」「久絕無倫」。⓬彼成鳩氏天　成鳩氏的治理遵循自然之道。天，天道，即道家所宗主的「道」、「自然」，指成鳩氏能夠瞭解並因循自然之道。⓭故莫能增其高二句　因此沒有哪個宗國能超越他，削弱他的威靈。莫，沒有。增其高，指超越其高度。增，增加。尊其靈，削弱他的威靈，指蓋過他一頭。尊，借為「剸」，減。靈，威靈。

【語譯】龐煖問鶡冠子說：「上古時期，成鳩氏以其道術治世，在悠久的歲月裏一直是天下共主，其軍隊強盛，沒有人能取而代之；其世系流傳不絕，無與倫比。即使列舉世間事物最大的差別，也不足以形容成鳩氏和後世普通諸侯國的差異。歷朝歷代施政都想要樹立美俗、化育人民，那麼成鳩氏究竟是怎麼做的，能夠達到如此地步？」鶡冠子說：「成鳩氏治世依於自然，因此沒有哪個宗國能超越他，壓蓋他的威勢。」

龐子曰：「何謂天❶？何若而莫能增其高，尊其靈❷？」鶡冠子曰：「天者，誠其日德也❸。日誠出誠入❹，南北有極❺，故莫弗以為法則❻。天者，信其月刑也❼。月信死信生❽，終則有始❾，故莫弗以為政❿。天者，明星其稽也⓫。列星不亂⓬，各以序行⓭，故小大莫弗以章⓮。天者，因時其則也⓯。四時當名⓰，代而不干⓱，故莫弗以為必然⓲。天者，一法其同也⓳。前、後、左、右⓴，古今自如㉑，故莫弗以為常㉒。天誠、信、明、因、一㉓，不為眾父易一㉔，故莫能與爭先㉕。

易一非一㉖，故不可尊增㉗。成鳩得一㉘，故莫不仰制焉㉙。」

【章　旨】本章說明成鳩氏的天道即自然法則。

【注　釋】❶何謂天　什麼是成鳩氏的天道。❷何若而莫能增其高二句　成鳩氏怎樣做才使其他國家無法超越他、壓倒他。何若，如何。❸天者二句　天道，就是使太陽的運行周而復始，恆定不變，永久地照耀和滋長萬物。誠其日德，疑當作「誠日其德」，使太陽誠實守信。誠，忠誠守信。德，太陽滋長萬物，因此稱為「德」。❹日誠出誠入　太陽恆定地東升西落。出，升起；出現。入，落下；沒入地平線以下。❺南北有極　太陽夏至最偏北，冬至最偏南。南北，指的是太陽的視運動，即其全年在天球上的運動軌跡——黃道。夏至時，從地球上看，太陽處於其全年軌跡（黃道）最偏北的位置。冬至時，太陽處於其全年軌跡（黃道）最偏南的位置。極，極至。❻故莫弗以為法則　指世人都遵照太陽運行規律辦事，即觀象授時。莫弗，都。莫，沒有人。弗，不。中國古代是農業社會，觀測日月星辰的運行，測算物候季節的時間節點，以定政令和農時，是最重要的事情。比如觀測太陽的運行，就可以定出春分、秋分和夏至、冬至的時間，這就是觀象授時，就是「莫弗以為法則」。❼天者二句　天道，使月亮恆定地運行盈缺。信，誠信。月刑，月亮的運行。古人認為太陽屬陽；而月亮屬陰，主刑殺之事，所以稱月亮運行之事為「月刑」。❽月信死信生　月亮的光明固定地消長。月，月亮。信，誠信，這裏指穩定有規律，從不失信。死，消亡，即古人說的「死霸」，指每個月十五以後到月末，這段時間月亮之前發展出來的光明逐漸減少，以至於徹底消亡，所以叫死霸。霸，指的是月亮的光芒。生，生長，即古人說的「生霸」，指每個月初一以後、十五之前，這段時間月亮的光芒逐漸生長壯大，直至形成滿月，所以叫生霸。❾終則有始　消亡又生出。終，死，指月光消亡。有，同「又」。始，復蘇；生長。❿故莫弗以為政　都要遵照月亮運行的規律辦事。政，政令。月亮每月完成一輪圓缺循環，每十二個月繞地球公轉一周，極易觀測，中國古時曾依月相計月計年，所以是「莫弗以為政」。⑪天者二句　天道，明確眾星的宿止之處。明，明確。星，指天上的眾星。稽，留止，指眾星在天球上所處的位置。⑫列星不亂　眾星各居其所，不紊亂。列星，眾星。亂，混亂失序。⑬各以序行　各自按其軌跡次第運行。序，次序，這裏指星辰運行的軌道和時序。以上兩句，源於上古觀測天文，因技術和條件限制，精度不足，對星辰軌道、位置的測算常有失誤，又認識不到天球星體位置變化屬正常現象。故而秦漢及之前多認為星體必須依測定的軌道，按時出現在固定的星次宿度，否則就是反常，意味著變亂。⑭故小大莫弗以章　大小事情都有章可依。小大，大小事情。章，章程；制度。⑮天者二句　天道，使四時節令各居其位。因時，使時令就位。因，就；就位。時，時令。則，範式。⑯四時當名　四季各當其名位，名實相符。四時，春、夏、秋、冬四季。當名，名實相符。當，符合。名，名位。⑰代而不干　四季更替有序不混淆。代，更替。干，干犯；混淆。⑱故莫弗以為必然　都認為事情自然而然就做好了。這句話意思是四時有序，則政治農事自然成就，不產生混亂。必然，自然而然。這句話與《老子》：「功成事遂，百姓皆謂我自然」有相通處。⑲天者二句　天道，統一眾法則，使歸於一致。一，統一。法，法則。其，之。同，相同。⑳前後左右　天地間本有前、後、左、右四個方位。㉑古今自如　從古至今始終不變。古今，從古至今。自如，自然如一，指沒有變化。自，自然。如，如初；如一。㉒故莫弗以為常　因而人們認為是理所應當之事。常，恆定不變。㉓天誠信明因一　天道使日、月、星辰、四時、方位有其恆定的規律。一，恆定，本於天道。㉔不為眾父易一　不因為人事而改變，即天道無親的意思。眾父，眾人。易，改變。一，恆定。以上兩句，意思與「天行有常，不為堯存，不為桀亡」有相通之處。㉕故莫能與爭先　因此沒有什麼能超越它。不為人事改變，不受外界影響，自然無為，不爭而成，因此沒人能與之爭。㉖易一非一　改變了其恆定性，就不再是天道了。易，改變。前一，指恆定。後一，指天。天道；自然法則。意思是為人事而改變，就是主觀有為，就不再是無為，就不是天地萬物的根本了。㉗故不可尊增　因此不能增減其道。尊增，即「增其高，尊其靈」，增減。㉘成鳩得一　成鳩氏為政依於天道。得，體察順合。㉙故莫不仰制焉　所以世人都仰賴於成鳩氏的治道。制，度數。

【語譯】龐煖問：「什麼是成鳩氏的天道？成鳩氏是怎樣做的，才能始終在與其他宗國的比較中占據上風？」鶡冠子說：「天道，就是使太陽恆定地運行、照耀和滋長萬物。太陽恆定地東升西落，夏至日其位置最偏北，冬至日位置最偏南，世人觀法太陽運行的規律確定農事政事的時序。天道，就是使月亮恆定地運行和盈缺。月光恆定地消長，總是消失又出現，世人觀法月亮運行的規律確定農事政事的時序。天道，就是明確天空眾星的宿止之處。眾星各居其位，井然有序，各自按其軌跡次第運行，世人觀法眾星運行，確定農事政事的時序，大小事情都有章法可依。天道，就是使四時節令各居其位。四季各當其名位，接替不失序，農事政事就明確有序，人們都覺得事情自然而然就做好了。天道，統一眾法則，使歸於一致。天地間本有前、後、左、右四個方位，這個情況從古至今都沒有變過，因此人們都認為是理所應當的。天道，使日、月、星辰、四時、方位都有其規律，天道自然而然，不因為人事而作出改變，因此沒有什麼能超越它。如果為人事而改變，就是主觀有為，不再是無為，就不再是天道了。因此天道無為，非人力所能增減，成鳩氏為政依於天道，所以世人都仰賴於成鳩氏的治世之道。」

龐子曰：「願聞其制❶。」鶡冠子曰：「成鳩之制，與神明體正❷。

神明者，下究而上際❸，克嗇萬物❹，而不可猒者也❺。周泊遍照❻，反與天地總❼，故能為天下計❽。明於蚤識逢白❾，不惑存亡之祥、安危之稽❿。」

【章　旨】本章描述成鳩之制的基本情況。

【注　釋】❶願聞其制　請問成鳩之制的具體情況如何。❷成鳩之制二句　成鳩之制，是自然之道的應用。神明，即一，自然。體，體察；審視。正，同「政」。用，指自然之道的應用。❸神明者二句　自然之道無所不至。究，探究。際，探察。上、下，指天、地，意思是周全遍至。❹克嗇萬物　能愛養萬物。克，能。嗇，愛養。❺而不可猒者也　沒有窮盡。猒，足；盡。❻周泊遍照　成鳩之制普惠天下。周泊，遍及各方。泊，當作「洎」。及，到。遍照，普照。遍，普遍。❼反與天地總　與天地合一，指順合自然。反，同「返」。總，聚合；合一。❽故能為天下計　所以能為天下籌謀。計，思慮；謀劃。❾明於蚤識逢臼　能預知，有遠見。明，明達。蚤識，提前預知。蚤，同「早」。識，識別；察覺。逢臼，據注文，疑當作「遠白」，有遠見的意思。白，知、見。按：逢臼，備要本作「逢臼」。❿不惑存亡之祥安危之稽　洞察危亡的跡象和徵兆。不惑，不迷惑，指明察。存亡，滅亡。安危，危險。這兩個都是偏義複詞，這裏詞義側重後一個字。祥，徵兆。稽，探察，這裏指可以探察的苗頭、跡象。

【語　譯】龐煖問：「請問成鳩之制的具體情況如何？」鶡冠子說：「成鳩之制，是自然之道的應用。自然之道無所不至，愛養萬物，沒有窮盡。成鳩之制普惠天下，順合自然之道，所以能為天下籌謀。能預知，有遠見，可以洞察危亡的跡象和徵兆。」

龐子曰：「願聞其稽❶。」鶡冠子曰：「置下不安，上不可以載❷，累其足也❸。其最高而不植局者❹，未之有也❺。辯於人情❻，究物之理❼，稱於天地❽，廢置不殆❾。審於山川❿，而運動舉錯有檢⓫。生物無害⓬，為之父母⓭，無所躪躒⓮。仁於取予⓯，備於教道⓰。要於言語⓱，信於約束⓲。已諾不專⓳，喜怒不增⓴。其兵不武㉑。樹以為俗㉒，其化出此㉓。」

【章　旨】本章說明成鳩氏預知安危、消除隱患的方法就是摒除主觀的情感意志，因順客觀的人情物理。

【注　釋】❶願聞其稽　請問成鳩氏是怎麼發覺危機的。稽，即上文「安危之稽」。❷置下不安二句　堆垛物料，下面如果沒有碼實、根基不牢固，則上面就不能穩定地承載人。置，放置。下，下面。安，安穩；牢固。上，上面。載，承載。❸累其足也　雙腳並攏的樣子，形容小心畏懼的樣子。累，兩腳緊併。足，腳。❹其最高而不植局者　疑當作「其植最高而不局者」，站在最高處而不弓著腰、謹慎小心的。植，立。局，彎曲，此處解作彎腰，形容小心畏懼的樣子。❺未之有也　從來沒有這樣的人。以上五句，前人注釋多不明確。其實以生活中具體的動作情態作譬喻，是先秦文章的常用手法。這五句，說的是農工勞作時，比如做木工或泥瓦，常常要把木料、磚瓦堆砌成一個高高的垛子。堆疊到超過人身的高度，就需要有人站到垛子上面繼續工作。如果垛子底部堆疊得不夠緊密牢固，垛子就容易鬆動搖晃，上面就站不住人。而人多畏高，登上高高松晃的堆垛也好，爬上搖動的樹梢也罷，多數人都會下意識地弓著腰、雙腳並攏，攀拉一些可扶助的地方或張著雙手，這是一種自我保護的本能反應。此處借此作譬，意思是事情出現危機，人事必有相應的徵兆表現出來。只要如上文所說「明於蚤識逢白」，就可以見微知著。❻辯於人情　辨明人事之情。辯，同「辨」。辨別。人情，人事方面的情況。❼究物之理　探明萬物之性。究，探究。理，原理。❽稱於天地　參稽、因循天地之道。稱，稱量。❾廢置不殆　廢除或興辦事務都合宜，沒有危害。廢，廢除。置，興辦。殆，危險。❿審於山川　取法山川。審，審視，這裏指取法、效法。山川，高山和河流。⓫而運動舉錯有檢　行為舉止有法度。運動，行為。舉，行，指做出舉動。錯，同「措」。止，停止。檢，法度。以上兩句，意思是山厚重不遷，滋長萬物。水順勢而行，周流無滯。山水都是依於道，無為而為。成鳩氏觀法山川，以虛無為本，以因循為用，因時乘勢，行事合乎天道。這裏與《論語・雍也》：「智者樂水，仁者樂山」可以互相參看。⓬生物無害　指萬物各依本性生長消亡，不受到外來的干預摧折。生物，一切有生命的物種，包括人、動物、植物。害，傷害。⓭為之父母　意思是如同其父母一樣，撫育萬物。按：「母」，叢刊本作「毋」，係「母」的異體字，此據備要本改。⓮無所躪躒　不傷害萬物。躪躒，蹂躪、傷害。⓯仁於取予　取予都合乎人情，不貪不吝。仁，仁愛。取，拿。予，給予。⓰備於教道　以教令為先，以誅罰為後，教而後誅，教令詳盡明確。備，充分。教道，宣明道德風化的要求，修訂明確法令條文，使民眾清楚知道政府的倡議和禁令。教，教育訓令。以上兩句的詳細解釋，可參見《荀子・富國》和諸葛亮《便宜十六策・教令》。⓱要於言語　法令簡明。要，簡要、不繁雜。言語，指法令。法令簡要不繁雜，才能使人明白可遵行。⓲信於約束　法令要有信用，即法在必行。信，守信。約束，指政令、法令。以上兩句，即《商君書・畫策》所說的：「法必明，令必行」。⓳已諾不專　不專擅刑賞。已諾，許與不許，此處當即《荀子・王霸》所說的：「刑賞已、諾」，即承諾作出或不作出刑賞。已，禁止；不許，即明令不進行賞罰。諾，答應；允許，即明令作出賞罰。專，專擅，指主觀決定，不依據實情、不遵循法令。⓴喜怒不增喜怒之情持正不偏激。增，增加，指喜怒由於主觀而過度。㉑其兵不武　不倚仗兵勢欺凌人，即為將者不驕矜自大。兵，軍隊。武，威武凌人。可參看諸葛亮《將苑・兵權》：「故善將者，不恃強，不怙勢」。㉒樹以為俗　將以上諸條立為習俗。樹，樹立。俗，習俗，慣例。㉓其化出此　以此來化育百姓。化，化育百姓。出此，從此生發出來，即以此為本。

【語譯】龐煖問：「請問成鳩氏是怎麼發覺危機的？」鶡冠子說：「堆垛物料，如果根基不牢固，高處就不能穩定地承載人，人站在上面，就會表現出雙腳並攏、小心翼翼的樣子。人站在最高處，沒有不是弓著腰、謹慎小心的。辨明人事之情，探明萬物之性，參稽、因循天地之道，則廢除或興辦事務都會合宜，沒有危害。取法山川，因順自然，行為舉止就合乎法度。使萬物各依本性消長，如同其父母一樣，不使萬物受到傷害。取予都依於人情、不貪不吝，先教後誅，教令詳明。法令簡明有信用。不專擅刑賞，喜怒之情持正不偏激，不倚仗兵勢驕矜自大。將以上諸條立為習俗，以此來化育百姓。」

龐子曰：「願聞其人情物理所以嗇萬物，與天地總，與神明體正之道❶。」鶡冠子曰：「成鳩氏之道，未有離天曲日術者❷。天曲者，明而易循也❸。日術者，要而易行也❹。」

【章旨】本章提出天曲日術說，引出下文。

【注釋】❶願聞其人情物理所以嗇萬物三句　請問成鳩氏是怎麼做到上述內容的。人情物理、嗇萬物、與天地總、與神明體正，即上文所說的成鳩之制與成鳩之稽。❷成鳩氏之道二句　成鳩氏治國，用的是逐層確立主事之人、上下相依相伺的方法。離，背離。天曲，依自然之數，循環交互。天，自然。曲，彎曲環行。日術，像太陽行天、照耀萬物一樣，即各層級立主事之人。日，太陽，此處喻各層級的主事之人，君長。術，方術。❸天曲者二句　上下相依相伺，環行不斷，人人都可控，容易遵循執行。明，明顯，指人人都處於控制範圍內，顯明可控。易，容易。循，遵循、執行。❹日術者二句　立長之道，簡要容易管理。要，簡要，各部分都由一個人負責，主事各司其職，所以簡要容易管理。行，實行，這裏解作「管理」似乎更通達。

【語　譯】龐煖說：「請問成鳩氏是怎麼做到上述內容的？」鶡冠子說：「成鳩氏治國，用的是逐層確立主事之人、上下相依相伺的方法。上下相依相伺，環行不斷，人人都可控，事情容易遵循執行。各環都確立主事之人，事務就簡單容易管理。」

龐子曰：「願聞天曲日術❶。」鶡冠子曰：「其制邑理都❷，使矔習者五家為伍❸，伍為之長❹。十伍為里❺，里置有司❻。四里為扁❼，扁為之長❽。十扁為鄉❾，鄉置師❿。五鄉為縣⓫，縣有嗇夫治焉⓬。十縣為郡⓭，有大夫守焉⓮，命曰官屬⓯。郡大夫退脩其屬縣⓰，嗇夫退脩其鄉⓱，鄉師退脩其扁⓲，扁長退脩其里⓳，里有司退脩其伍⓴，伍長退脩其家㉑。事相斥正㉒，居處相察㉓，出入相司㉔。父與父言義㉕，子與子言孝㉖。長者言善㉗，少者言敬㉘，旦夕相薰薌以此慈孝之務㉙。若有所移徙去就㉚，家與家相受㉛，人與人相付㉜。亡人姦物㉝，無所穿竄㉞。此其人情物理也㉟。

【章　旨】本章講解天曲日術中明辨人情物理的方法，實即編戶齊民之術。

【注　釋】❶願聞天曲日術　請問什麼是天曲日術。❷其制邑理都　治理國家。制、理同義，治理、管理。邑，大夫等的封地，無先王宗廟。都，國都，一國的中心，君主所在地，立有先王宗廟的城市。這裏以都指代國都，以邑指代國都以外的地區。都邑並稱，概指整個國家。❸使矔習者五家為伍　讓鄰里之間每五家組成一個小單元，稱為伍。矔習，即習慣，指生活習慣相同、彼此熟識的鄰里。矔，注視。習，熟悉。伍，基層組織名稱，因為是以五個家庭為單位，所以稱為「伍」。❹伍為之長　一個伍，為之設立伍長。伍長，伍的管理者。❺十伍為里　十個伍為一個單元，稱為里。里，基層組織名稱。❻里置有司　一個里設立一個負責人。置，設立。有司，負責人。司，主管。❼四里為扁　四個里為一個單元，稱為扁。扁，基層組織名稱。❽扁為之長　一個扁設立一個扁長。❾十扁為鄉　十個扁為一個單元，稱為鄉。鄉，基層組織名稱。❿鄉置師　一個鄉設立一個鄉師。師，師長。⓫五鄉為縣　五個鄉組成一個縣。縣，基層組織名稱。⓬縣有嗇夫治焉　縣由嗇夫管理。嗇夫，基層官職名。⓭十縣為郡　十個縣組成一個郡。郡，地方行政區劃名稱。⓮有大夫守焉　郡由大夫管理。大夫，地方行政官職。守，職守；負責。⓯命曰官屬　稱為君主的屬官。官屬，屬官。郡大夫以上，已不再是基層吏員，其職司重要，地位顯赫，直接向君主負責，故而稱為君主的屬官。⑯郡大夫退脩其屬縣　郡大夫治理其所負責的縣。退，降下來，相對向上晉見君主公卿而言。修，治理。屬，領屬。⑰嗇夫退脩其鄉　嗇夫治理其所負責的鄉。⑱鄉師退脩其扁　鄉師治理其所負責的扁。⑲扁長退脩其里　扁長治理其所負責的里。⑳里有司退脩其伍　里的負責人治理其所負責的伍。㉑伍長退脩其家　伍長治理其所負責的五個家庭。㉒事相斥正　行事互相指正。事，事情；行事。相，互相。斥正，指正。斥，指。㉓居處相察　生活中互相監督。居處，生活。察，監察。㉔出入相司　生活中互相監督。出入，進進出出，指代日常生活，與上一句「居處」意思相同。司，同「伺」。伺察、監督。㉕父與父言義　同一個伍當中，一個家庭的父輩與另一個家庭的父輩談論怎樣行事是正確的。言，說。義，同「宜」。恰當；正確。㉖子與子言孝　一個家庭的子輩與另一個家庭的子輩談論所應行的孝道。孝，孝道。㉗長者言善　長者以慈愛後輩相砥勵。善，愛護後輩。㉘少者言敬　少年以尊敬長輩相砥勵。敬，尊敬長者。以上四句，指鄰里之間互相監督、互相激勵，是政府倡導下的以民治民之法。㉙旦夕相薰薌以此慈孝之務　早晚以此慈愛孝敬之事相薰陶。旦夕，早晚，指每天、整日裏。薰薌，薰陶。薰，古時一種香草，古人祓除之時用這種草，引申為薰陶之意。薌，通「香」。㉚若有所移徙去就　如果要搬家遷移。移徙去就，指搬家、遷移。移徙，遷移。去就，離開此地、前往他處。去，離開。就，前往。㉛家與家相受　遷移途中，家與家之間互相關愛。受，叢刊本、備要本均作「受」，據《管子・小匡》，疑當作「愛」，關愛。㉜人與人相付　人與人互相保護。付，叢刊本、備要本均作「付」，據《管子・小匡》，疑當作「保」，保護。㉝亡人姦物　流亡之人和奸邪之徒。亡人，流亡脫籍的人。古時民人都要編入戶籍，承擔賦稅，往往有百姓不堪負擔而逃匿脫離政府的戶口統計。亡，逃亡；流亡。姦物，奸詐不正之人。物，事。㉞無所穿竄　無從逃脫。穿，通過。竄，逃竄。㉟此其人情物理也　這就是成鳩氏明辨人情物理的方法。

【語　譯】龐煖問：「請問什麼是天曲日術？」鶡冠子說：「治理國家的方法，就是以鄰里之間每五家組成一個小單元，稱為伍，一個伍設立一個伍長；十個伍組成一個單元，稱為里，一個里設立一個負責人；四個里為一個單元，稱為扁，一個扁設立一個扁長；十個扁為一個單元，稱為鄉，一個鄉設立一個鄉師；五個鄉組成一個縣，縣由嗇夫管理；十個縣組成一個郡，郡由大夫管理，大夫是君主的屬官。郡大夫治理所負責的縣，嗇夫治理所負責的鄉，鄉師治理所負責的扁，扁長治理所負責的里，里的負責人治理所負責的伍，伍長治理所負責的五個家庭。人們行事互相指正，生活中互相監督。父輩之間，談論勸勉正道；子侄之間，互相交流孝道；長者以慈愛後輩相砥勵，少年以尊敬長輩相砥勵，早晚以此慈愛孝敬之事互相薰陶。如果要搬家遷移，遷移途中，家和家互相關照，人與人互相保護，使流亡之人和奸邪之徒無所遁其形。這就是成鳩氏明辨人情物理的方法。

伍人有勿故不奉上令❶，有餘、不足❷、居處之狀❸，而不輒以告里有司❹，謂之亂家❺，其罪伍長以同❻。里中有不敬長慈少❼、出等異眾❽、不聽父兄之教❾，有所受聞❿，不悉以告扁長⓫，謂之亂里⓬，其罪有司而貳其家⓭。扁不以時循行教誨⓮，受聞不悉以告鄉師⓯，謂之亂扁⓰，其罪扁長而貳其家⓱。鄉不以時循行教誨⓲，受聞不悉以告縣嗇夫⑲，謂之亂鄉⑳，其罪鄉師而貳其家㉑。縣嗇夫不以時循行教誨㉒，受聞不悉以告郡㉓，善者不顯㉔，命曰蔽明㉕；見惡而隱㉖，命曰下比㉗；謂之亂縣㉘，其誅嗇夫無赦㉙。郡大夫不以循行教誨㉚，受聞雖實㉛，有所遺脫㉜，不悉以教柱國㉝，謂之亂郡㉞，其誅郡大夫無赦㉟。柱國不政㊱，使下情不上聞㊲，上情不下究㊳，謂之絿政㊴，其誅柱國㊵，滅門殘疾㊶。令尹不宜時合地㊷，害百姓者㊸，謂之亂天下㊹，其軫令尹以狥㊺。此其所以嗇物也㊻。

【章旨】本章講解天曲日術中克嗇萬物的方法，實即督責之術。

【注釋】❶伍人有勿故不奉上令　伍裏面各家的人有無故不聽從上級指令的。伍人，如上文，一個伍有五家，這五家裏面的人。勿故，無故。勿，同「無」。奉，接受。上令，上級的指令。令，號令；法令。❷有餘不足　指伍人物質生活的貧富狀況。有餘，家資富足。不足，家境貧寒。❸居處之狀　指鄰里相處、為人處世等社會關係狀況。居處，居住。此句可參看《國語・齊語》：「有居處好學，慈孝於父母，聰慧質仁，發聞於鄉里者」。❹而不輒以告里有司　而伍長不能及時將相關「家」的情況匯報給里有司。輒，立即，指伍長不能及時掌握伍裏的情況。告，報告。❺謂之亂家　如上文，無故不聽從上級指令，故意向政府隱瞞家庭內部情況的家庭，稱為亂家。亂，混亂，這裏具體就是指不聽從上級指令、隱瞞家庭丁口錢糧等情況。❻其罪伍長以

同　伍長連坐。其，表示強制命令的語氣助詞。罪，處罰。同，有連帶責任，即連坐。❼里中有不敬長慈少　里中有下不敬上、上不愛下的。敬上，指下對上。敬，禮敬。慈少，指上對下。慈，慈愛。❽出等異眾　搞特殊化，不本分。出等，跟同輩有隔閡，不一樣。出，越出。等，列。異眾，跟周圍人不一致。異，差別。眾，眾人。❾不聽父兄之教　不遵從父兄的教誨。聽，聽從。教，教誨。❿有所受聞　里有司掌握這些情況。受，接受，直接接受當事人訴辭。聞，聽聞，側面瞭解知曉。⓫不悉以告扁長　不能全面地向扁長匯報。悉，全部。⓬謂之亂里　這樣的里就是治理有失。亂，管理混亂、不到位。⓭其罪有司而貳其家　處罰里有司，罰沒其一部分家產。罪有司，處罰里有司。貳其家，將一部分家產充公。貳，同「二」。此處作動詞用，一分為二。⓮扁不以時循行教誨　扁長不遵上令按時對扁裏的百姓施行教化。以時，按時。循，遵循上級的指令。行，實行。教誨，教化百姓。⓯受聞不悉以告鄉師　不能將扁裏的情況全面地向鄉師匯報。⓰謂之亂扁　這樣的扁就是治理有失。⓱其罪扁長而貳其家　處罰扁長，罰沒其一部分家產。⓲鄉不以時循行教誨　鄉師不遵上令按時對鄉裏的百姓施行教化。⓳受聞不悉以告縣嗇夫　不能將鄉裏的情況全面地向縣嗇夫匯報。⓴謂之亂鄉　這樣的鄉就是治理有失。㉑其罪鄉師而貳其家　處罰鄉師，罰沒其一部分家產。㉒縣嗇夫不以時循行教誨　縣嗇夫不遵上令按時對縣裏的百姓施行教化。㉓受聞不悉以告郡　不能將縣裏的情況全面地向郡裏匯報。㉔善者不顯　不舉薦賢德之人。善者，有才德的人。顯，舉薦，使之顯露。㉕命曰蔽明　這叫作堵塞選賢之路。命，稱為。蔽，遮蔽。明，顯明，這裏指使人才彰顯。㉖見惡而隱　發現壞人壞事卻隱瞞不報。惡，壞人壞事。隱，隱瞞。㉗命曰下比　這叫作勾結庇護。下比，庇護。下，向下，官員隱瞞庇護轄區內的人事，屬於以上護下，所以是向下。比，朋比；勾結。㉘謂之亂縣　這樣的縣就是治理有失。㉙其誅嗇夫無赦　縣嗇夫必須處死，不得寬免。誅，殺。無赦，不能寬免。赦，寬免。㉚郡大夫不以循行教誨　當作「郡大夫不以時循行教誨」，原文在「以」後疑脫漏「時」字。郡大夫不遵上令按時對郡裏的百姓施行教化。㉛受聞雖實　對郡裏情況雖然瞭解得比較具體。實，具體；扎實。㉜有所遺脫　有所遺漏。遺，遺漏。脫，脫漏。㉝不悉以教柱國　不能全面地向柱國匯報。教，當依上文例疑當作「告」。柱國，戰國楚、趙職官名，軍隊高級武官，國之重臣。㉞謂之亂郡　這樣的郡就是治理有失。㉟其誅郡大夫無赦　郡大夫必須處死，不得寬免。㊱柱國不政　柱國為政不當。不，不妥當。政，治國施政。㊲使下情不上聞　不能全面瞭解地方官員的治政和地方民情。下情，下面各級的情況。上聞，被天子和朝廷所瞭解。聞，知曉。㊳上情不下究　天子和朝廷的政令不能夠貫徹到各級地方。上情，天子和朝廷的政策法令。究，到底。㊴謂之綠政　這是妨礙政事。綠，當作「絯」，借為「礙」。妨礙；阻塞。政，治政。㊵其誅柱國　必須處死柱國。㊶滅門殘疾　據上文〈近迭第七〉「滅門殘疾族」，本句當作「滅門殘族」，指其家族之人都要連帶被處死。滅門，殺其全家。滅，滅絕。殘族，屠殺全族。殘，殘破，毀傷。族，宗族。㊷令尹不宜時合地　令尹不能因順天時、地利。令尹，楚國最高級別職官名，位在柱國上，略相當於後世的宰相。宜時，順應天時。宜，適宜。時，指天文曆法、陰陽五行、四時節令物候等。合地，相土宜。合，合宜。地，土宜，包括各地地理、土壤、物候、物種等各方面與農作、賦稅、軍戰、交通、水利有關的資訊，詳見正史地理、地形志及《管子・地員》等。㊸害百姓者　危害百姓。㊹謂之亂天下　這是治理天下有失。㊺其軫令尹以狗　當眾車裂令尹。軫，當作「斬」，楚國舊刑，車裂。狗，為「徇」的俗字，示眾。㊻此其所以畜物也　這就是成鳩氏愛養萬物之道。

【語　譯】伍裏各家之人無故不聽從上級指令，隱瞞自家貧富和社會交往狀況，稱為亂家，定罪處罰時伍長要連坐。里中有下不敬上、上不愛下，不守本分，不遵從父兄教誨的情況，里有司知曉這些情況，卻不能全面地向扁長報告，這是治里有失，應處罰里有司，罰沒其一部分家產。扁長不遵上令按時對扁裏的百姓施行教化，不能將扁裏的情況全面地向鄉師報告，這是治扁有失，應處罰扁長，罰沒其一部分家產。鄉師不遵上令按時對鄉裏的百姓施行教化，不能把鄉裏的情況全面地向縣嗇夫報告，這是治鄉有失，應處罰鄉師，罰沒其一部分家產。縣嗇夫不遵上令按時對縣裏的百姓施行教化，不能將縣裏的情況全面地向郡一級政府報告；不能舉薦賢德之人，這是堵塞選賢之路；瞞報壞人壞事，這是勾結庇護。這是治縣有失，縣嗇夫必須處死，不得寬免。郡大夫不遵上令按時對郡裏的百姓施行教化，雖然掌握郡裏許多具體情況，卻仍然有所遺漏，不能全面地報知柱國，這是治郡有失，郡大夫必須處死，不得寬免。柱國為政不當，不能系統掌握地方官員的政績和各地民情，天子和朝廷的政令不能夠貫徹到地方，這是妨礙政事，必須處死柱國，其家族之人都要連帶被處死。令尹不能因順天時、地利，危害百姓，這是治理天下有失，應當當眾車裂令尹。以上就是成鳩氏愛養萬物之道。

天用四時❶，地用五行❷，天子執一以居中央❸。調以五音❹，正以六律❺，紀以度數❻，宰以刑德❼。從本至末❽，第以甲乙❾。天始於元❿，地始於朔⓫，四時始於歷⓬。故家、里用提⓭，扁長用旬⓮，鄉師用節⓯，縣嗇夫用月⓰，郡大夫用氣、分所至⓱，柱國用六律⓲。里五日報扁⓳，扁十日報鄉⓴，鄉十五日報縣㉑，縣三十日報郡㉒，郡四十五日報柱國㉓，柱國六十日以聞天子㉔。天子七十二日遣使㉕，勉有功㉖，罰不如㉗，此所以與天地總㉘。下情六十日一上聞㉙，上惠七十二日一下究㉚，此天曲日術也㉛。故不肖者不失其賤㉜，而賢者不失其明㉝，上享其福祿㉞，而百事理㉟。行畔者不利㊱，故莫能撓其強㊲。是以能治滿而不溢㊳，綰大而不芒㊴。

【章　旨】本章說明天曲日術以陰陽數術為本。

【注　釋】❶天用四時　天有四時之數。用，運行。四時，四季。❷地用五行　地有五行之數。五行，金、木、水、火、土五行之數。以上兩句，是陰陽家的天文、地理數術之說。❸天子執一以居中央　天子持道統攝天地。執，秉持。一，自然之道。居中央，居天地之間，統攝協調。❹調以五音　調和五音之數。調，調和。五音，宮、商、角、徵、羽。❺正以六律　修正律呂之數。正，修正；端正。六律，黃鍾、太簇、姑洗、蕤賓、夷則、無射。❻紀以度數　整齊律曆之數。紀，綱紀；使整齊有序。度數，律曆五行數術。❼宰以刑德　推演陰陽之數。宰，研治。刑德，陰陽消長之數。❽從本至末　從開始到結尾。本，初始。末，結束。❾第以甲乙　依干支之序排列。第，排列。甲乙，即甲、乙、丙、丁、戊、己、庚、辛、壬、癸的約稱，此代指天干地支之數。以上六句，音律、度數、刑德，皆陰陽數術之說。❿天始於元　天為陽。始，本始。元，乾元。乾為陽，故而說天為陽。⓫地始於朔　地為陰。朔，北方。北為陰，故而說地為陰。以上兩句，承〈度萬第八〉之說。⓬四時始於歷　四時政事的推行遵循曆法。四時，指四時之政。始，本源。歷，曆法。需要說明的是，古時曆法，並非今日所理解推算安排年月日這麼簡單。今日所言曆法，實為古時曆譜，不過曆法中一小部分。古時曆法，為推演天地陰陽吉凶變化的數術之學。⓭故家里用提　里有司以五天為一個行政周期。家里，概括家、伍、里，即里。用提，以五天為一個行政周期。用，使用。提，五天，古曆法中很小的一個時間斷限。

「提」和「五」，二字音近而通。⑭扁長用旬　扁長以十天為一個行政周期。旬，十天，一旬。⑮鄉師用節　鄉師以十五天為一個行政周期。節，十五天。傳統曆法中的二十四節氣，一個節氣是十五天。⑯縣嗇夫用月　縣嗇夫以三十天為一個行政周期。月，一個月是三十天。⑰郡大夫用氣分所至　郡大夫以四十五天為一個行政周期。氣分，指八風八氣，為古時曆法節令之數，詳見《淮南子・天文》。至，到。⑱柱國用六律　柱國以六十天為一個行政周期。六律，音律，係陰陽數術之說，音律分陰陽，六律為陽，六呂為陰，二者配合指十二月，即一年。此處所說的律，統合陽律陰呂而言，六律十二月，一個律即為兩月六十天。⑲里五日報扁　里有司每五天（一個行政周期）向扁長報告一次。五日，每五天。報，報告。⑳扁十日報鄉　扁長每十天向鄉師報告一次。㉑鄉十五日報縣　鄉師每十五天向縣嗇夫報告一次。㉒縣三十日報郡　縣嗇夫每三十天向郡大夫報告一次。㉓郡四十五日報柱國　郡大夫每四十五天向柱國報告一次。㉔柱國六十日以聞天子　柱國每六十天向天子報告一次。以聞，使知道，即報告。㉕天子七十二日遣使　天子每七十二天派遣使者。遣，派遣。使，使者，擔負專門使職的官員。按：遣，備要本作「遺」，誤。㉖勉有功　獎勵有治績的臣子。勉，獎勵。有功，治理地方有成績的官吏。㉗罰不如　處罰治績不合格的臣子。罰，處罰。不如，不及格，指地方官員考課不合格。㉘此所以與天地總　這就是因順天地之道的方法。㉙下情六十日一上聞　下面的情況每六十天上達天聽。聞，聽。㉚上惠七十二日一下究　天子的政令每七十二天下接臣民。惠，賞罰，即政令。只說「惠」，為省略用法。究，達；貫徹。㉛此天曲日術也　這就是天曲日術。以上三句，表達的是環環相因，彼此相司，循回不絕的意思。以上自⑬至㉛，說的是古時依曆數施政的方法。古曆法，五天為一個很小的時間單元；十天為曆法中的一旬；十五天為曆法中的一個節氣；三十天為曆法的一個月；四十五天為古曆法八風八氣轉換的時間節點，也是二十四節氣中二分、二至、四立這八個最主要節氣的時間間隔；六十天是陰陽變換的時間節點，也是陰陽合曆中太陽曆的一季；七十二天則是五行交替的時間節點。古人法象天地，設置人事，故政事都要遵循曆法數術，即上文所說「四時始於歷」。㉜故不肖者不失其賤　庸人處於低賤之位。失，失去。賤，低賤。㉝而賢者不失

其明　賢人處於高位。明，聰慧賢能，這裏指不埋沒其才能，也就是位於高位。㉞上享其福祿　天子安逸不勞煩。享其福祿，形容安逸、不躬親治理事務。與當時很多書中所說的「垂拱而治」意思相同。㉟而百事理　諸事都有條不紊。百事，眾多事務。理，處理好，有序不亂。㊱行畔者不利　叛亂之人無隙可乘。行畔者，指心懷不軌，圖謀製造亂局的人。畔，同「叛」。違背，叛逆。不利，形勢對叛亂者自身不利，指其無隙可乘。㊲故莫能撓其強　因此沒有人能破壞成鳩氏這種安定健全的局面。撓，擾亂；攪亂。強，強盛；強大。這裏指政局十分穩定健全。㊳是以能治滿而不溢　因而能夠治政圓滿而不生敗亂。治，治理。滿，完滿；盡善盡美。溢，水滿流出，形容治政出現問題。古人推崇樸素辯證法，相信水滿則溢，福滿則損，為政為人都強調持盈保泰。㊴綰大而不芒　統理全局，卻不會遺漏基層和各類事情的細節，意思是大小事務盡在掌控。綰，統理；管理。芒，植物的尖梢，毫芒，這裏形容事局的細小單元。

【語　譯】天有四時之數，地有五行之數，天子持道統攝天地。調和整齊律曆之數，推演陰陽之變，始終遵循干支之序。天為陽，地為陰，四時政事的推行都要遵循曆法。因此，里有司以五天為一個行政周期，扁長以十天為一個行政周期，鄉師以十五天為一個行政周期，縣嗇夫以三十天為一個行政周期，郡大夫以四十五天為一個行政周期，柱國以六十天為一個行政周期。里有司每五天向扁長報告一次，扁長每十天向鄉師報告一次，鄉師每十五天向縣嗇夫報告一次，縣嗇夫每三十天向郡大夫報告一次，郡大夫每四十五天向柱國報告一次，柱國每六十天向天子報告一次。天子每七十二天派遣使者獎勵有治績的臣子，處罰治績不合格的臣子。這就是因順天地之道的方法。下面的情況每六十天上達天聽，天子的政令每七十二天下達於臣民，這就是天曲日術。因此，庸人處於低賤之位，賢人處於高位，天子安逸不勞煩，諸事卻都有條不紊。叛亂之人無隙可乘，因此沒有人能破壞成鳩氏這種安定健全的局面。因而能夠治政圓滿而不生敗亂，大小事務盡在掌控。

天子中正❶。使者敢易言尊益區域❷，使利逜下蔽上❸，其刑斬笞無赦❹。諸吏教苦德薄❺，侵暴百姓❻，輒罷毋使❼。汙官亂治❽，不奉令犯法❾，其罪加民❿。利而不取利⓫，運而不取次⓬。故四方從之，唯恐後至⓭。是以運天而維張⓮，地廣而德章⓯，天下安樂⓰，設年予昌⓱。

【章　旨】本章闡述君主考察官員治績的原則，強調施政以利民為本。

【注　釋】❶天子中正　天子審核使者報告。中正，當作「申正」，核實。申，通「審」。審核。正，使端正。❷使者敢易言尊益區域　使者敢篡改所應獎掖地區名稱的。易，改變。言，匯報。尊益，即上文所說的「勉有功」。尊，推尊。益，獎益。區域，指朝廷轄下的各地方。❸使利逜下蔽上　使者以欺上瞞下為利。利，受益。逜下蔽上，即欺上瞞下。逜，遮蔽。蔽，遮掩。❹其刑斬笞無赦　處以笞刑，不得寬免。刑，處以刑罰。斬笞，係兩種差別較大的刑罰，不應當並行，「斬」疑為衍文，此處當作「笞」，當時用鞭板抽打人脊背的刑罰。❺諸吏教苦德薄　如果眾官吏的管理使民眾痛苦。諸吏，泛指眾官吏。教苦德薄，百姓以官吏的治政為苦，官吏不足以撫育民眾。教苦，指教令刻薄，百姓感受痛苦。德薄，指官吏的德行淺薄，沒有擔任官職、撫育民眾的資格。薄，淺薄。❻侵暴百姓　欺淩百姓。侵，侵犯。暴，暴虐。❼輒罷毋使　立即罷免，不再任用。輒，立即。罷，罷免。毋，不。使，任用。❽汙官亂治　玷污官府形象，擾亂政令。汙官，玷污官府。汙，即「污」，玷污。官，官府。亂治，擾亂正常的治政程序。❾不奉令犯法　不遵奉上級命令，違背法度。奉，遵奉。令，指上級的命令。犯法，違反法度。❿其罪加民　其罪責倍重於平民。罪，罪責。加，加重。⓫利而不取利　官府利民而不敢以權謀利、與民爭利。利，利民。取利，取利於民。⓬運而不取次　轉運物資而不徵利於物資，意思是官府只緝查、管理關市秩序，卻不從中徵稅謀利，即《孟子・梁惠王下》所說的「關市譏而不徵」。運，轉運物資。次，即「資」，資財。⓭故四方從之二句　四方百姓爭先恐後來歸附。從，追隨。後至，後到。⓮是以運天而維張　因此天道廣大，四時運行有序。運天，有誤字，據注文及上下文例，疑當作「天大」，天道廣大。維張，四維張設。維，四維。張，張設，指運行得序。⓯地廣而德章　地德廣大，育載萬物。廣，廣大。德，地德。章，章明。⓰天下安樂　百姓安居樂業。⓱設年予昌　上天賜下好的年成和生活。設，同「捨」。施捨，給予。予昌，賜予好生活。昌，昌盛。

【語譯】天子審核派出官員的報告。如果使者敢於篡改所應獎掖地區名稱，欺上瞞下，從中漁利，就處以笞刑，不得寬免。如果眾官吏施政使民眾痛苦，有欺凌百姓的行為，就立即罷免，不再任用。官吏如果玷污官府形象，擾亂秩序，不遵奉上級的命令，違背法度，其罪責倍重於平民。官府利民而不與民爭利，管理關市卻不徵稅謀利，因此四方的百姓爭先恐後來歸附。因而天道廣大，四時運行有序；地德廣大，萬物生成；百姓安居樂業，上天賜下好的年成和生活。

屬各以一時典最上賢❶。不如令尹❷，令尹以聞❸。壹、再削職❹，三則不赦❺。治不踰官❻，使史李不誤❼，公市為平❽。生者不喜，死者不怨❾。人得所欲❿，國無變故⓫。著賞有功⓬，德及三世⓭。父伏其辜⓮，不得創謚⓯。

【章　旨】本章介紹地方官員考課要求。

【注　釋】❶屬各以一時典最上賢　郡大夫定期上報考績優異的地方官吏和舉薦的地方賢才。屬，疑即上文「十縣為郡，有大夫守焉，命曰官屬」的「屬」，當指各郡郡大夫而言，具體可參考秦漢上計制度。意思就是各郡要每年定時對所轄縣治績進行考課。一時，固定的時間。典最，考課治績優等的官吏名單。典，典禮；儀節。這裏具體是指地方官吏考課儀式。最，第一名。上賢，舉薦賢才。❷不如令尹　「令尹」二字疑為衍文。不如，不如此，即不按這個規定辦的。❸令尹以聞　令尹上報君主。以聞，報知君主。❹壹再削職　前兩次失職，都按削減官職來處理。壹，第一次。再，第二次。削，削減。職，官職。❺三則不赦　第三次再犯，就處以死刑。三，第三次。不赦，處死。❻治不踰官　官員分工明確，各守其職。治，治理。踰官，越出職分做事。踰，同「逾」。逾越。官，職司。❼使史李不誤　司法官員秉公執法。史李，司法官吏。史，通「吏」。文法吏。李，同「理」。理官，指司法官吏。誤，出現偏差。❽公市為平　市場管理公允。公市，市朝，古代商品交易市場。平，平允；公正。❾生者不喜二句　指持法公正。生者不喜，本就無罪，依法釋放，則其人不會覺得慶幸欣喜，感激執法官吏。生，活著。死者不怨，本就罪大惡極，自知必死，依法處死，其人不會怨恨執法官吏。這種理念在現實中的體現，可以參見《三國志》關於諸葛亮治蜀的記載。❿人得所欲　人人都覺得理所當然。欲，欲望；想要的。承上文，生者不喜，死者不怨，彰善除惡，人人都覺得如其所願，理當如此，所以叫「人得所欲」。⓫國無變故　國家安定沒有變故。變故，變亂。⓬著賞有功　明賞有功之人。著，顯明。賞，恩賞。有功，有功之人。⓭德及三世　恩賞蔭及其後人。德，恩賞。及，延及。三世，疑為約數，指後人。可參看《左傳・襄公二十一年》：「社稷之故也，猶將十世宥之，以勸能者」。⓮父伏其辜　父輩因罪被殺。伏其辜，即伏罪，被處死。辜，罪行。⓯不得創謚　子孫不得為其制定謚號。創謚，據注文，疑當作「制謚」，制定謚號。謚，謚號。

【語　譯】郡大夫要定期上報考績優異的官吏和舉薦地方賢才，有玩忽懈怠的，令尹要上報君主。前兩次失職，削減官職；第三次再犯，就處以死刑。官員要分工明確，各司其職，司法官員要秉公執法，管理市場要公允得當，使無罪開釋者不慶幸，依罪論死者無怨言。人人都覺得理所當然，國家就安定沒有變故。要公開獎賞有功之人，恩賞蔭及其後人。如果父輩因罪被殺，子孫不得為其制定謚號。

事從一二❶，終古不勃❷。彼計為善於鄉，不如為善於里。為善於里，不如為善於家❸。是以為善者可得舉❹，為惡者可得誅❺。莫敢道一日之善❻，皆以終身為期❼。素無失次❽，故化立而世無邪❾。化立俗成❿，少則同儕⓫，長則同友⓬，遊敖同品⓭，祭祀同福⓮，死生同愛⓯，禍災同憂⓰，居處同樂⓱，行作同和⓲，弔賀同雜⓳，哭泣同哀⓴。驩欣足以相助㉑，僅諜足以相止㉒。安平相馴㉓，軍旅相保㉔。夜戰則足以相信㉕，晝戰則足以相配㉖。入以禁暴，出正無道㉗，是以其兵能橫行誅伐㉘，而莫之敢禦㉙。故其刑設而不用㉚，不爭而權重㉛。車甲不陳，而天下無敵矣㉜。

【章旨】本章重申上文，強調編戶齊民是強國之要。

【注釋】❶事從一二　事情從最基礎、最簡單的地方做起。從，開始。一二，形容最基本、最簡單。❷終古不勃　永遠都不會出差錯。終古，永遠。不勃，不出錯。❸彼計為善於鄉四句　家庭修好才能鄉、里和睦，鄉有美俗則郡縣可得而治，意思就是治民要從最基礎抓起，家庭和睦是治國的根本。❹是以為善者可得舉　才德優秀的人能夠被選拔出來。舉，推舉；舉薦。❺為惡者可得誅　德行敗壞的人能夠被誅罰。誅，誅殺懲罰。❻莫敢道一旦之善　沒有人把為善作為臨時應付的事情。一旦，一朝；臨時。❼皆以終身為期　都將行善作為終身之事。終身，一輩子；長久。期，期限。以上兩句，意思是人人向善不苟且。❽素無失次　平常人人向善，都不掉隊。素，平常；一直。失次，掉隊。次，行列。❾故化立而世無邪　因而教化樹立，風俗淳正。化，教化。立，樹立；確立。世，世人。無邪，純正。❿化立俗成　教化樹立，美好的民俗形成。俗，民風民俗。成，確立。⓫少則同儕　小時候是同輩伙伴。儕，同輩；伙伴。⓬長則同友　長大了是朋友。友，朋友。以上兩句，意思是鄉鄰從小到大，都親近友善無仇怨。⓭遊敖同品　在一起遊玩。遊，同「游」。敖，遊玩。同品，疑當作「同區」，同一個地方。這裏既以家、里為本，同里之人居住相鄰，自然從小到大在本地一起交遊，所以說同一區域。品，疑為「區」字之誤，區域，地方。⑭祭祀同福　同行祭祀之禮。福，福運。指同宗共祭。⑮死生同愛　一生中愛好相同。死生，從生到死，一生。愛，愛好。⑯禍災同憂　有災禍同擔憂患。憂，憂慮。⑰居處同樂　平日一起歡樂。居處，即起居。樂，歡樂。⑱行作同和　做事互相支持。行作，做事情。和，唱和；呼應。⑲吊賀同雜　會辦紅白之事。吊，祭奠；慰問。賀，慶祝。雜，集會。⑳哭泣同哀　共同哀傷哭泣。哀，哀傷。㉑驩欣足以相助　彼此關愛，足可相助為善。驩欣，歡愛；關愛。驩，同「歡」。愛。欣，喜愛。助，互助。㉒俚諜足以相止　互相監視足以制止彼此為惡。俚諜，監視。俚，「偵」的異體字，偵測。諜，探察。止，制止；勸止。㉓安平相馴　和平時期互相效仿勸勉。安平，平安，和平。馴，通「訓」。教訓；學習。㉔軍旅相保　戰爭時期互相保護。軍旅，軍隊，引申指戰爭。保，保護。㉕夜戰則足以相信　夜間作戰看不清對方，聲音熟識，就可以互相取信。夜戰，夜間作戰。㉖晝戰則足以相配　白天作戰，因為互相熟悉，足以相互配合。晝戰，白天作戰。配，配合。㉗入以禁暴二句　對內、對外平定暴亂。入，指國內。禁，禁止。暴、無道，二詞義近，都指不合道義的殘暴之事。出，指國外。正，匡正；糾正。㉘是以其兵能橫行誅伐　因此這樣的軍隊在作戰中沒有敵手。橫行，所向無敵。誅伐，討伐；作戰。㉙而莫之敢禦　沒有誰敢於阻擋。莫，沒有。禦，同「御」。阻擋；抵擋。㉚故其刑設而不用　刑法法令具在，卻用不到人身上。意思是人人向善，互相督勸，軍中沒有違紀之事，所以雖然有刑罰卻不會施於人身。設，陳設。用，使用。㉛不爭而權重　不需要舉兵爭戰，就能得到隆盛的權勢地位。爭，爭鬥，此指興兵作戰。權，權勢。重，隆盛。㉜車甲不陳二句　指不興兵討伐，天下就都順從。車甲，戰車和甲冑，指軍隊。陳，軍隊列出戰陣，指出兵征戰。

【語　譯】事情從最基本的地方做起，就永遠都不會出差錯。治民從最底層抓起，才德優秀的人才能夠被選拔出來，德行敗壞的人才能夠被誅罰。沒有人把為善作為臨時應付的事情，都將行善作為終身之事。平時人人向善，都不掉隊，因而教化得以樹立，民風淳正。教化樹立、美好的民俗形成，則鄉鄰從小到大都親密無間，並居同祭，福禍與共，互相唱和，彼此扶持，同擔哀樂。彼此關愛，足可相助為善；互相監視，足以制止對方行惡。和平時期互相效仿勸勉，戰爭時期互相保護。作戰時，無論晝夜，都因熟識而能互相信任配合。對內、對外足以平定暴亂，因此這樣的軍隊在作戰中沒有敵手，沒有誰敢於阻擋。軍令刑罰具在，卻用不到人身上，不用交兵就位高望重。不興兵討伐，天下就都順從。

失道則賤敢逆貴❶，不義則小敢侵大❷。成鳩既見上世之嗣失道亡功倍本滅德之則❸，故為之不朽之國定位牢祭❹，使鬼神亶曰❺，增規不圓，益矩不方❻。夫以効末傳之子孫❼，唯此可持，唯此可將❽。將者養吉❾，釋者不祥❿。墠以全犧⓫，正以齋明⓬，四時享之⓭。祀以家王，以為神享⓮。禮靈之符⓯，藏之宗廟⓰，以璽正諸⓱。故其後世之保教也全⓲，耳目不營⓳，用心不分⓴，不見異物而遷㉑。捐私去毒㉒，鉤於內哲㉓，固於所守㉔。更始逾新㉕，上元為紀㉖。共承嘉惠㉗，相高不改㉘。亶昭穆㉙，具招士㉚。先結之㉛，後入弗解㉜。此知極之至也㉝。」

【章　旨】本章介紹以宗廟制度確保君位永固的方法。

【注　釋】❶失道則賤敢逆貴　為治偏離正道，則地位低下的人敢於違逆尊長。失道，施政偏離正軌。逆，違逆；冒犯。❷不義則小敢侵大　行事不合宜，則小人敢於侵凌尊長。不義，行事不合法度。義，宜；合宜。侵，侵犯；欺淩。❸成鳩既見上世之嗣失道亡功倍本滅德之則　成鳩氏已經看到前代的繼世之君迷失正道、功業無成、背離根本、德行失修的情形。既，已經。上世，成鳩氏之前的王朝。嗣，繼承人，指繼位之君。失，迷失。亡，丟掉。功，功業。倍，通「背」。背離。本，天曲日術。滅，滅絕；消失。德，德行。則，範式。❹故為之不朽之國定位牢祭　因此定神祇之位，饗祭牛羊豕肉，為自己祈福。意思是確立祭祀祈福制度。不朽之國，指成鳩氏一族。上文說成鳩氏享國「萬八千歲」，所以稱為不朽之國。❺使鬼神亶曰　使鬼神誠心喜悅。亶，誠。曰，同「兌」。兌，同「悅」。喜悅。❻增規不圓二句　方圓不可以調整，喻成鳩氏之制不可以改動。增規不圓，本來已圓，再增修反而會不圓。增，增飾。規，圓規，古代畫圓的工具。益矩不方，本來已經很方正，再修飾就會偏斜。益，增加。矩，古代畫直角和方形的工具。❼夫以効末傳之子孫　要求後世子孫以成鳩之制為師法。効，同「效」。效驗。末傳，後世。❽唯此可持二句　只有遵循成鳩之制來治國。持、將同義，遵守；持守。❾將者養吉　遵循成鳩之制長享吉祥。養吉，長久吉祥安泰。養，長久。吉，吉祥。❿釋者不祥　捨棄成鳩之制的會遭遇禍患。釋，捨棄。不祥，不吉利。⓫墠以全犧　用全副純色牛羊豕進行祭祀。墠，借為「禪」，祭天。全犧，即牲犧，全副純色的牛羊豕，為至高規格的祭祀。⓬正以齋明　以天色初亮為祭天正時。正，正時。齋明，當作「齊明」，天色剛亮，平明時分。⓭四時享之　四季按時祭祀不失時。四時，四季，意思是按時祭祀。享，祭祀。⓮祀以家王二句　以家王之禮祭禮神靈。家王，祭禮規格，此處難以明確，或指祭祀成鳩祖先，為太牢之禮，即牛羊豕三牲齊備；或指祭祀先君，則少牢之禮，即羊豕各一。以為神享，使先祖的神靈享祭。⓯禮靈之符　禮祭先祖神靈的信物。禮靈，禮祭神靈。符，信物。此為道家言，是巫卜術士一種祭祀神靈的法物。⑯藏之宗廟　將祭祀祝禱之辭和禮靈之符一起收藏在宗廟之中。此舉類似周公旦為周武王禱告並將禱告冊書藏在金匱中一事，參見《尚書・金縢》。⑰以璽正諸　並加蓋璽印以證定其事。璽，璽印。此處有疑問，可能是巫卜術士做法事所用的符璽，也可能是天子玉璽，後者可能性較大。諸，同「之」。⑱故其後世之保教也全　因而可以保持使後世子孫全都能受教。保，保持。教，受教；學習。全，周全。⑲耳目不營　所聞所見不受熒惑，意思是所學的東西明確專一，不受雜學影響。耳目，指學習。營，同「熒」。熒惑。⑳用心不分　用心專一。不接觸異端雜學，心思自然專注。分，分散。㉑不見異物而遷　不受異說影響。異物，非正道之學。遷，轉移。㉒捐私去毒　摒棄自私狠毒之心。捐，捐棄。私，自私之心。去，棄去。毒，狠毒之心。㉓鉤於內哲　探取開發自己的智慧，即發揮聰明才智。鉤，探取。內哲，自己內在的智慧。哲，智慧。㉔固於所守　信奉成鳩之制不動搖。固，牢固。守，保守。㉕更始逾新　國祚綿長，歷久彌新。更始，重新開始。逾新，更加新。逾，同「愈」。㉖上元為紀　繼承先君之制。上元，本初；本始。這裏借指成鳩之制。上，初。元，初始。紀，借為「繼」，繼承。㉗共承嘉惠　恭敬地承繼祖先的恩澤。共，同「恭」。恭敬。承，接受；承繼。嘉惠，恩惠；恩澤。嘉，美好。按：「共」，備要本作「其」，當為形近之誤。㉘相高不改　尊崇不更改。相高，崇敬；尊奉。高，崇敬。改，更改。㉙亶昭穆　在廟中設立先主昭穆牌位。亶，疑當作「建」，設立。昭穆，古代宗廟裏祭祀神主的排位制度，始祖牌位居中，子孫分別排列在始祖牌位兩側。父（始祖之子）居左，為昭；子（始祖之孫）居右，為穆。依此類推。㉚具招士　設立負責召來先主神靈的巫卜之士。具，設立。招，同「召」。召來。士，人。㉛先結之　先確立尊神奉祖的制度。先，預先；先行。結，成；確立。㉜後入弗解　後人不能變更。後入，後入宗廟者，即後世子孫。弗解，不能更改。解，分解；解除。以上四句，意思是建立宗廟制度，排列昭穆次序，隆崇先祖地位，使後世子孫感受到家族歷史的悠久和尊榮，知道家法淵源所自，從而確立祖宗之法的至高地位，使後世嚴守尊祖敬先之道，守祖宗家法而不能變。即，祖宗之法不可變。㉝此知極之至也　這是後世繼位之君瞭解治國之要的最好辦法。知極，知曉根本。知，知道；瞭解。極，極至；終極。至，極至；最。

【語　譯】為治偏離正道，地位低下的人就敢違逆尊長；行事不合宜，小人就敢侵淩尊長。成鳩氏看到前世王朝在君位繼承過程中迷失正道、功業無成、背離根本、德行失修的情形，因此推定神祇之位，以牛羊豕肉饗祭，為自己祈福，其誠上感鬼神，其治國之制不可以改動。這就要求後世子孫必須師法成鳩之制，必須遵循成鳩之制來治國。遵循成鳩之制則長享吉祥，捨棄成鳩之制就會遭遇禍患。成鳩氏用全副純色的牛羊豕進行祭祀，以天色初亮為祭天正時，一年四季都按時祭祀不失時。他們以家王之禮祭禮神靈，把禮祭先祖神靈的信物和祭祀祝禱之辭一起收藏在宗廟之中，並加蓋璽印以證定其事。因而可以保持使後世子孫全都能受先君之教，所學的東西明確，用心就專一，不受異說影響。後世子孫秉承先君之教，摒棄自私狠毒之心，發揮聰明才智，信奉成鳩之制不動搖，其國祚綿長，歷久彌新。他們繼承先君之制，恭敬地承繼祖輩的恩澤，對先君之制尊崇不更改。成鳩氏在宗廟中設立先主昭穆牌位，任命負責召來先主神靈的巫卜之士。先君已經確定了尊神奉祖的制度，後世繼位之君就不能變更，這是使後世歷任君主掌握治國之要的最好辦法。」

龐子曰：「願聞所以不改更始逾新之道❶。」鶡冠子曰：「成鳩所謂得王鈇之傳者也❷。」龐子曰：「何謂王鈇❸？」鶡冠子曰：「王鈇者，非一世之器也❹。以死遂生❺，從中制外之教也❻。後世成至孫一靈羽❼，理符日循❽，功弗敢敗❾。奉業究制❿，執正守內⓫，拙弗敢廢⓬。樓剒與旱⓭，以新續故⓮。四時執効⓯，應錮不駿⓰，后得入廟⓱。

【章　旨】本章講王者之制只有沿用不改，國祚才能綿延不絕。

【注　釋】❶願聞所以不改更始逾新之道　怎樣才能使祖宗之法不被後世更改，從而使得祖宗蔭及子孫、國祚綿長呢？改，更改。更始逾新之道，國祚綿長的方法，即遵奉祖宗之法不變更。❷成鳩所謂得王鈇之傳者也　成鳩氏一族得到了王者治國法度的傳承。得，得到。王鈇之傳者，王者法度的傳承。王鈇，王者治國的法度。❸何謂王鈇　什麼是王者治國的法度。❹王鈇者二句　法度自古就有。一世，一代。器，工具。❺以死遂生　刑罰殺人是為了約束保護活著的人。死，處死。遂，成就。生，活著的人。❻從中制外之教也　從朝堂統治天下的教令。中，朝堂。外，民間社會。教，教令。❼後世成至孫一靈羽　此句疑有錯亂，似作「後世子孫承一靈羽」較通順，意思是後世子孫繼承奉行王者法度。成，疑當作「承」，繼承。一，不改變。靈羽，即王鈇。靈，威靈、福氣。羽，借為「宇」，大。❽理符日循　疑當作「禮符日修」，每天修習成鳩氏祖先藏在宗廟之中的禮靈祝禱之辭，即沿用成鳩氏遵奉的王者法度。理符，似當作「禮符」，即上文「禮靈之符」。循，疑為「修」字之誤，修習。❾功弗敢敗　即使才智出眾也不敢破壞先王之制。功，為「工」字之誤，工巧，智巧，指後世賢君才智出眾。敗，敗壞，指破壞、改易先王法度。❿奉業究制　始終奉行先王之制不更改。奉，遵奉；遵行。業、制，都指成鳩氏先王的法度。究，終；竟。⓫執正守內　固守先王正道不改變。執，堅持。正，正道，即成鳩氏先王的法度。守，堅持；遵守。內，初始，與「正」同義，也指成鳩氏先王的法度。⓬拙弗敢

廢　即使才德平庸也不敢廢棄先王之法。拙，笨拙，指後世君主才德平庸。廢，廢棄。⑬樓剒與阜　疑當作「樓剒與卑」，鐫寫銘文的意思。樓剒，在皮革類材料上鐫寫。樓，借為「鏤」，雕刻。剒，雕刻。與，及。卑，借為「碑」，碑石，指在碑石上鐫刻銘文。⑭以新續故　新朝沿用舊典，指不廢先王舊制。新，新朝，指後世繼位之君統治的時代。續，延續。故，舊，指先王舊制。⑮四時執効　一年四季的禱神、宗廟祭儀都按先王之制。四時，四季。執，堅持。効，同「效」。效法（先王之制）。⑯應錮不駿　順行舊制不廢止。應，順。錮，借為「故」，先王舊制。駿，通「峻」。停止。⑰后得入廟　後繼之君只有如此，死後才可以進入宗廟享祭。後，後世君主。得，可以。入廟，進入宗廟接受後世子孫的祭祀。

【語　譯】 龐煖問：「怎樣才能使祖宗之法不被後世更改，從而使得祖宗蔭及子孫、國祚綿長？」鶡冠子說：「成鳩氏一族得到了王者治國法度的傳承。」龐煖問：「什麼是王者治國的法度？」鶡冠子說：「法度自古就有，不是成鳩氏發明的。刑罰殺人是為了約束保護活著的人，這是從朝堂統治天下的教令。後世子孫繼承奉行王者法度，每日修習沿用。即使後世出現才智出眾的君主，也不敢擅改先王之制。始終奉行先王之制，固守先王正道不改變；即使後世君主才德平庸，也不敢自暴自棄，擅自廢棄先王之法。將先王之制銘文勒石，使其永久保存下去。歷代新君都要沿用舊典，一年四季的禱神、宗廟祭儀都要依先王制度，順行舊制不廢止。繼位之君只有如此，死後才允許進入宗廟享受子孫後世的祭祀。

惑爽不嗣謂之焚❶。祖命冒世❷。禮嗣弗引，奉常弗內❸，靈不食祀❹，家王不舉祭❺，天將降咎，皇神不享❻，此所以不改更始逾新之道也❼。故主無異意❽，民心不徙❾。與天合則❿，萬年一范⓫，則近者親其善、遠者慕其德而無已⓬。是以其教不猒⓭，其用不弊⓮，故能疇合四海以為一家⓯。而夷貉萬國皆以時朝服致績⓰，而莫敢効增免⓱。聞者傳譯來歸其義⓲，莫能易其俗、移其教⓳。故共威立而不犯⓴，流遠而不廢㉑。此素皇內帝之法㉒，成鳩之所枋以超等㉓，世世不可奪者也㉔。功日益月長㉕，故能與天地存久㉖。此所以與神明體正之術也㉗。不待士史蒼頡作書㉘，故後世莫能云其咎㉙。未聞不與道德究㉚，而能以為善者也㉛。」

【章　旨】本章重申成鳩之制實為因循自然之數，即「與道德究」。

【注　釋】❶惑爽不嗣謂之焚　糊塗出錯，不能「奉業究制，執正守內」的，稱為紛亂。惑，糊塗迷亂。爽，差錯。嗣，繼承，即上文所說的「奉業究制，執正守內」。焚，當作「棼」，紛亂。❷祖命冒世　先王之制，澤及後世。祖命，舊制。冐，同「冒」。覆蓋。世，後世；後代。按：冐，備要本作「冒」。❸禮嗣弗引二句　司祭禮官不接引，不使奉祭成禮。禮嗣，疑即「禮司」，禮官。嗣，疑當借為「司」。禮嗣、奉常，都是負責宗廟祭禮的禮官名。弗引、弗內，二詞互文，不接待、引導。引，引導。內，接待。❹靈不食祀　祖宗神靈不能享受祭祀。靈，神靈，指先祖神靈。食祀，享受祭祀。❺家王不舉祭　先祖不全部受到祭祀。舉，全部。❻天將降咎二句　上天將會降下災禍，天帝不接受其祭祀祈禱。天，上天。降，降下。咎，災禍。皇神，天帝；上帝。享，享用。❼此所以不改更始逾新之道也　這就是為什麼不更改先王法度的原因。所以，原因。❽故主無異意　因此君主不改舊制。無，沒有。異意，遷改舊制的意圖，即上文「見異物而遷」「改更始逾新之道」。❾民心不徙　民心安定，意思是人民知道該遵從什麼，不會產生迷惑紛亂。徙，變動。❿與天合則　合乎天道運行的法則。天，天道。合，符合。則，法則；範式。⓫萬年一范　世世代代都遵循同一種治國之道。萬年，極言時間之久。范，同「範」。法則；模式。⓬則近者親其善二句　這兩句話互文，意思是遠近百姓傾慕其德，源源不斷地前來歸附。近者、遠者，指遠近百姓。親其善、慕其德，愛慕其美好的治國之德。親，親愛。善，好。慕，愛慕。德，德行。無已，不停地來歸附。已，休止。⓭是以其教不猒　因此其教令不會被厭棄。教，教令。猒，古同「厭」。厭棄。⓮其用不弊　其治政不會有衰敗。用，指先王法度的運行。弊，衰敗；匱乏。⓯故能疇合四海以為一家　因此可以統一天下。疇合，周合。疇，周，全部。四海，指天下。一家，統一，定於一尊。⓰而夷貉萬國皆以時朝服致績　周邊的各個少數民族都來歸順，定時覲見並進獻貢品。夷貉，古代少數民族的蔑稱。萬國，極言其多。以時，按約定好的時間，定期。朝，朝覲。服，事奉。致績，進獻貢品。致，進獻。績，功；事業。這裏引申指實物貢品。⓱而莫敢効增免　不敢隨意增減貢品的定額。効，同「效」。獻出，指進獻貢品。增免，增減。增，增加。免，減少。⓲聞者傳譯來歸其義　絕遠之國的人通過翻譯前來歸服。聞者，聽聞其事者，指化外絕遠之邦。傳譯，通過翻譯。傳，傳話；轉達。譯，翻譯。歸，歸服。義，王者之義。⓳莫能易其俗移其教　成鳩氏只向其展示大國之義，並不干預其內政民俗。易、移，都是改變的意思。⓴故共

威立而不犯　因而成鳩氏立威四鄰遠邦，而不受到他族的抵觸和反抗。共，為「其」字之誤。威，威勢。立，建立。犯，觸犯；侵凌。㉑流遠而不廢　影響遠播而不受阻礙。流遠，威名、教化傳播到遠方。廢，停止；被阻止。㉒此素皇內帝之法　這是成為聖明君王的方法。素皇、內帝，都是形容人君之道象天法地，至大至美。皇、帝，都是天號，美之大稱。㉓成鳩之所枋以超等　成鳩氏藉以無敵於世。枋，即「柄」，秉持。超等，超群絕倫。㉔世世不可奪者也　即上文「世不可奪」「莫能增其高，尊其靈」。㉕功日益月長　功績不斷增長累積。功，功業；功績。日、月，形容持續、無休止。益，增加。長，增長。㉖故能與天地存久　即上文「與天地存」。㉗此所以與神明體正之術也　這就是上面所說的「與神明體正」的方法。術，方法。㉘不待士史蒼頡作書　不靠文字傳世，即成鳩氏之治，與天同道，玄奧不可言表，文字無法傳達其精要。不待，不依賴。士、史，皆指上古史官。蒼頡，傳說中我國最早造出文字的人。上古文字因記史事而起，所以這裏將士史與蒼頡連言。㉙故後世莫能云其咎　不形諸文字，所以後世無法描述成鳩之制的優善之處。後世，後人。云其咎，形容其優善之處。咎，即「休咎」，總括好惡而言，偏義複詞，此處側重在「休」上，美好。以上兩句，皆道家之旨，具體內涵可參見《莊子・天道》的「世之所貴道者，書也」和〈天運篇〉的「孔子謂老聃曰」兩節。㉚未聞不與道德究　沒聽說不與道德謀合。道德，道家專用術語，即指「天道」、「一」而言。究，謀合。㉛而能以為善者也　而能治國優善的。善，美好。

【語　譯】糊塗出錯，不能奉行固守先王之制的，稱為紛亂。先王之制，澤及後世。如果司祭禮官不接引後世之君奉祭成禮，祖宗和神靈不受到祭祀，先祖不全部受到祭祀，那麼上天將會降下災禍，天帝就不接受後世之君的祭祀祈禱。這就是為什麼不能更改先王法度的原因。因此君主不改舊制，民心就安定。治國合乎天道運行的法則，世世代代都遵循先王之制，遠近百姓就傾慕其德，源源不斷地前來歸附。因而其教令不會被厭棄，其治政不會有衰敗，因而可以統一天下。周邊的各個少數民族都前來歸順，定時覲見並進獻貢品，不敢隨意增減貢品的定額。絕遠之國的人通過翻譯前來歸服，成鳩氏只向其展示大國之義，並不干預其內政民俗。因而成鳩氏立威四鄰遠邦，而不受到他族的抵觸和反抗，影響遠播而不受阻礙。這就是成為聖明君王的方法，成鳩氏一族藉此無敵於世，江山永固。其功績不斷增長累積，國祚綿長。這就是上面所說的「與神明體正」的方法。成鳩氏之治玄奧不可言表，文字無法言其精要，所以後世無法描述成鳩之制的優善之處。沒有哪個國君不順合道德，而能治國優善。

龐子曰：「如是，古今之道同邪❶？」鶡冠子曰：「古者，亦我而使之久❷；眾者，亦我而使之眾耳❸。何比異哉❹？彼類善，則萬世不忘❺。道惡，則禍及其身❻。尚奚怪焉❼？」

【章旨】本章認為成鳩之制，即順應自然之道，是治國成敗的惟一標準。

【注釋】❶如是二句　這麼說，從古到今治理國家的方法是一樣的？如是，按這個道理，這麼說。古今，過去和現在。道，治國之道。同，一樣。❷古者二句　過去，也只是我們主觀上覺得它很久遠。古，過去。使之久，主觀覺得它久遠。❸眾者二句　人數眾多，也只是我們主觀上覺得人數多。眾，眾多。❹何比異哉　怎麼比較其異同呢。何，如何。比，比較。異，異同。❺彼類善二句　為正道，則萬世不滅。類，為也，指做事。善，好，指符合正道，即符合先王法度。萬世，極言時間之久。不忘，為人們尊奉不忘。❻道惡二句　不行正道，自身會遭遇災禍。道，行。惡，指不合天道和先王法度。及其身，親身受到。❼尚奚怪焉　有什麼好奇怪的。尚，當作「有」。奚，什麼；哪裏。怪，奇怪。

【語　譯】龐煖問：「這麼說，從古到今治理國家的方法是一樣的？」鶡冠子說：「過去，也只是我們主觀上覺得它很久遠。人數眾多，也只是我們主觀上覺得人數多。怎麼能比較其異同呢？行正道，則萬世不滅。不行正道，自己就遭遇災禍。這有什麼好奇怪的？」

龐子曰：「以今之事觀古之道❶，舟車相通❷，衣服同采❸，言語相知❹。畫地守之❺，不能相犯❻。殊君異長❼，不能相使❽。逆言過耳❾，兵甲相李❿。百父母子⓫，旦未易領⓬。方若所言⓭，未有離中國之正也⓮。丘第之業⓯，域不出著⓰，居不連埦⓱。而曰成鳩氏周闔四海為一家⓲，夷貉萬國莫不來朝⓳，其果情乎⓴？」鶡冠子曰：「虎狼殺人㉑，烏蒼從上、螾蛾從下聚之㉒。六者異類㉓，然同時俱至者何也㉔？所欲同也㉕。由是觀之㉖，有人之名，則同人之情耳㉗，何故不可乎㉘？天度數之而行㉙，在一不少，在萬不眾㉚。同如林木㉛，積如倉粟㉜，斗石以陳㉝，升委無失也㉞。列地分民㉟，亦尚一也耳㊱。百父母子，何能增減㊲？殊君異長，又何出入㊳？若能正一㊴，萬國同極，德至四海㊵，又奚足闓也㊶？」

【章旨】本章通過往復問難，從事物個體化和矛盾性的角度，再次強調確立先王法度，即「同人之情」、遵循天道自然法則是傳國之本。

【注釋】❶以今之事觀古之道　將古今之事作比較。觀，觀察。❷舟車相通　出行都依靠交通工具。舟車，指代交通工具。相通，猶相同。❸衣服同采　衣服都要有文彩。采，衣服上的文飾色彩。❹言語相知　都通過言語交流理解。知，理解。❺畫地守之　劃分疆界。畫地，劃分地域界限。守，守衛。❻不能相犯　彼此不能越界侵入。犯，侵犯。❼殊君異長　各有不同的君主首領。殊、異，都是不同的意思。君、長，首領人物。❽不能相使　不能越界役使別國的臣民。使，役使。❾逆言過耳　聽到不順心的言辭，指外交上起了衝突。逆言，不順心的話；難聽的話。過耳，聽到。❿兵甲相李　兵戎相見。兵甲，指軍隊。相李，當作「相履」，進入對方領土。李，通「履」。踐；至。⓫百父母子　百戶人家。父母子，形容一戶人家。⓬旦未易領　尚且不容易管理。旦，當作「且」，尚且。領，統領。⓭方若所言　以異族他國的語言來比類。方，比方；比類。若，猶「其」，他們，指異族他國的人。言，語言。⓮未有離中國之正也　跟中國的語言都不一樣。未有，沒有。離，附麗；附著。形容接近、類似。中國之正，中國的語言。正，古代常以華夏居天下之中，又把華夏文化當作天下正宗。⓯丘第之業　宅第產業，意思是各家的房子。丘第，即宅第，房宅。業，房宅產業。按：丘，備要本作「邱」，丘為本字。⑯域不出著　有固定的活動範圍，即各家在自家房宅範圍內活動，互不交往。域，人活動的區域。著，房宅附著的土地。⑰居不連垝　各自分居，即各家房宅相互隔絕。居，居住。連垝，牆壁相連。連，連接。垝，牆。以上十七句，都是講人情易於疏離，難於和同。⑱而曰成鳩氏周闔四海為一家　而你說成鳩氏能統合天下為一家。周闔四海，即上文「疇合四海」。周闔，即疇合。統合；統一。⑲夷貉萬國莫不來朝　四方少數民族都來歸服。⑳其果情乎　這真的是事實嗎。果，果然。情，實情。㉑虎狼殺人　虎狼殺了人。㉒烏蒼從上蝢蛾從下聚之　烏鴉和蒼鷹從天空飛下叼食屍體的血肉，蒼蠅和蟻蟲從地上聚攏過來分食屍身。烏，烏鴉。蒼，蒼鷹。從上，從天空飛下來。蝢，疑當作「蠅」，蒼蠅。蛾，同「蟻」。蟻蟲。從下，從地上。聚，聚集。㉓六者異類　這六種動物種類不同。異類，不同種類。㉔然同時俱至者何也　但同時都集中在一起，這是為什麼呢。俱，一起。至，到。何，為什麼。㉕所欲同也　是因為牠們想要吃同一個食物。欲，想；要。同，一樣。㉖由是觀之　由此來看。是，這。㉗有人之名二句　同樣都是人，有相同的人性人情。有人之名，都是人類。名，名稱。同人之情，有共同的性情。情，性情。㉘何故不可乎　為什麼不可以呢。何故，因為什麼緣故。㉙天度數之而行　天道運行，其間有數可循。天度，天道；自然法則。數，動詞，計數、推衍，意思是遵循自然規律。行，運行；發展。㉚在一不少二句　一不算少，萬不算多。在，猶「於」。這兩句意思是，遵循天道法度，無論事物數量多少都不會有困難、出差錯。一，極言其少。萬，極言其多。㉛同如林木　測量樹林中的樹木。同，齊同；統一測算。如，語氣助詞，相當於「乎」。林木，樹林裏的樹木。林，樹林。木，樹木。其意參考《詩經・小雅・車攻》的「我馬既同」和《尚書・虞書・舜典》的「同律度量衡」，可能更易理解。㉜積如倉粟　稱量倉庫中的粟米。積，古時形容體積容量的詞。《周禮》鄭玄注：「少曰委，多曰積」，糧食積聚量少的稱為「委」，量多的稱為「積」。此處當按稱量、計算之義來理解。倉，糧倉。粟，小米。㉝斗石以陳　有了計量標準。斗、石，都是古時量米的容量單位。陳，設置。㉞升委無失也　不論要稱量多少都不會出差錯。升、委，均為形容穀物體積數量的詞。按：以上四句，疑有錯漏之處。林木的測算標準是長度，穀物的測算標準是容積，據馬王堆漢墓帛書〈道法〉篇，此四句中似誤漏了林木的測算。又，此處「同如林木」或也有誤字，帛書〈道法〉篇作「事如直木」，後者詞義更為通順。㉟列地分民　分邦建國。列地，分割土地，即建立諸侯國。列，同「裂」。分解。分民，劃分民眾，也是建國之義。分，劃分。民，人民。㊱亦尚一也耳　也講究要有統一的法度。尚，推崇。一，統一的法度，這裏指統一於天道、成鳩氏先王法度。㊲百父母子二句　人多人少又有什麼分別。意思是只要遵循先王法度，不管統治多少人，都應付裕如。增減，即「在一不少，在萬不眾」之意。㊳殊君異長二句　再多的諸侯，又有什麼關係。意思是只要遵循先王法度，即使再複雜的諸侯分立格局，也可以使四夷賓服、海內歸心。出入，不同。㊴若能正一　如果能遵循先王法度。正，確定。一，統一的法度，這裏指統一於天道、成鳩氏先王法度。㊵萬國同極二句　即天下歸心。萬國，各國。同極，都將其作為典範，即各國順服，都來朝覲。極，中正，引申指典範、表儀。德，統治力；影響力。至，到。四海，天下。㊶又奚足闔也　哪裏需要專門去統合他們。意思是王者之治，天下主動歸附，不需要專門威懾招徠。以上三句，其意大略可參見〈浙江大學校歌〉：「樹我邦國，天下來同」。

【語　譯】龐煖問：「拿古今之事作比較：出行都依靠交通工具，穿衣服都要有文彩，都通過語言進行交流。各國劃分疆界，彼此不能越界侵入。各國有不同的君主，彼此不能越界役使別國的臣民。外交上起了衝突，就會兵戎相見。百戶人家，尚且不容易管理。拿異族的語言來說，就都跟中國的語言不一樣。人們各自在自家房宅範圍內活動，各家房宅相互隔絕。這種情況下，你卻說成鳩氏能統合天下為一家，四方少數民族都來歸服，這真的是事實嗎？」鶡冠子說：「虎狼殺了人，烏鴉和蒼鷹從天空飛下叼食屍體的血肉，蒼蠅和蟻蟲從地上聚攏過來分食屍身。這六種動物種類不同，卻同時都集中在一起，這是為什麼呢？是因為牠們想要吃同一個食物。由此來看，同樣都是人，有相同的人性人情，為什麼不可以做到成鳩氏那樣呢？天道運行，其間有數可循，掌握了這個度數，則不論事情多少都應付裕如。就好比測量樹林中的樹木，稱量倉庫中的粟米，如果有了計量標準，不論要稱算多少都不會出差錯。分邦建國，一樣也要有統一的法度，只要遵循先王法度，人多人少又有什麼影響呢？再多的諸侯，又有什麼關係？如果能遵行先王法度，則天下歸心，哪裏還需要專門去統合他們？」

龐子曰：「果必信然❶，陰陽消散❷，三百六十日各反其故❸。天地跼跼❹，奚足以疑❺？聖人高大❻，內揣深淺遠近之理❼，使鬼神一失❽，不復息矣❾，與天地相蔽❿，至今尚在⓫，以鉦面達行⓬。宜乎哉，成鳩之萬八千歲也⓭。得此道者，何辯誰氏所用之國⓮，而天下利耳⓯。」

【章　旨】本章收束全篇，肯定成鳩之制的作用。

【注　釋】❶果必信然　果真如此的話。果，果真。必，一定。信然，誠然；確實這樣。❷陰陽消散　陰陽二氣此消彼長，散布於天地間。消，消長。散，散布。❸三百六十日各反其故　陰陽消長之道，三百六十日一個周期。三百六十日，一年之數粗略計算，是三百六十天。各反其故，各自回歸初始狀態。因為陰陽消長輪回一遍，所以叫各反其故。反，同「返」。返回。故，初始狀態。❹天地跼跼　天地狹小，意思是天地之間的事情都有固定的規律，不難把握。天地，天地的變化發展。蹋蹋，狹小的樣子。❺奚足以疑　不必疑懼。疑，疑慮。以上兩句，意思是天地雖然很大，萬物眾多，但只要通曉順應其自然變化之道，則無往而不利，不需要再有疑懼。可參見《孟子・離婁下》：「天之高也，星辰之遠也，苟求其故，千歲之日至，可坐而致也」。❻聖人高大　成鳩氏與天地為一，所以稱為「高大」。聖人，指成鳩氏。高大，與「蹋蹋」相對而言。❼內揣深淺遠近之理　揣摩通曉天地變化之道。揣，揣摩；思量。深淺遠近，指變化發展的各種情態。理，通「息」。生，指出入變化。❽使鬼神一失　即「使鬼神失二」，發現鬼神的奧秘，即通曉天道，也就是〈度萬第八〉所說的「聖與神謀」、本篇上文所說的「與神明體正」。❾不復息矣　成鳩氏之制，因順天道，制宜變化，生生不息。息，停止。❿與天地相敝　與天地同壽。敝，終；盡。即與天地同長久。可參見古人「壽敝天地」、「壽敝金石」的說法。⓫至今尚在　至今仍然適用。尚，還。⓬以鉦面達行　其道通行天下，順行無阻。鉦面，向前行。鉦，疑當借為「征」，前行。面，面向前方。達行，通行無阻。達，通達。⓭宜乎哉二句　成鳩氏其族能存世久遠，實在是理所應當的啊。宜乎，應該；當然。⓮得此道者二句　掌握了成鳩氏先王法度，不論是哪個君主用於他所統治的國家。何辯，不論；不分別。用，治理。⓯而天下利耳　天下人都是擁戴受益的。利，便利；以之為利。

【語　譯】龐煖說：「果真如此的話，那麼萬事萬物根據陰陽二氣的消長散布，每一年循回一輪。只要把握順應事物變化之理，則天地雖大猶小，做事情還有什麼好擔心的呢？成鳩氏得自然之道，通曉天地變化之理，發現鬼神的奧秘，其制宜變化，生生不息，與天地同壽，至今仍然適用，通行天下，順行無阻。成鳩氏其族能存世久遠，實在是理所應當的啊。掌握了成鳩氏先王法度，不論是哪個君主用之於他所統治的國家，天下人都會擁戴並受益。」

【研析】本篇在全書中篇幅最長。又因一問一答的體例，故而不能如一人執筆完成的文章那樣前後層次清楚、邏輯緊密，所以轉折頗多，也不免有前後重複之處。但究全篇之意，所談論的主題不外乎三件事：一是成鳩之制的本質是因循自然之道；二是成鳩氏因循自然的方法是掌握陰陽數術之學；三是成鳩之制在人事層面上的做法是編戶齊民和督責賞罰。前兩者所說的，其實是一件事，即治國要因循自然之道，而體察自然之道則要靠陰陽數術之學。至於人事層面的第三件事，其立足點是利民，是「同人之情」，可以看出仍然是前兩者的理論衍生品，即黃老之學由天及人的邏輯結論；另一方面，其編戶齊民和督責之制，也是根據陰陽數術設立的。所以本篇所說的「王鈇」、天子法度，不可純以具體操作層面的天曲日術來看待，其一言以蔽之，仍然不離「順天應人」這四個字。

本篇所講的天曲日術，又見於《國語・齊語》和《管子・小匡》，彼此頗有重複雷同之處，此即舊時疑其為偽書的依據之一。但古人並沒有著作權概念，古書並不忌重複雷同。且《國語》時代較早，並不妨礙《鶡冠子》襲用其辭。後來馬王堆漢墓帛書出土後，人們發現本篇中「天度數之而行，在一不少，在萬不眾。同如林木，積如倉粟，斗石以陳，升委無失也」一段話，與馬王堆漢墓帛書《道法》篇中的「天下有事，必有巧（考）驗。事如直木，多如倉粟。斗石已具，尺寸已陳，則無所逃其神。故曰：度量已具，則治而制之矣」頗為雷同，當出同源，有不少學者認為本篇這部分內容，就源自帛書，由此推論本書不偽。

具體而論，本篇又有三點需要讀者注意：

一是天曲日術中編戶齊民的治國方略，其中「居處相察，出入相司」「亡人姦物，無所穿竄」

「其罪伍長以同」已經可以看到家人鄰里連帶責任的端倪，屬於法家治國理念，正符合黃老之學頗雜刑名之術的特徵。後世秦國連坐之法，恐怕與此術頗有淵源。

二是本篇第十二章提到的通過宗廟制度確保祖宗之法不可變的方法，與《尚書·金縢》所載周公旦為周武王禱告並將禱告冊書藏在金匱中一事有異曲同工之妙。而這種理論或者說方法，在先秦諸子文獻中倒頗為罕見，未知是否即周制的遺留之學？

三是「禮嗣弗引，奉常弗內，靈不食祀，家王不舉祭，天將降咎，皇神不享，此所以不改更始適新之道也」，這段話並不像表面看起來那樣，說的是享祭鬼神，實為陰陽數術之說。說的是君主治國，如果違先王之道，不合天地陰陽之數，那麼就得不到天地鬼神的認可，天命就會離棄。這樣的君主，禮嗣就不能引，奉常就不能內，其政權不能通天，必然滅亡。

泰鴻第十

【題　解】泰鴻，廣大無邊界的天，此處代指天、地、人之事。意思是說天人之事廣闊恢宏，需明數術方可把握關竅、綱舉目張。泰，同「太」，大。鴻，洪大。

泰一者，執大同之制❶，調泰鴻之氣❷，正神明之位者也❸。故九皇受傅❹，以索其然之所生❺。傅謂之得天之解❻，傅謂之得天地之所始❼，傅謂之道得道之常❽，傅謂之聖人❾。聖人之道與神明相得，故曰道德❿。郄始窮初⓫，得齊之所出⓬。九皇殊制⓭，而政莫不効焉⓮，故曰泰一⓯。

【章　旨】本章提出泰一之制和同萬物的說法。

【注　釋】❶泰一者二句　天神之制，使天下皆同。泰一，至高無上的天神，是道家學說中道、一的擬人化。執，奉行；行使。大同，使天下萬事萬物皆同一。制，制度。❷調泰鴻之氣　調節天地元氣。調，調節。泰鴻之氣，天地之氣，即元氣。元氣是道家術語，道家後期發展出來的一種學說理念，認為道、一是先於天地的絕對意志，道、一產生氣，氣衍生出世間萬物。泰鴻，天。❸正神明之位者也　確定天道運轉變化的序次。正，確定。神明之位，東、西、南、北、中五方神靈的位置。位，位置；位次。具體內容參見《淮南子・天文》：「東方木也，其帝太皞，其佐勾芒……南方火也，其帝炎帝，其佐朱明……中央土也，其帝黃帝，其佐后土……西方金也，其帝少昊，其佐蓐收……北方水也，其帝顓頊，其佐玄冥」。此係陰陽五行學說，神明即指自然之道；神明之位，即自然之道運行變化的序次，也就是五行相生相克的序次。❹故九皇受傅　九州之長各自確立輔相。九皇，此概念在書中並不明確，結合上下文，九皇不是一個時間前後相接、縱向的帝系概念，其時間概念十分模糊；更像是空間概念，應指大地九州各州的君長。受傅，受輔相輔助。傅，輔相之人。❺以索其然之所生　以探索自然法則。索，探索。然，萬事萬物所以然，即自然法則。生，發展。❻傅謂之得天之解　輔相輔助九皇順應自然。得天之解，解脫主觀的桎梏，一任客觀自然。天，天道；自然法則。解，解脫。可參見《莊子・養生主》：「古者謂是帝之玄解」。❼傅謂之得天地之所始　輔相輔助九皇感知到元氣。天地之所始，元氣。❽傳謂之道得道之常　輔相輔助九皇掌握自然規律。常，本質；規律。❾傳謂之聖人　輔相輔助九皇成為聖人。聖人，即上篇成鳩氏之類。❿聖人之道與神明相得二句　聖人為治之道與自然之道相契合。神明，自然。得，合。道德，得於道者謂之德。⓫郄始窮初　追本溯源，即上文所說的「以索其然之所生」。郄，同「郤」。逆，追溯。窮，窮究。始、初同義，都指初始、根本。⓬得齊之所出　探索到萬物之所以齊同的原因。得，得到；瞭解到。齊，齊同，即上文的「大同」。出，原由。⓭九皇殊制　九州治理之法各不相同。殊，異；不同。制，制度。⓮而政莫不効焉　而其施政都以泰一為依歸。政，政令；治國之法。効，同「效」。效法。焉，指泰一。⓯故曰泰一　因此稱為大同。泰，大。一，即同。

【語　譯】天神之制，使天下和同，調節天地間的元氣，確定天道運轉變化的序次。九州的君主各自確立輔相，助其探索自然法則。輔相輔助九皇順應自然，輔助九皇體知元氣，輔助九皇掌握自然規律，輔助九皇成為聖人。聖人治國順應自然，所以說他們得道。聖人追本溯源，體察萬物之所以齊同的原因。九州治理之法雖各不相同，但其施政都以泰一為依歸，因此稱為大同。

泰皇問泰一曰：「天、地、人事，三者孰急？」❶泰一曰：「愛精養神❷，內端者所以希天❸。天也者，神明之所根也❹。醇化四時❺，陶埏無形❻，刻鏤未萌❼，離文將然者也❽。地者，承天之演❾，備載以寧者也❿。吾將告汝神明之極⓫。天、地、人事，三者復一也⓬。立置臣義⑬，所謂四則⑭。散以八風⑮，揆以六合⑯，事以四時⑰，寫以八極⑱，照以三光⑲，牧以刑德⑳，調以五音，正以六律㉑，分以度數㉒，表以五色㉓，改以二氣㉔。致以南北㉕，齊以晦望㉖，受以明歷㉗。

【章　旨】本章說明人事要遵循天地運行變化之數。

【注　釋】❶泰皇問泰一曰三句　泰皇問泰一說：「天文、地理、人君之道，這三者哪個最重要？」天，天文，天象四時節令之類。地，地理，八風物候土宜之類。人事，即人君之道。急，緊要；重要。❷愛精養神涵養心性。愛，愛惜。養，涵養。此道家言，特指調節內心的思想和性格，去除感性的喜怒哀樂，去除主觀的欲望意志。❸內端者所以希天　心性涵養好的人仰慕認同自然。內端，內在正直，這裏指心性得到涵養，無我無知。端，直。希，仰慕。天，天道，自然。❹天也者二句　自然之道植根於天。根，扎根；以之為基。此二句可與本篇末「天受藻華，以為神明之根者也」句相參看。❺醇化四時　化生出四季。醇化，自然而然化生的樣子。醇，純厚，自然而然不刻意。化，化生。四時，四季。❻陶埏無形　像和土製作陶器一樣從無生出有。陶埏，和土製作陶器，形容天道從無生有的情態。陶，製作陶器。埏，和土。無形，無。道家以無為本，認為萬物的「有」是從「無」中孕育出來的。❼刻鏤未萌　塑造產生此前沒有的事物，即孕育萬物。刻鏤，雕刻、塑造。未萌，尚未產生之物。萌，萌生。❽離文將然者也　使將要產生的事物具備外形紋理，即為萬物生成外形紋理。離，附麗；附著。文，紋理。將然，將要產生之物。以上兩句，是古人文質觀的反映。「刻鏤未萌」指質，「離文將然」指文。❾地者二句　地理是天文的延伸。演，延伸；蔓延。❿備載以寧者也　承載萬物，使萬物各居其位。備，全。載，承載。寧，安定，各居其所應居之位，各守其分，彼此協和不擾，所以就安定。

⓫吾將告汝神明之極　我將告訴你自然之道變化的極至。吾，泰一。汝，泰皇。極，極至。⓬天地人事二句　天、地、人事，三者最終又歸於一統，意思是天、地、人都是以自然為本。道家認為，人法地，地法天，天法道，道法自然。所以天、地、人事，根本上都是同法於自然，所以說又歸於一。復，又。一，統一。⓭立置臣義　依天地之理，確立君臣之道。立置，確立、設置。臣義，以君使臣、以臣事君，即君臣之道。義，合宜；適宜。⓮所謂四則　這就是天、地、君、臣四方面的道理。則，規則；原理。⓯散以八風　因循八風八節的變化而布散政事。散，發散；布散。八風，東、西、南、北、東南、西南、東北、西北八個方向的風，具體名稱古籍和出土文獻說法不一，總體情況，可參見《淮南子．天文》。先秦時所謂八風，包括對八個方位的測定把握，對各方位地理人情的瞭解，和對立春、春分、立夏、夏至、立秋、秋分、立冬、冬至共八個節氣、物候的觀測計算，等等內容，其實質仍是為了觀法天地，做好人事，使天人協和。以下六合、四時等，皆為此道，不再一一分說。⓰揆以六合　測度天地、四方之事。揆，測度；測量。六合，上下和四方。⓱事以四時　依四時的變化而相應行人事。事，從事。四時，四季。⓲寫以八極　施之於天下各方。寫，借為「瀉」。傾瀉；施放。八極，八方之極，形容極遠。⓳照以三光　觀測效法日月五星的運行。三光，指日、月、五星。五星，即金、木、水、火、土這五顆太陽系行星。⓴牧以刑德　以陰陽刑賞之道治理人民。牧，駕馭；管理。㉑調以五音二句　以音律數術調和人事。調，調和。五音、六律，皆易數之說，並非指純客觀的樂律。㉒分以度數　依陰陽易數分別人的等級。此句可參看上文「天曲日術」行政周期的設定。㉓表以五色　以服色明確尊卑、標示方位時節。表，表明，這裏指標示、明確。五色，服飾文理顏色。㉔改以二氣　協和陰陽，即調節人事以順和陰陽的變化。改，改變，此處作調節解。二氣，指陰陽二氣。參見《史記．陳丞相世家》：「宰相者，上佐天子理陰陽，順四時，下育萬物之宜」和《漢書．邴吉傳》所載邴吉憂牛喘事。㉕致以南北　觀測太陽一年裏往返於南北回歸線，測定一年的長短。致，達；到。南北，太陽南北往返。㉖齊以晦望　根據月相的圓缺變化，確定一個月的始末長短。齊，整齊，這裏指制定、確定。晦望，月亮的圓缺。晦，月亮消失無光。望，月圓。㉗受

以明歷　授時以制定曆法。受，同「授」。授告；告知。明歷，制定曆法。明，制定。

【語　譯】泰皇問泰一說：「天文、地理、人君之道，這三者哪個最重要？」泰一說：「人要涵養心性，心性涵養好才懂得尊法自然。自然之道植根於天，化生出四季，就像人們和土製作陶器一樣從無生出有，孕育萬物，並給新產生的事物配上其特有的外形紋理。地理是天文的延伸，大地承載萬物，使萬物各居其位。我將告訴你自然之道變化的極至：天、地、人事，三者最終都又歸本自然。要依天地之理，確立君臣之道，這就是天、地、君、臣四方面的道理。因循八風八節的變化而布散政事，測度上下、四方之位，依四時的變化而相應行人事，觀測效法日月五星的運行，以陰陽刑賞之道治理人民，依音律數術調和人事，依陰陽易數區別人的等級，以服色明確尊卑、標示方位時節，調節人事以順和陰陽的變化。觀測太陽的運行，定一年長短；觀測月相的變化，定一月始末。由此授時以制定曆法。

日信出信入，南北有極，度之稽也❶。月信死信生，進退有常，數之稽也❷。列星不亂其行，代而不干，位之稽也❸。天明三以定一❹，則萬物莫不至矣❺。三時生長❻，一時煞刑❼，四時而定❽，天地盡矣❾。

【章　旨】本章說明人道要效法天道。

【注　釋】❶日信出信入三句　太陽恆定地東升西落，夏至居黃道最北端，冬至居黃道最南端，是國家法度的依據。度，度數，指治國之道。稽，稽考；參考。❷月信死信生三句　月亮的光明固定地消長，消失又生出，有恆定的規律，是國家法度的參照。進退，月亮的盈虧。數，與上面的「度」意思相近，也指治國之道。❸列星不亂其行三句　眾星各自按其軌跡次第運行，交替出現不失次序，這是國家設置官職位次的參考。以上九句，見於本書〈王鈇第九〉，又見於馬王堆漢墓帛書〈經法・論〉篇。據此二篇，本文此處「代而不干」前疑誤漏「四時」二字。❹天明三以定一　上天彰明日、月、五星之事，而歸本於自然。明三，彰顯日、月和五星之事。明，彰明。定一，定於自然。定，確定；歸本。一，天道；自然。❺則萬物莫不至矣　歸本於天道自然，萬物都能得其本性，生長消亡，暢通無阻。所以說是「莫不至矣」。至，到，此處理解為通達的意思。❻三時生長　春、夏、秋三季萬物生長繁育。三時，指春、夏、秋三季。❼一時煞刑　冬季萬物凋零。一時，冬季。煞刑，刑殺之事，為陰。煞，殺。以上兩句，除了講四季自然屬性外，還含有陰陽數術的成分。❽四時而定　四時之事確定，意思是天道循環的序次已確定。定，確定。❾天地盡矣　天道的全部內容都在這裏了。盡，完。以上兩句，意思是四時序次確定，人事政令只要與四時節氣相合即可，這就是以人道效法天道的全部內容，此外別無剩義。以上四句所講的內容，反映的是黃老的刑德思想，其詳可參見《管子・四時》。

【語　譯】太陽恆定地東升西落，夏至居黃道最北端，冬至居黃道最南端；月亮的光明固定地消長，消失又生出，有恆定的規律。日月的運行變化，是國家法度的準繩。眾星各自按其軌跡運行，交替出現不失次序，這是國家設置官職位次的參考。上天彰明日、月、五星之事，都依於自然，則萬物都能得其本性。春、夏、秋三季萬物生長繁育，冬季萬物凋零。四時序次確定，人事政令只要與四時節氣相合即可，這就是以人道效法天道的全部內容。

夫物之始也傾傾❶，至其有也錄錄❷。至其成形，端端王王❸。勿損勿益❹，幼少隨足❺。以從師俗❻，毋易天生❼，毋散天樸❽。自若則清❾，動之則濁❿。神聖踐承翼之位⓫，以與神皇合德⓬。按圖正端⓭，以至無極⓮。兩治四致⓯，間以止息⓰，歸時離氣⓱，以成萬業⓲。一來一往⓳，視衡仾仰⓴。五官六府㉑，分之有道㉒。無鉤無繩㉓，渾沌不分㉔。大象不成㉕，事無經法㉖。精神相薄㉗，乃傷百族㉘。偷氣相時㉙，後功可立㉚。先定其利㉛，待物自至㉜。素次以法㉝，物至輒合㉞。

【章　旨】本章主張治國要因循自然，無為而治。

【注　釋】❶夫物之始也傾傾　萬物之初，混混沌沌。始，初始。傾傾，當為「澒澒」之誤。澒澒，混沌，沒有形貌。❷至其有也錄錄　萬物初生，模模糊糊。有，產生。錄錄，隨意，無明確意識，這裏引申指不確切、模糊。❸至其成形二句　等到事物形成形體後，形狀明顯，不再是之前無形或模糊的樣子。成形，具備形態。端端王王，似當作「端端正正」，即端正，形容具有清楚的形態特徵，不再模糊不清。❹勿損勿益　不需要損減也不需要增加。勿，不。損，減少。益，增加。❺幼少隨足　從最初就自給自足，不仰賴外力。幼少，小時候，此處指初始之時。隨，自然。足，滿足；充足。以上兩句，皆道家言，意思就是自給自足，不仰賴滯礙於外物。❻以從師俗　隨順師長習俗。從，隨從。師，師長。俗，習俗。❼毋易天生　不要改變天生純然之性。

毋，不要。易，改變。天生，天性。生，性。❽毋散天樸　不要失去天生的本色。散，喪失。天樸，天然本色。樸，本色。❾自若則清　意思是天性如水，不擾亂它，使其自然而然，水就清澈。自若，自如；自然而然，不受干擾。清，清澈，形容本性不亂。❿動之則濁　擾動它，就像水一樣變渾濁。動，擾動。濁，渾濁，形容本性迷失。⓫神聖踐承翼之位　天子登上皇位。神聖，天子。踐，履；登上。承翼之位，天地之位，指天子之位。承翼，天覆地載，即天地。承，承載，指地。翼，覆蓋，指天。⓬以與神皇合德　遵循泰一之道。神皇，泰一。合德，合乎其道德，即奉行其道術。合，符合。⓭按圖正端　遵循曆法象數正確地施政。按，按照。圖，當指天文曆法象數之圖。即如湖北隨縣出土曾侯乙墓天文圖之類。此引申指曆法象數，即陰陽五行象數之學。正，治理。端，直；正確。⓮以至無極　為政永無衰敗。無極，沒有邊限，意思是依於天地數術，政教永不衰敗。⓯兩治四致　廣泛察知天地四方。兩，指天地。治，當作「祭」，借為「際」，讀作「察」，二字同聲通用。察，考察；察知。四，指東、西、南、北四方。致，至，也解作「察」。⓰間以止息　間隔都消除，指沒有蒙蔽。間，間隙。止息，停止，這裏指消失。這句承上句，意思是因道術以觀天地，遍知萬物，不會有蒙蔽、遺漏。⓱歸時離氣　因順四時陰陽之變。歸，歸附。時，四時。離，附麗。氣，陰陽二氣。⓲以成萬業　以成就各類事業。成，成就；實現。萬業，指各業。業，事業；事情。⓳一來一往　指事物變化。⓴視衡佰仰　或平視，或俯視，或仰視。意思是敬天順時，因順事物的變化而變化。視，看。衡，平視。佰，俯視。仰，仰視。㉑五官六府　設立五官，建立六府。五官，指司徒、司馬、司寇、司空、司土，為君主所設立的負責五方面事務的官職。六府，指水、火、金、木、土、穀，是主要承擔財貨收藏之所。五官六府，皆暗合易數。㉒分之有道　區分得有條不紊。分，區分。有道，有序；不紊亂。這句意思指各居其位，各主其事，互不干犯。㉓無鉤無繩　不人為設置規矩，即因循自然。鉤繩，引申指人為的規矩、制度。鉤，定曲的工具。繩，定直的工具。㉔渾沌不分　也是因循自然，使物自然生成、自然消亡的意思。渾沌，未開化，自然而然，沒有人為痕跡。不分，不分解，即不干預。這句的意思，可參看《莊子·應帝王》。㉕大象不成　自然之道不確立。

大象，大法，即自然之道。成，確定。即指不明確「以虛無為本，以因循為用」這一原則。㉖事無經法　做事就沒有明確的方法。經，常；恒定。法，方法。㉗精神相薄　主觀意志相加。精神，指人的主觀意志，違逆自然。薄，同「迫」。逼迫；強加。㉘乃傷百族　就傷害萬物。傷，傷害，使不得其天然應有之性命。百族，眾族，指眾人眾物，所有有生命的物類。㉙偷氣相時　因順陰陽四時之變。偷，匹配；配合。氣，陰陽二氣。相，察；看；這裏指參照、遵循。時，四時。㉚後功可立　然後可以建立功業。功，功業。立，建立。㉛先定其利　先確定自然之道。定，確定；明確。利，宜，適宜，指自然之道。㉜待物自至　等待萬物自然消長。待，等待，順其自然、不干預的意思。自至，自然消長。至，到，指全其性命。㉝素次以法　預先設定好方法。素，預先。次，陳設；陳列。法，方法。㉞物至輒合　就能順合萬物。至，到。合，適合。按：「輒」，叢刊本作「輙」，係「輒」的異體字，此據備要本改。此句與上文「乃傷百族」相對而言，指不傷。

【語譯】萬物尚未產生時，世界混混沌沌。萬物最初萌生之時，世界模模糊糊。等到事物形成其形體之後，各自形態顯著，世界不再是之前混沌模糊的樣子。萬物生長不需要外力進行減損或助益，其自始至終都自給自足，不仰賴外力。治世要隨順師長舊俗，不要改變民物的天性，不要失其本色。天性如水，不擾亂它，天性就像水一樣清澈。擾動它，就像水一樣變渾濁。天子登上皇位，要遵循泰一之道，遵循曆法象數正確地施政，這樣其國祚才能永不衰敗。要廣泛地察知天地四方，這樣就不會被蒙蔽。要因順四時陰陽之變，以成就各類事業。要隨著事物的變化而作出變化。設立五官，建立六府，使各司其事。不要人為設置規矩，要使民物自然生成、自然消亡。自然之道不確立，做事就沒有明確的方法。對萬物施加主觀意志，就會傷害萬物之性。因順陰陽四時之變，然後可以建立功業。先確定自然之道，等待萬物自然消長。預先明確了思路，就能順合萬物。

法者，天地之正器也❶。用法不正❷，玄德不成❸，上聖者與天地接，結六連而不解者也❹。是故有道南面執政，以衛神明❺，左、右、前、後，靜侍中央❻。開原流洋❼，精微往來❽，傾傾繩繩❾。內持以維，外紐以綱❿，行以理埶⓫，紀以終始⓬。同一殊職⓭，立為明官⓮。五范四時⓯，各以類相從⓰。昧玄生色⓱，音聲相衡⓲。

【章　旨】本章說明立君、立法、立官都要依於自然之理。

【注　釋】❶法者二句　法度是治理天下的工具。天地之正器，即正天地之器，治理天下的工具。正，裁制；治理。器，工具。❷用法不正　行使法令不公正。正，公允；公正。❸玄德不成　不符合自然之道。玄德，幽冥之德，不為人知，即天道，自然之道。玄，深奧。成，達成。按：「玄」，備要本作「元」，二字通假。❹上聖者與天地接二句　天子象天法地，與天道交結而不會離散，就是因為其能任用法度，持法公正。上聖，同上文之「神聖」，都指天子。接，交接。結，結合。六連，即六合。天地、六合，意思大致相同，都指天地，指代自然。解，分解，離散。❺是故有道南面執政二句　因此有道明君治理天下，都會遵循自然法則。南面，古代君主坐北朝南，故而用南面指代登基稱君。執政，管理國家。衛，守衛，這裏指遵循、不違背。神明，自然之道。❻左右前後二句　指效法天地之象，設立臣子，拱衛天子。左、右、前、後，指臣子。靜，正；端正。指依天地自然之道。侍，侍奉。中央，指天子。❼開原流洋　開源然後其流充沛。開原，開啟源頭。原，同「源」。源頭。流，水流。洋，形容水流充沛。這句話是借源頭和水流的關係，形容治國只有法自然，治政才恢宏，國祚才綿長，強調法自然的重要性。❽精微往來　為治依於自然之道。精微，精深奧妙，指代自然之道。往來，指游心於自然之道。類似的表述，先秦十分常見，如《莊子・天下》：「獨與天地精神往來」。❾傾傾繩繩　浩大無垠。傾傾，同前，當作「頌頌」，此處解作浩大。繩繩，沒有邊際的樣子。為治依於自然，所以浩大沒有涯際。❿內持以維二句　思想、行為上都要以自然為根本，意思是為君者持身治國都要依於自然。內，內在，指思想。持，遵守。維，繫物的大繩；綱，提綱的總繩。二字意思略同，都引申指關鍵、根本。外，外在，指言行。紐，秉持。⓫行以理埶　因順自然之勢行事。行，行事。理埶，自然之勢。埶，同「勢」。按：埶，叢刊本作「執」，誤，此據備要本改。⓬紀以終始　終生都以自然之道為綱要。紀，綱紀；綱要。終始，始終；一生。⓭同一殊職　萬事萬物雖然都依於自然，但不同領域的具體職能不一樣。同一，統一於自然。殊職，職能不同。殊，不同。職，職能；職分。⓮立為明官　明白地設立不同的官職（使各司其事）。立，設立。明，明顯；明白。官，官職。⓯五范四時　五音和四時。五范，五音，宮、商、角、徵、羽。這裏五音不是單純的音樂概念，實為五行的變式。古以五音配五行，除去迷信的成分，本質上屬於古天文曆法的內容，是中國古太陽曆的衍生理論。早期五行說，有古太陽曆法的內容，即將一年劃分為五個季節：春、夏、長夏、秋、冬，一個季節兩個月，一個月三十六天（可參看彝族今日仍然保留的太陽曆法）。後以五音配五行，故五音實有陰陽五行的成分。四時，四季，也是太陽曆法，但是依太陽高度角測定二分（春分、秋分）二至（夏至、冬至）所劃分，與十月太陽曆法有所不同。十月太陽曆和四時曆法，疑即上古中國大地不同部落民族的曆法。⓰各以類相從　五音和四時依類別相配伍。各，分別。類，類別。從，歸屬。以上兩句，講的是音律與曆法節氣的配合，實質上有可能是兩種曆法的融合，背後反映的似乎是中國不同地域、民族、部落的文化融合。⓱味玄生色　顏色明暗相生。昧玄，顏色模糊不明的樣子。色，顏色鮮明。按：「玄」，備要本作「元」。⓲音聲相衡　單聲和韻律互相平衡。單個音調叫聲，單音排列成韻律叫音。衡，平衡。以上兩句，當為道家樸素辯證思想的表現，意思是設立官職，分司各事。各部分職能、事情之間相互促進，相互制約。

【語　譯】法度是治理天下的工具。持法不公正，就有悖自然之道。天子象天法地，與天道結合不悖離，就是因為其能任用法度，持法公正。因此有道明君治理天下，都遵循自然法則，設立臣屬侍奉居中的天子。治國只有法自然，才能具備恢宏的規模。游心於自然，其政教才不可限量。君主持身治國都要依於自然，順應客觀形勢行事，終生都要以自然之道為綱要。萬事萬物雖然都依於自然，但在不同領域的具體職能各不相同，所以要明白地設立不同的官職（使各司其事），就如同五音和四時，依類別相配伍；又像顏色明暗相生，單聲和韻律互相平衡。

東方者，萬物立止焉❶，故調以徵❷。南方者，萬物華羽焉❸，故調以羽❹。西方者，萬物成章焉❺，故調以商❻。北方者，萬物錄臧焉❼，故調以角❽。中央者，太一之位❾，百神仰制焉❿，故調以宮⓫。道以為先⓬，舉載神明⓭。華天上揚⓮，本出黃鍾⓯，所始為東方，萬物唯隆⓰。

【章　旨】本章講述五音五方之數，強調掌握律數就可以得於自然之道。

【注　釋】❶東方者二句　在東方，萬物扎下根基。意思是東方屬春，萬物始生，扎根立足。立，確立。止，猶「足」，根基。❷故調以徵　即「故以徵調」，因此以徵音配於東方。調，音調。❸南方者二句　在南方，萬物舒展。意思是南方屬夏，萬物繁榮生長。華羽，舒展榮發，即繁榮生長。華，繁榮。羽，舒展。❹故調以羽　因此以羽音配於南方。❺西方者二句　在西方，萬物成熟，形成紋理。成，成熟。章，紋理。意思是西方屬秋，萬物成熟，身上發育成自身的紋路特徵。❻故調以商　因此以商音配於西方。❼北方者二句　在北方，萬物都收錄歸藏。意思是北方屬冬，是收藏休養的季節，萬物都收錄歸藏。錄，記錄在冊籍上，此處意指收錄。臧，同「藏」。收藏。❽故調以角　因此以角音配於北方。❾中央者二句　天下的正中央，是泰一居住的地方。中央，天下的正中。太一，即「泰一」。位，位置；居處之所。❿百神仰制焉　眾神尊崇服從。百神，眾神。仰制，遵從。⓫故調以宮　因此以宮音配於中央。按：以上五音與五方的搭配，與《禮記・月令》和《呂氏春秋・十二紀》等主流文獻頗有出入，卻與孔家坡出土漢簡《日書・歲》相合。⓬道以為先　樂律之數導引萬物生長。道，同「導」。引導。為先，為之先。⓭舉載神明　全都尊奉自然。舉，都。載，猶「戴」，尊崇。神明，天道自然。⓮華天上揚　黃氣發動。華天，黃氣。華，黃。上揚，升騰、發動。⓯本出黃鍾　其本出自於黃鍾。本，始。黃鍾，為宮、商、角、徵、羽五音之中，是音律的根本。古時認為五音製作、排序都以黃鍾為本。《白虎通義・禮樂》：「鍾之為言動也」，所以說黃氣的發動是始於黃鍾。⓰所始為東方二句　使萬物在東方滋生興隆。始，開始。唯，語氣助詞。隆，興隆。這兩句的意思是，黃氣發動於東，使萬物在春天萌發。萬物既不失其時，就可以興隆繁盛。按：「隆」，叢刊本作「隆」，異體字，此據備要本改。

【語　譯】萬物生發於東方，立下根基，因此以徵音配於東方；萬物繁榮生長於南方，因此以羽音配於南方；萬物在西方成熟並形成自身的紋理，因此以商音配於西方；萬物歸藏於北方，因此以角音配於北方；天下的正中央，是泰一居住的地方，泰一為眾神遵從，因此以宮音配於中央。

律數導引萬物生長，全都歸本於自然。黃氣發動，本於黃鍾，發始於東方，故而萬物可以興隆繁盛。

以木華物❶，天下盡木也❷，使居東方主春❸。以火照物，天下盡火也，使居南方主夏❹。以金割物，天下盡金也，使居西方主秋❺。以水沉物，天下盡水也，使居北方主冬❻。上為大都，天下盡土也，使居中央守地❼。天下盡人也，以天子為正❽。

【章旨】本章以五行配四時，主張天子主司五行。

【注釋】❶以木華物　木氣使萬物繁殖。木，木氣。華物，使萬物繁殖。華，榮華；繁殖。❷天下盡木也　此時天下之氣都在木。盡，都。❸使居東方主春　將木氣配於東方，主春季之事。居東方，配於東方。居，處。主，主持。春，春天萬物生長之事。以上三句，為陰陽五行學說，分別以木、火、土、金、水五行之氣配五方四季。下同，不再一一分說。❹以火照物三句　火氣照耀萬物，此時天下之氣在火，所以將火氣配於南方，主夏季之事。火，古時認為火取於太陽，太陽就是火氣，夏季太陽普照，所以說是「火照」。居南方，配於南方。夏，夏季繁育發展之事。❺以金割物三句　金氣使萬物成熟收獲，此時天下之氣在金，所以將金氣配於西方，主秋季之事。金，古有割除義，從而引申出認為金主收獲，為金氣，主秋季收獲之事。❻以水沉物三句　水使物下沉，此時天下之氣在水，所以將水氣配於北方，主冬季之事。以水沉物，將物體放在水面上，物體一般都會沉下去，這是自然現象。但古人觀察這一現象，再結合水常常往下浸潤的情況，認為水氣潤下，是斂藏無為之象，符合冬季萬物閉藏、休養無為的特性，所以認為「以水沉物」是冬季之德。❼上為大都三句「上」，疑為「土」字之誤。「上為大都」，據上文體例，似當作「以土為大都」較妥。土氣在京城，歸屬於天子，四氣皆受其統攝，土氣居地之中而統領整個大地。大都，京城，天子所居，意思是土氣由天子執掌。天下盡土，這裏不再是說時氣在土，而是說五行中其他四氣都受土氣統攝。守，統領。地，大地。❽天下盡人也二句　人民盡在五行之中、大地之上，由天子統領。此兩句是由前三句引申而來，天子掌土氣，居中統攝五行大地，人民既在五行之中，大地之上，自然要受天子統領。

【語譯】木氣使萬物繁殖，此時天下之氣都在木，將木氣配於東方，主春季之事；火氣照耀萬物，此時天下之氣在火，所以將火氣配於南方，主夏季之事；金氣使萬物成熟收獲，此時天下之氣在金，所以將金氣配於西方，主秋季之事；水使物下沉，此時天下之氣在水，所以將水氣配於北方，主冬季之事；土氣為天子所守，四氣皆受其統攝，土氣居地之中而統領整個大地。人民盡在五行之中、大地之上，皆由天子統領。

調其氣❶，和其味❷，聽其聲❸，正其形❹。迭往觀今❺，故業可循也❻。首尾易面❼，地理離經❽，奪愛令亂❾。上滅天文，理不可知❿，神明失從⓫。

【章　旨】本章強調要遵循舊制，不要擅自變更師俗。

【注　釋】❶調其氣　調節五行之氣。調，調節。氣，即上文所論說的五行之氣。❷和其味　調和五行之味。和，調和。味，五行之味，酸、苦、辛、鹹、甘。❸聽其聲　分辨五行之聲。聽，辨別。聲，五行之聲，呼、笑、歌、哭、呻，參見《素問・陰陽應象大論》。❹正其形　確定五行之形制。正，確定。形，五行的形制，即木直、火銳、土方、金圓、水曲五種形態，其解詳見〈世兵第十二〉。❺迭往觀今　察古觀今。迭，借為「眣」，視；看。往，過去。觀，看。今，現在。❻故業可循也　舊制就可以把握遵循。故業，舊制。故，舊。業，制度。循，遵循。❼首尾易面　改變古今的前後順序。按時序，本是古代在前，當代在後；現在改變兩者的時序，將當代改置在古代之前，比喻不遵循舊制，變亂天道。首，古。尾，今。易，改變。面，向；方向。此言天道變亂。❽地理離經　地面上萬物消長之事背離常道。地理，即上文泰皇問泰一的天、地、人事三者中的地，八風物候土宜之類。離，背離。經，常道。此言地理變亂。❾奪愛令亂　使人民不能安居樂業，使人事悖亂。奪愛，奪民所愛。令亂，使悖亂。❿上滅天文二句　使天地之行失去常理。滅，掩沒；消除。天文，即上文泰皇問泰一的天、地、人事三者中的天，天象四時節令之類。理，地理。不可知，常理被消除，無從通曉。⓫神明失從　觀法天文地理的法度不可知，即無從因順自然。神明，自然。失從，無從順應；追隨。從，順應。按：「失」，叢刊本作「矣」，誤，此據備要本改。

【語　譯】調節五行之氣，調和五行之味，分辨五行之聲，確定五行的形制，察古觀今，就可以知曉並遵循舊制。如果不遵循舊制，就會變亂地理之數，萬物消長不能得其天性，人民不能安居樂業。天地之行失去常理，觀法天文地理的度數（即舊制）不得而知，就無法因順自然了。

文、理者，相明者也❶。色、味者，相度者也❷。藻、華者，相成者也❸。眾者，我而眾之❹，故可以一范請也❺。順愛之政❻，殊類相通❼。逆愛之政❽，同類相亡❾。故聖人立天為父，建地為母❿。

【章　旨】本章強調治國要因順天地之情。

【注　釋】❶文理者二句　天文、地理互相彰明。文，天文。理，地理。明，彰明。❷色味者二句　五色、五味互相權衡。色，五行之色。味，五行之味。度，權衡，意思是可由一色一味而推之他色他味，互為推演，互相作用。❸藻華者二句　文質相輔相成。藻華，文彩，與「質實」相對而言，此處略去「質實」不書。成，成就。❹眾者二句　眾人是由一眾個體的我組成。眾，眾人。我，個體的我。眾之，使之成為眾人。❺故可以一范請也　因此管理人的方法對各種人是通用的。一范，統一的制度。請，治理。以上三句，意思是人同此心，心同此理，明於人情，則管理各類人有通行的法則。❻順愛之政　政令順應人情。順愛，順其所愛，即因順人情。政，政令；治政。❼殊類相通　不同種族也可以溝通融洽。殊類，不同類。通，溝通。❽逆愛之政　政令不能因順人情。逆愛，逆其所愛，即不因順人情。❾同類相亡　同一種族也彼此離棄。同類，同族。亡，逃離。❿故聖人立天為父二句　因此聖人以天地為父母，因順其情而不違。立、建，都是建立、確立的意思。此二句承前面四句而言，要建立順愛之政，就不能違逆人情。而人情之大，莫過於求生於天，求食於地。聖人因順天地，就是最大的順愛之政。又，此二句過於簡單，初看似不可解，是因為其化自馬王堆漢墓帛書《十大經・果童》篇，或二者同一淵源。〈果童〉篇說：「夫民仰天而生，待地而食。以天為父，以地為母。」本文此處即承〈果童〉篇之意。

【語譯】天文、地理互相彰明，五色、五味互為權衡，文彩、質實相輔相成。眾人是由眾多個體所組成，因此管理人的方法對各種人是通用的。政令如果順應人情，異族之間也可以溝通融洽；政令如不能因順人情，則同族之人也會彼此離棄。因此聖人順應天地之情而不違逆。

范者，非務使云必同知一❶，期以使一人也❷。氾錯之天地之間❸，而人人被其和❹。和也者，無形而有味者也❺。同和者，仁也❻。相容者，義也❼。仁義者，所樂同名也❽。能同所樂❾，無形內政❿。故聖知神方⓫，調於無形⓬，而物莫不從⓭。

【章旨】本章認為掌握人情的共性，就可以無為而治天下。

【注釋】❶范者二句　法度，不是說一定要約束人們言行如同一個人。范，即上文「故可以一范請也」之范，法度。務，追求。使，要求。云，說。必，一定。同，相同。知一，疑當作「如一」，如同一人。❷期以使一人也　希望管理眾人能夠像管理一個人一樣。期，期望；要求。使一人，管理一個人。❸氾錯之天地之間　法度施於天下。氾，廣泛；普遍。錯，同「措」。置，施設。天地之間，指天下。❹而人人被其和　人人都能和同。被，承受。和，和同；諧同。❺和也者二句　和同，可以感受到卻看不見。無形，看不到。有味，能品嘗到其味，意思是可以感受到。味，品嘗。❻同和者二句　共同和諧，就是仁。同，共同。❼相容者二句　相互包容不敵對，就是義。容，包容；不傷害。❽仁義者二句　仁、義這兩個字，是人們所喜樂之事的統稱。所樂，所喜樂之事。同名，共同的名稱。❾能同所樂　眾人如果能同喜同樂。同，相同。樂，喜樂。❿無形內政　無形之和就能從內治理百姓。無形，即上文「無形而有味者也」，指潛移默化。內政，從內進行治理。政，治理。⓫故聖知神方　聖人知道神妙的方法。神方，神妙的治國方法。⓬調於無形　無形之中從內治理。調，調和，即「內政」。⓭而物莫不從　天下無不服從。物，指天下。從，服從。

【語　譯】法度，不是說一定要約束人們言行如同一個人，而是希望管理眾人能夠像管理一個人一樣。法度施於天下，人人都能和同，和同可以感受到卻看不見。共同和諧，就是仁；相互包容不敵對，就是義。仁、義這兩個字，是人們所喜樂之事的統稱。眾人如果能同喜同樂，無形的和同就能從內治理百姓。聖人知道神妙的方法，可以在無形之中從內治理，天下無不服從。

天受藻華，以為神明之根者也❶。地受時，以為萬物原者也❷。神聖詳理❸，惡離制命之柄❹，斂散華精❺，以慰地責天者也❻。調味章色，正聲以定❼。天、地、人事，三者畢此矣❽。」

【章　旨】本章總結全篇，指出陰陽數術之學是通天人、治國家的根本。

【注　釋】❶天受藻華二句　天地交接，天接受地理的影響，這是自然之道的根源。藻華，地之華，即地之理。根，根源。❷地受時二句　地上接天，受天時作用，這是萬物的根源。即上文所說的「地者，承天之演，備載以寧者也」。地，大地。受，被作用。時，天時。原，源頭。以上四句，是道家樸素辯證法和陰陽學說的反映，認為天地交泰，互相作用，才是自然之道，才能化生萬物。❸神聖詳理　聖人深知天地交泰之理。詳，知道得非常詳盡。理，原理。❹惡離制命之柄　據注文，當作「惡制命之柄」，反對一味任用刑賞之術。惡，厭惡；反對。制命之柄，操控人命的方法，指刑賞權術。此句可與《老子》的「國之利器不可以示人」句相互參看，都是取「柔弱勝剛強」之義，主張順天因人，使民自化，反對迷信主觀進取，崇尚刑賞之術。❺斂散華精　背離天文地理。斂，舉。散，分散。華精，天地精華，即天文地理，天地運行之數。❻以慰地責天者也　指天罵地，意思是不信奉自然之理，怨責天地變化不順己意。慰，怨。責，指責。以上三句，形容崇尚權術，一味進取，迷信主觀力量，昧於天地自然規律，不通陰陽數術之學。❼調味章色二句　即上文「調其氣，和其味，聽其聲」諸內容。調，調和。章，同「彰」。彰顯。正聲以定，即定正聲，辨別確定五行之聲。❽天地人事二句　天、地、人事的內容，都在這裏了。畢，都；全部。這兩句呼應上文「吾將告汝神明之極。天、地、人事，三者復一也」作結。

【語　譯】天地交接，天受地理的影響，這是自然之道的根源；地上接天，受天時作用，這是萬物的根源。聖人深知天地交泰之理，反對為政之人一味任用刑賞、背離自然之理，不通數術，只知指天罵地。只要能調和五行，辨定方術，則天、地、人三方面的事情，都盡在掌握。」

【研　析】本篇需明確者有三：

首先，〈泰鴻〉一篇，充斥著陰陽數術之說。篇首所說的「泰一」，實際就是道家常說的和同萬物，即天地自然之道。上半篇主論立君立國要順應天地之數，無為而治；下半篇則提出五音、五方、五行等一系列數術之說，認為通數術即得天道，從而得出據數術以治國這樣一個結論。應該說，這一篇是比較側重於陰陽家這個領域，與傳統道家純粹的清靜無為有所不同。讀者由此，正可以看到黃老與傳統道家的區別：傳統道家偏於客觀唯心，強調客觀意志的不可知；而黃老則在俗世與神秘的客觀意志之間，繫上了陰陽數術這條紐帶，使這種不可知變為有限可知。

其次，讀者應注意本篇所說的「仁」、「義」，並不是一般意義上儒家所說的仁義，而是指與物和諧，不傷物性，使萬物得其本性，自然而然地生長、消亡，也就是與物混同，與道為一的意思。

再次，本篇「迭往觀今，故業可循也。首尾易面，地理離經，奪愛令亂。上滅天文，理不可知，神明失從」一段話，非常重要，讀者不可輕易放過，應反覆玩味。這段話解釋了前後諸篇中多次提到的因循舊制問題。如果沒有這段話，則前後文中因循舊制的理論，就很難理解。特別是〈王鈇〉篇反覆申論的先王之制，很容易被誤解為祖宗之法不可變。從這段話，我們可以得知，所謂先王之制，所謂師俗故業，其實是前人總結整理出的那一套陰陽數術之學。從各篇文字當中，我們可以明顯看到，鶡冠子似乎認為，陰陽數術即是天地化生、萬物消長的抽象化、數字化。只有因循運用前人傳承下來的這套陰陽數術之學，才能把握、推算天地間的消息，才能做到無為而無不為。因此，鶡冠子的先王之制不可變，並不是一般意義上所說的祖宗之法不可變，而是指要繼承掌握先王象天法地的數術之學。

泰錄第十一

【題解】泰，即上篇之泰一。錄，記錄，抄寫。所謂泰錄，即指以上〈泰鴻〉篇之續錄、續寫。也有可能在撰著之初，〈泰鴻〉、〈泰錄〉本就是一篇，後人繕寫、編校時區分為兩篇。

入論泰鴻之內，出觀神明之外，定制泰一之衷❶，以為物稽❷。天有九鴻❸，地有九州❹。泰一之道，九皇之傳，請成於泰始之末❺。見不詳事於名理之外❻，范無形❼，嘗無味❽，以要名理之所會❾。范者，味之正也❿。味者，氣之父母也⓫。精微者，天地之始也⓬。不見形臠⓭，而天下歸美焉⓮。名尸神明者，大道是也⓯。夫錯行合意，扶義本仁⓰，積順之所成⓱，先聖之所生也⓲。

【章　旨】本章指出因循自然是先聖之道。

【注　釋】❶入論泰鴻之內三句　是對〈泰鴻第十〉開篇「泰一者，執大同之制，調泰鴻之氣，正神明之位者也」這四句話的重複，只是這裏是從人的角度來說，意思就是因順元氣、五行的變化，以自然為本。「入論泰鴻之內」，即「調泰鴻之氣」；「出觀神明之外」，即「正神明之位」；「定制泰一之衷」，即「執大同之制」。論，治理；序次。觀，觀察。定制，以之為制。定，安；止息。衷，同「中」。內在。按：「入」，叢刊本作「人」，誤，此據備要本改。❷以為物稽　作為萬事萬物的參考標準。物，萬物。稽，取稽；參照。❸天有九鴻　天有九個方位。九鴻，九個方位，八方與中央。❹地有九州　大地分為九片州土。九州，說法不一，《淮南子・墬形》對九州的表述是：「東南神州曰農土，正南次州曰沃土，西南戎州曰滔土，正西弇州曰并土，正中冀州曰中土，西北台州曰肥土，正北濟州曰成土，東北薄州曰隱土，正東陽州曰申土。」❺泰一之道三句　（因為泰一之道不可知、不可見，所以）九州之長及其輔相都要通過觀法元氣的變化來依從泰一之道。請成，察問現成，意思是察知元氣現有的變化狀態。請，問。成，現成。泰始之末，即下文的「精微者，天地之始也」。泰始，天地萬物之始，即元氣。末，微；精深。❻見不詳事於名理之外　在冥冥之中體察泰一之道。見，知。不詳事，事情的大略，道家認為道不可知，不可見，精微難測，所以不可能知道道的具體細節，只能感知其大略。詳，具體。名理之外，即幽冥之中，玄妙難以明其理。名理，明述事理。名，借為「明」。❼范無形　由無形中得其形。范，同「範」。模型，此指形制。無形，大道無形。❽嘗無味　由無味中得其味。嘗，品嘗味道，此指理數。無味，大道不可知。❾以要名理之所會　以求確立法度。要，成就。名理，指治國法度。會，會合。名理相合，乃為法度。❿范者二句　疑當作「范者，形之正也」，范是鑄造模具，所以是形式之正。正，官長。⓫味者二句　嗅覺負責辨別氣味。味，嗅覺。古文中，嗅覺器官與味覺器官常連用、通用，如《禮記・月令》：「其味甘，其臭香」等。此句難解，「味」字似乎是指人對氣味的主觀嗅知，而「氣」則偏於指向事物客觀的氣味。人的嗅知可以分辨氣味的不同，所以說「味者，氣之父母也」。按：「母」，叢刊本作「毋」，異體字，此據備要本改。⓬精微者二句　天地之初為元氣。精微，即道家所說的元氣。始，初始。⓭不見形巒　不顯形，即為於無為。意思就是無為而治，沒有明顯的約束干預，因時乘勢，人不見其治而天下治。形巒，形狀。巒，同「埒」。形。⓮而天下歸美焉　天下歸心。歸美，即贊美推崇都歸過來。美，善。⓯名尸神明者二句　效法五帝，就是說遵從泰一之道。名尸神明，見〈度萬第八〉。人道，泰一之道。⓰夫錯行合意二句　思想和行為都要遵循仁義。錯，雜合。行，行為。合，會合。意，思想。扶，佐；依靠。本，依據；以之為本。仁、義，見〈泰鴻第十〉。⓱積順之所成　累積順和的成就。積，累積。順，順和，仁主和同，義主不傷，都講究因順和合、沒有抵牾，所以叫順和。成，成就。⓲先聖之所生也　這是先聖之道之所在。生，生長。

【語　譯】因順元氣、五行之變，歸本於自然，以泰一自然之道作為治世處事的標準。天有九方，地分九州，九州之長及其輔相觀法元氣的變化來因循、體察泰一之道。由無形中得其形，由無味中得其味，以求確立治國的法度。由模具可判斷形式，依嗅覺可辨別氣味，天地之初即為元氣，治國如能判別因順元氣的變化，無為而治，則天下歸心。前篇所謂效法五帝，就是說要遵從泰一之道。思想和行為都要講究因循和同，累積順和，這就是先聖之道之所在。

行其道者有其名[1]，為其事者有其功[2]，故天地成於元氣[3]，萬物乘於天地[4]。神聖乘於道德[5]，以究其理[6]，若上聖皇天者，先聖之所倚威立有命也[7]。故致治之自，在己者也[8]。招高者高[9]，招庳者庳[10]。故成形而不變者，度也[11]。未離己而在彼者，狎漚也[12]。陳體立節[13]，萬世不易[14]，天地之位也[15]。分物紀名[16]，文聖明別[17]，神聖之齊也[18]。法天居地[19]，去方錯圓[20]，神聖之鑒也[21]。象說名物[22]，成功遂事[23]，隱彰不相離[24]，神聖之教也[25]。故流分而神生[26]，動登而明生[27]，明見而形成[28]，形成而功存[29]。故文者，所以分物也。理者，所以紀名也[30]。天地者，同事而異域者也[31]。無規圓者，天之文也[32]。無矩方者，地之理也[33]。天循文以動，地循理以作者也㉞。二端者，神之法也㉟。

【章旨】本章說明聖人象天法地。

【注釋】❶行其道者有其名　行泰一之道，就有神明之名。其道，泰一之道。名，神明之名號。❷為其事者有其功　行聖人之事，就能享聖人的功業。其事，聖人之事。功，聖人的功業。❸故天地成於元氣　天地始於元氣。成，成就。❹萬物乘於天地　萬物因於天地，意思就是天地生成了萬物。乘，因；依賴。❺神聖乘於道德　聖人因於自然。神聖，聖人。道德，自然。❻以究其理　探究天地萬物之理。究，探究。其理，承「故天地成於元氣，萬物乘於天地」兩句，指天地萬物之理。❼若上聖皇天者二句　聖人憑借天道的威勢來樹立自己的地位。上聖皇天，即上天，神明。倚，憑藉。威，威勢，威名。立有命，確立地位權勢。立，樹立；確立。有命，命。❽故致治之自二句　要使國家政治清明，還是在於君主自身。致，達到。治，國家被治理好。自，由；根源。己，自身。按：「己」，叢刊本作「巳」，誤，據備要本改。❾招高者高　道術高明的（能倚上聖皇天之威者），其成就就高。招，舉；施行。高，高明。❿招庳者庳　道術不高明的（不能倚上聖皇天之威者），其成就就低。庳，同「卑」。低。⓫故成形而不變者二句　法度成就各種不同的事物，但法度自身恆定不變。成形，成就其形。成，成就。變，變化。此二句的意思，可以與《列子・天瑞篇》：「形之所形者實矣，而形形者未嘗有」互相參看。⓬未離己而在彼者二句　疑當作「未離己而在彼者也」，「狎漚」似為衍文。意思是法度所以能成就萬事萬物，取決於法度本身，而不是被成就者。離，離開。己，法度。彼，被成就的事物。按：「己」，叢刊本作「巳」，誤，此據備要本改。⓭陳體立節　人具備身體和四肢。陳，陳設。體，身體。節，肢節；四肢。⓮萬世不易　人體的這種結構萬年不改變。易，改變。此以人體比天。⓯天地之位也　天地確立的位次就像人的陳體設節一樣，萬世不易。位，位次，當指日月星宿之位、四時之序、八方八風、時令節氣等。

⑯分物紀名　區分萬物，確定其名位。分，區分。紀名，綱紀其名序，意思就是使物各居其宜，各守其分，互不干犯，尊卑上下明確。紀，綱紀；排列。名，名位。⑰文聖明別　據下文，疑當作「文理明別」，即察明天文地理之事。明，顯明。別，分析；明察。天文地理之事，詳見〈泰鴻第十〉。⑱神聖之齊也　這是聖人處理萬事萬物的方法。齊，整齊，即治理。⑲法天居地　效法天地。法，效法。居，同「據」。依據。⑳去方錯圓　效法天地之道。這句與上句意思相仿。去，古作「弆」，保藏。方、圓，古人認為天道圓、地道方，故以方指代地道，以圓象徵天道。錯，同「措」。置。以上兩句，可參看《莊子・說劍》：「上法圓天，以順三光；下法方地，以順四時」。㉑神聖之鑒也　這是聖人鑒查萬事萬物的方法。鑒，鏡子，指鑒查。㉒象說名物　模擬物象，疏解其名義。象，模擬；仿效。說，解說；疏解。名，物名。物，物象。㉓成功遂事　事業取得成功。成，成就。遂，成就，實現。功、事同義，都指功績、事業。㉔隱彰不相離　隱顯一體。隱，隱藏。彰，顯明。此道家言，意思是說聖人為於無為，因時乘勢，事情成功，人們都覺得自然而然就成功了。這時候，聖人成功之道隱微不為人知，但其成功這個事實卻十分顯明。此句的隱，指的就是聖人成功之道隱；彰，指的就是聖人事業成功彰明。聖人其道的隱與其事的顯是一體兩面，所以說「不相離」。其詳可參見《老子》：「是以聖人處無為之事，行不言之教。萬物作而不辭，生而不有，為而不恃，成功不居」。㉕神聖之教也　這是聖人教化的方法。教，教化。㉖故流分而神生　水生神。流，水。分，發散。神，不可見之物。五行中，水為陰，陰行於下，其所生之物不可見。㉗動登而明生　火生出可見之物。動，火。登，升，動。明，光明。五行中，火為陽，陽行於上，其道顯明，所生之物均可見。㉘明見而形成　事物顯現就有形制。明，顯明。見，同「現」。顯現。形成，具備形制。形，形狀；形制。成，成就；實現。㉙形成而功存　有了形制就可以成就功績。存，在；成就。㉚故文者四句　仰觀天文，俯察地理，分物紀名，使諸事得宜。文，天文。理，地理。分物、紀名，見上文。㉛天地者二句　天文和地理，都是自然之道，只是類別不同。天地，指天文地理。同事，同道。異域，不同類。㉜無規圓者二句　天自然圓。無規圓，不借助工具自然而然就圓。規，畫圓的工具。㉝無矩方者二句

地自然方。無矩方，不借助工具自然而然就方。矩，畫方的工具。㉞天循文以動二句　天地自然運行。循，遵循。動、作，都指變動發展。天循天文、地循地理，均是自然而然。㉟二端者二句　觀法天地，就是聖人治事的方法。二端，天文和地理，指聖人觀法天地，因順自然。神，神聖，即聖人。

【語譯】行泰一之道，就會有神明的名號；行聖人之事，就能成就聖人的功業。天地始於元氣，萬物化生於天地。聖人依於自然，探究把握天地萬物之理，憑借天道的威勢來樹立自己的地位。要使國家政治清明，關鍵還是在於君主自身。君主如果道術高明，其成就就高；道術不高明，其成就就低。法度自身恆定不變，卻能成就萬事萬物。法度之能夠成就萬事萬物，取決於法度本身。就像人類出現至今，一直都有身體和四肢一樣，天地所確立的位次也萬世不變。區分萬物，定其名位，明確天文地理之事，這是聖人治理萬事萬物的方法；象天法地，遵循天地運行之理，這是聖人鑒查萬事萬物的方法；模擬物象，疏解名義，使事業取得成功，其行事之道不為人知而其事業彰著顯明，這是聖人教化的方法。神由陰生，明由陽現，事物顯明就有形制，有了形制就可以成就功業。因此仰觀天文，俯察地理，分物紀名，使諸事得宜。天文和地理都是自然之道，只是類別不同。天自然圓，地自然方，天地自然運行。觀法天地，就是聖人治事的方法。

神聖之人，后先天地而尊者也❶。後天地生❷，然知天地之始❸。先天地亡❹，然知天地之終❺。道包之❻，故能知度之❼。尊重焉❽，故能改動之❾。敏明焉❿，故能制斷之⓫。

【章　旨】本章說明得道之人可以裁制天地萬物。

【注　釋】❶神聖之人二句　聖人壽不及天地，但卻比天地萬物尊貴。后先天地，即探下面四句而言，其解詳下。后，同「後」。尊，尊貴，意思是聖人體察自然之道，而道生天地，所以說聖人比天地尊貴。❷後天地生　後於天地而生。生，出生。❸然知天地之始　然而卻知道天地產生的根源。始，初始；源頭。❹先天地亡　先於天地而亡。亡，死亡。❺然知天地之終　然而卻知道天地萬物為什麼會消亡。終，終止；消亡。以上六句的意思，可參看《老子》：「有物混成，先天地生。寂兮寥兮，獨立而不改，周行而不殆，可以為天地母」。《老子》的意思，是說道自根自生，地位高於天地，即天法道，道法自然。道在天地產生之前就有了；即使天地萬物消亡了，道也依然存在。所以說道先天地生、為天地母。而本文說的是聖人，聖人雖然體天知道，但畢竟是肉身。先要有天地，然後才能生人，這就是「後天地生」。人壽命有限，生命結束後，天地依然存在，這就是「先天地亡」。然而聖人雖然沒有齊天地之壽，卻能通曉自然之道，明白天地萬物的本源及其生長消亡的情況。❻道包之　道包羅天地。道，天道自然。包，包羅；包容。之，指天地。這裡的「天地」，指由元氣化生而來的形而下的具體的天地間萬事萬物，並非先驗的天地意志。❼故能知度之　所以體道之人可以靠自己的智慧測度天地。知，通「智」。智慧。度，測度。❽尊重焉　比天地尊貴、重要。焉，指天地。❾故能改動之　因此能夠變動天地。改動，改動天地。之，指天地。❿敏明焉　在天地萬物消長變化之前就先覺察到。敏明，聰慧。⓫故能制斷之　因此可以裁制、改動天地。制斷，裁制、決斷，指影響、改變。

【語　譯】聖人雖不能與天地齊壽，卻比天地萬物尊貴。聖人後於天地而生，卻知道天地萬物產生的根源；先於天地而亡，卻知道天地萬物為什麼會消亡。道包羅天地，所以體道之人可以靠自己的智慧測度天地。比天地尊貴，因此能夠變動天地。能預知天地萬物的變化，因此可以裁制、改動天地。

精神者，物之貴大者也[1]。內聖者，精神之原也[2]。莫貴焉[3]，故靡不仰制焉[4]。制者，所以衛精、擢神、致氣也[5]。幽則不洩[6]，簡則不煩[7]，不煩則精明達[8]，故能役賢[9]，能使神明[10]。百化隨而變，終始從而豫[11]。神明者，積精微全粹之所成也[12]。聖道神方，要之極也[13]。帝制神化，治之期也[14]。故師為君而學為臣[15]，上賢為天子，次賢為三公，高為諸侯[16]。易姓而王，不以祖籍為君者[17]，欲同一善之安也[18]。彼天地動作於胸中，然後事成於外[19]。萬物出入焉，然後生物無害[20]。闓闔四時[21]，引移陰陽[22]，怨沒澄物[23]，天下以為自然[24]，此神聖之所以絕眾也[25]。聖原神文[26]，有驗而不可見者也[27]。故過人可見[28]，絕人未遠也[29]。神明，所以類合者也[30]，故神明錮結其紘[31]。類類生成[32]，用一不窮[33]。影則隨形[34]，響則應聲[35]。故形聲者，天地之師也[36]。四時之功，陰陽不能獨為也㊲。聖王者不失本末，故神明終始焉㊳。卒令八風三光之變㊴，經氣不常之故㊵，孰不詔請都理焉㊶？故神靈威明上變光㊷，疾徐緩急中動氣㊸，煞傷毀禍下在地㊹。故天地陰陽之受命㊺，取象於神明之效㊻，既已見矣㊼。天者，氣之所總出也㊽。地者，理之必然也㊾。故聖人者，出之於天，收之於地㊿。在天地若陰陽者[51]，杜燥濕以法義[52]，與時遷焉[53]。二者聖人存則治、亡則亂者[54]，天失其文，地失其理也[55]。以是，知先靈王百神者上德執大道[56]。凡此者，物之長也[57]。及至乎祖籍之世[58]，代繼之君身雖不賢[59]，然南面稱寡[60]，猶不果亡者[61]，其能受教乎有道之士者也[62]。不然而能守宗廟、存國家者[63]，未之有也[64]。

【章　旨】本章認為存宗廟、治國家，長治久安，必須效法天地，遵循自然之數，全靠君主是得道聖人或有得道聖人的輔佐。

【注　釋】❶精神者二句　聖人的思想精神是萬物之尊。物，萬物。貴大，貴重；尊貴。這兩句承上文，聖人之所以能「后先天地而尊」，是由於聖人體知自然之道。所以其思想精神是最重要的。❷內聖者二句　涵養心性，是具備聖人思想精神的根源。內聖，即順天知命，涵養心性，摒棄主觀好惡等內容。原，本原。❸莫貴焉　沒有比內聖之道更重要的了。莫，沒有。貴，貴重。❹故靡不仰制焉　因此要修成聖人，都要學習內聖的方法。靡，都。仰制，取法；效法。制，方法；法度。❺制者二句　內聖之法，就是要護衛精氣、使精神專一、形成浩然之氣。衛精，護衛精氣，使之渾厚不泄。衛，護衛。擢神，使神氣挺拔，意思是使精神專一不分散。擢，拔。致氣，形成浩然之氣。致，達。精、氣、神，古時意義有所區別，精是生命之本，是氣之精，藏於腎；氣是生命運動的動力源泉，是身體各種機能的總和；神則是現在所講的人的神氣、思想、意志、情感等，神藏於心。❻幽則不泄　居處安閒，精氣就不外泄。幽，安閒。泄，泄露。❼簡則不煩　事情簡單，人就不會煩亂。簡，簡單。煩，煩亂。按：「簡」，叢刊本作「蕳」，為「簡」的俗體字。此據備要本改。❽不煩則精明達　不煩亂，精神就通暢。精，精氣。明，聰敏，即思想精神。達，通暢無阻。❾故能役賢　因而可以任用賢人。役，役使。賢，賢能之人。❿能使神明　可以調用天數。神明，天數，陰陽數術之說。⓫百化隨而變二句　事物的始末消長都會隨其變化而變化。百化，事物的千變萬化。隨，跟隨。變，變化。終始，事物發展的始末。從，跟隨。豫，變化。⓬神明者二句　聖人道術，就是天地萬物精深純粹之數的組合。積，累積。精微全粹，事物抽象之數。精微，精深。全粹，純粹。全，純淨。⓭聖道神方二句　聖人神妙的道術，是服道修為所追求的極至。神方，神妙之方。要，追求。極，極至。⓮帝制神化二句　帝王神妙的教化之道，是治國所追求的境界。帝制，帝王之制。神化，教化如神。治，治國。期，期待。⓯故師為君而學為臣　因此道術精深的聖人居君主之位，道術較淺之人北面稱臣。師，師範。君，君主。學，學習，即上文的「要」、「治」。臣，臣子。⓰上賢為天子三句　道術最精深的成為天子，其次精深的立為三公，再其次的立為諸侯。上賢，道術最精深者。次賢，其次賢能。次，其次。高，以之為崇高，即推崇聖道神方、帝制神化。這裏意思是雖然學道尚淺，但仍能尊崇道術。⓱易姓而王二句　能不世襲帝位，禪讓賢者的人。易姓而王，指禪讓君王之位給賢人，不世襲。易，改換。王，稱王。祖籍，父子相傳承繼君位。祖，繼承。籍，祚，皇帝之位。⓲欲同一善之安也　都是以因順自然形勢為正道。欲，追求。同，一樣。一善，自然。安，安居；依托。⑲彼天地動作於胸中二句　聖人體天知道，因順自然，所以眾事成功。天地動作於胸中，體察天地變化，即體天知道。動作，運動變化。胸中，心中。成，成就；實現。外，相對於人自身而言，外界。⑳萬物出入焉二句　萬物發展變化，不被干擾傷害。出入，發展變化。無害，沒有傷害，即〈泰鴻第十〉所講的「仁義」。意思是，因時乘勢，與世浮沉，自然於物無害。㉑闔闔四時　使四時不失序。闔闔，開合，指四時的遞變。㉒引移陰陽　協和陰陽。引移，調和。引，引伸。移，移動。以上兩句，可參看〈泰鴻第十〉注釋所引《史記・陳丞相世家》文。㉓怨沒澄物　使萬物消長。怨沒，事物消亡。怨，恨。沒，消滅。澄物，疑當作「成物」，使物生成。㉔天下以為自然　世人認為事情自然如此。即《老子》：「功成事遂，百姓皆謂我自然」之意。自然，自然而然。㉕此神聖之所以絕眾也　這就是聖人超越眾人之處。絕眾，超越眾人。絕，超越。㉖聖原神文　其事業本於聖人之道，其文德神妙。聖原，以聖為本原。神文，文德神妙。㉗有驗而不可見者也　功業可得以驗證，卻不知道所以然。驗，驗證。不可見者，指所以成就功業之道不可知。㉘故過人可見　超越眾人之處可以看得到。過人，即下一句「絕人」，超過眾人之處。可見，可以被發現。㉙絕人未遠也　超過眾人就不多，不算是聖人。未遠，不遠；不多。㉚神明二句　自然之數，以類相合。神明，此指自然法則，規律。所以，即「以」。合，匹配。㉛故神明錮結其紘　因此聖人道術嚴格遵循這一原則。錮結其紘，繫緊冠帶，比喻依從於「所以類合」這一原則，緊密不分離。神明，此指聖人道術。錮，同「固」。牢固。結，繫結。紘，冠帶。㉜類類生成　推類以觀事物的生成。類類，推類。生成，生長成就。㉝用一不窮　依據道術，應對事物不會有困頓。用一，依據道術。一，道術。窮，盡；困頓。以上五句，是先秦推類思想的反映，時人認為只要事物與事物在結構方式上有相同之處，或行為方式比較接近，亦或價值取向有相似性，就可以類推，稱作「類同相召，氣同則合，聲比則應」。這種思想，可參看《呂氏春秋・恃君覽・召類》等文獻。㉞影則隨形　有物形就有影子。影，影子。隨，依從。形，事物的形體。㉟響則應聲　有聲音就有回音。響，回聲。應，響應。聲，聲音。㊱故形聲者二句　形聲之事就是天地之道的樣板。師，師範。以上四句意思是，影感形而生，響應聲而生，故而可由影推知形，由響推及聲，天地之事，都像形影、聲響之事一樣，可以舉一反三，由此及彼。所以說形聲之事是「天地之師」。㊲四時之功二句　春生、夏長、秋成、冬藏之事，需要陰陽交濟才能實現。四時之功，即春生、夏長、秋成、冬藏。功，功績。獨為，獨陰不生，獨陽不長，即單獨只靠陰氣或陽氣是無法完成的，需要陰陽二氣互相作用。獨，獨自。為，實現。這兩句，也是講推類思想，天地之道，需在由此及彼的推類中感知，則道不獨為，需要事物彼此交互作用才生成，同理，四時之事也需要陰陽交互作用才能實現。這也是古人樸素辯證法思想的表現。㊳聖王者不失本末二句　聖王推類不失彼此兩端，故而始終不背離自然之數。不失本末，推類不失彼此兩端，即交感。神明終始，不違自然之數。㊴卒令八風三光之變　最終導致八方之風、日月星三光的時序混亂。卒，最終。令，導致。八風，八方之風。三光，日月和五星。變，變亂，古人認為日食、月食和日月星象的許多變化等為災異之象。㊵經氣不常之故　地氣、物候、節令失常。經氣，常氣，指之前觀測到比較穩定有規律的物候節氣。不常，失常；發生變化。故，事故；變故。㊶孰不詔請都理焉　誰不會去告於聖人求其治理呢。孰，誰。詔，告。請，請求。都理，總攬治理。都，總。理，治理。焉，指上文所述的災異變亂之事。㊷故神靈威明上變光　自然之道的威靈可以改變天象。神靈威明，即自然之道的神靈威勢。神靈，自然之道的神妙。威明，威靈；威勢。上變光，向上改變天象。上，向上，即天上。變，改變。光，日月星三光。㊸疾徐緩急中動氣　自然之道可以使天地間的氣發生改變。疾徐緩急，形容節奏的變化，這裏指自然之道的運行變化。中動氣，使天地間的氣發生改變。中，天地之間，稱為中。動，變動。㊹煞傷毀禍下在地　自然之道可以對地上的事物造成殺傷毀壞。煞傷，殺傷。煞，通「殺」。毀禍，毀壞。下，向下。㊺故天地陰陽之受命　天地陰陽受制於道。受命，受制約。㊻取象於神明之効　取法於道的效應。取象，取法。効，同「效」。效應。㊼既已見矣　已經看到了。既，已經。已見，即如上文所述上天、中氣、下地的作用，已經看到了。㊽天者二句　天是氣的總根源。總出，總源。古人認為天空就是積氣，雲霧風雨都是氣行之象，都源於天，所以說天是「氣之所總出」。

㊾地者二句　地是天地理數所形成的。理，天地之數，〈泰鴻第十〉：「地者，承天之演，備載以寧者也」。所以說地是天地作用，道數作用衍化而來。然，形成。按：這是一種數術之說。㊿故聖人者三句　聖人道術，取法天地。出，生發。收，取法。(51)在天地若陰陽者　察天地如察陰陽。在天地，觀察天地。在，察；觀測。若陰陽，如同察知陰陽。若，如。(52)杜燥濕以法義　根據陰陽協和之義調節形燥神濕的情況。杜，杜絕。燥濕，即〈度萬第八〉：「法猛刑頗則神濕，神濕則天不生水。音〇故聲倒則形燥，形燥則地不生火。」燥，形燥。濕，神濕。以，根據。法義，陰陽協調的原則。(53)與時遷焉　根據情勢隨時作出調整。與時，根據時勢。時，時勢；形勢。即陰陽、燥濕克勝的情況。遷，調整；改變。(54)二者聖人存則治亡則亂者　天地之事，有聖人主持就順暢，聖人不在就混亂。意即行聖人之道，則天地交泰，萬物順生；不行聖人之道，則天地不交，萬物失序。二者，即探下句之天文、地理。存，在。治，理。亡，不在。亂，失序。(55)天失其文二句　陰陽不能協和，天地失其統序。這兩句，講的是結果，承上文略去了陰陽不協和這個原因。(56)以是二句　以此，知道那些死後神靈成為百神之王的先王，生前都崇尚道德、通曉自然之數。以是，因此。先靈，先王神靈。王百神，（因為能體天知道，所以死後神靈）成為百神之王。上德，崇尚道德。上，同「尚」。崇尚。德，道家所說的「道德」。執大道，通曉自然之數。大道，自然之道。(57)凡此者二句　凡能「執大道」者，都是天下的君長。凡此者，指凡「上德執大道」者。物之長，天下之長。物，泛指天下萬人萬物。長，君長。(58)及至乎祖籍之世　到了世襲制通行的時代。及至，等到。世，時代。(59)代繼之君身雖不賢　繼承祖輩之位的君主，自己雖然不賢明。代繼，代位繼承。身，自身。賢，賢明。(60)然南面稱寡　稱君統治國家。稱寡，成為君王。寡，古君王的謙稱。(61)猶不果亡者　還沒有滅亡。果，最終。(62)其能受教乎有道之士者也　一定是能夠受到有道之士的輔佐。受教，指接受輔佐。有道之士，能奉行自然之道的賢能之士。(63)不然而能守宗廟存國家者　不如此，還能使其宗族國家不滅亡的。守宗廟，保其宗廟祭祀不中斷。存國家，使國家存於世上。(64)未之有也　從來沒有過。

【語　譯】聖人的思想精神是萬物之尊；涵養心性，是具備聖人思想精神之源。沒有比內聖之道更重要的事情了，因而要修成聖人，必須要學習內聖的方法。內聖之法，就是要護衛精氣、使精神專一、形成浩然之氣。居處安閒，精氣就不外泄；事情簡單，人就不會煩亂；不煩亂，精神就通暢。這樣就可以任用賢人，調用天數。事物的始末消長都隨自然之數的變化而變化，聖人道術就是天地萬物精深純粹之數的組合。聖人神妙的道術，是服道修為所追求的極至；帝王神妙的教化之道，是治國所追求的境界。因此道術精深的聖人居君主之位，道術較淺之人北面稱臣，道術最精深的成為天子，其次精深的立為三公，再其次的立為諸侯。上古不世襲帝位，禪讓給賢者的君主，都是以因順自然形勢為正道。聖人體天知道，因順自然，所以眾事成功。聖人因時乘勢，於物無害，使四時不失序，協和陰陽，使萬物消長，（功業如此卓著）世人卻覺得是事情自然而然這樣的，這就是聖人超越眾人之處。事業本於聖人之道，其文德神妙難知。其功業可得以驗證，人們卻不知道其功業是如何實現的。如果其人超越眾人之處可以被人看到，那說明他超過眾人並不多，不算是聖人。自然之數，以類相合，聖人的道術嚴格遵循這一原則，推類以觀事物的生成。依據道術，應對事物就不會有困難。事物有形狀就有影了，有聲音就有回音，形聲之事就是天地之道的樣板。春生、夏長、秋成、冬藏之事，都需要陰陽交濟才能實現。聖王推類不失彼此兩端，故而始終不背離自然之數。素日裏八方之風、日月星三光的時序發生混亂，地氣、物候、節令失常，人們都會去告於聖人求其治理。自然之道可以改變天象，可以使天地間的氣發生改變，可以對地上的事物造成殺傷毀壞。天地陰陽的受制於道，取法於道的效應，已經看到了。天是氣的總根源，地是天地理數所形成，聖人道術取法天地，察天地如察陰陽，根據陰陽協和之義調節形燥神濕的情況，根據情勢隨時作出調整。天地之事，行聖人之道就順暢，不行聖人之道就混亂，是由於陰陽不能協和，天地就失其統序。由此可知那些死後神靈成為百神之王的先王，生前都崇尚道德、通曉自然之數。凡能崇尚道德、通曉自然之數，都會成為天下的君長。到了世襲制通行的時代，繼承祖輩之位的君主，自己雖然不賢明，卻依然能夠統治國家而不滅亡，一定是能夠受到有道之士的輔佐。如果沒有有道之士的輔佐，其宗族國家一定會滅亡。

【研 析】〈泰錄〉篇是〈泰鴻〉篇的續作，是對〈泰鴻〉篇未盡之意的補記，此前就有學者懷疑〈泰鴻〉、〈泰錄〉二篇最初是一篇之作，後世在繕寫、編校過程中才分成了兩篇。〈泰錄〉承〈泰鴻〉之緒，也是講象天法地、因循自然，故其義無需贅言，參見〈泰鴻〉篇末研析即可。

惟獨可以單獨拎出來說一說的，有兩點。一是〈泰錄〉在〈泰鴻〉基礎上，補充強調了聖人的作用，認為聖人得道，具備法象天地的能力。又指出國家宗廟要想長治久安，統治者都必須要法象天地、因循自然，進而推導出「易姓而王，不以祖籍為君」的禪讓說。這一說法，又見於下文〈備知第十三〉，是戰國中社會思潮的一個反映。二是本篇當中「泰一之道，九皇之傳，請成於泰始之末」這三句話，認為道不可知，卻可觀氣而體道，這是黃老客觀意志可知論的反映。但「請成於泰始之末」的這種觀氣，氣如何觀呢？讀者需留意，這種觀氣之法，亦即〈泰鴻〉篇所講的陰陽數術。

卷下

世兵第十二

【題解】世兵，世間的戰事。世，世間。兵，戰爭。本篇專論兵事，認為治兵作戰要通曉陰陽數術，要克服主觀好惡和一曲之見，善於觀察和利用宏觀形勢，順時知變。

道有度數❶，故神明可交也❷。物有相勝❸，故水火可用也❹。東、西、南、北❺，故形名可信也❻。五帝在前，三王在後❼，上德已衰矣❽，兵知俱起❾。黃帝百戰❿，蚩尤七十二⓫，堯伐有唐⓬，禹服有苗⓭，天不變其常⓮，地不易其則⓯，陰陽不亂其氣⓰，生死不俛其位⓱，三光不改其用⑱，神明不徙其法⑲。得失不兩張⑳，成敗不兩立㉑。所謂賢不肖者㉒，古今一也㉓。君子不惰㉔，真人不怠㉕。無見久貧賤則據簡之㉖。伊尹酒保㉗，太公屠牛㉘，管子作革㉙，百里奚官奴㉚。海內荒亂㉛，立為世師㉜，莫不天地善謀㉝。

【章　旨】本章說明古今賢人能自樹立和振興人國，都是因為能夠遵循道術法度。

【注　釋】❶道有度數　道有具體可知的法則。道，自然之道。度數，具體可知的法則。度，揣摩；瞭解。數，法則。❷故神明可交也　神明就可以被效法。神明，與「道」是二而一的關係，也是指高於萬事萬物的自然律。交，據注文，疑為「効」字之誤，效法。❸物有相勝　物與物之間可以相克。相勝，相克。❹故水火可用也　水火因此可以使用。水火，五行意義上的水火，指代五行。用，使發揮作用。以上兩句取五行相勝之說。❺東西南北　確定四方方位。❻故形名可信也　因而萬物形、名可定。形名，先秦諸子術語，指萬事萬物的實體與名分。形，人和物的實體、形體。名，名分、概念與地位。信，疑為「定」字之誤，確定。以上兩句，當源自上古律曆之制，上古以四方定四時，方位與節氣關係甚密；又以八方之風驗物候，整個觀象授時的陰陽五行、律曆制度可以說肇源於方位，所以說方位一定，陰陽五行和律曆制度就確定下來，古人認為萬事萬物均源自陰陽五行，所以萬物形名自然就可以確定下來。❼五帝在前二句　前有五帝的戰事，後有三王之征伐。❽上德已衰矣　（都是由於）上古之德衰微。上德，上古之德。道家認為上古道德淳樸，一任自然，不事爭鬥。衰，衰落；衰微。❾兵知俱起　戰爭和詐謀並起。兵，戰爭。知，通「智」。詐謀。俱，一起。起，興起。❿黃帝

百戰　黃帝頻繁征戰。百戰，大略之數，極言其多，非實指。⓫蚩尤七十二　蚩尤多次征戰。七十二，同上之「百戰」，大略之數，也非實指。⓬堯伐有唐　堯討伐唐國。有唐，唐，古國名。有，語氣助詞。⓭禹服有苗　禹征服三苗。禹，傳說中治水的大禹。服，征服。有苗，三苗，古時南方的少數民族。⓮天不變其常　天象有其恆定的規律。變，變更。常，恆定的規律。⓯地不易其則　大地萬物的生長消亡有一定的原則和法式。易，改變。則，原則；法式。⓰陰陽不亂其氣　陰陽二氣有其運行之道。不亂，不隨便變亂。亂，變亂。⓱生死不俛其位　生死有一定之數。生，生存。死，死亡。俛，「偭」的假借字，違背。位，位置。⓲三光不改其用　日月星有其恆定的運行規律。三光，指日、月和五星。改，改變。用，使用，此處指日月星辰的運行。⓳神明不徙其法　自然法則恆定不變。徙，改變。法，法則。⓴得失不兩張　遵循度數者成功，違背度數者失敗，二者不能同時成功。得，得道，指遵循自然度數。失，違背。兩，雙雙；一併。張，張大；成就。㉑成敗不兩立　遵循度數者成功，違背度數者失敗，二者不能同時成功。立，存在。以上兩句意思相同。㉒所謂賢不肖者　賢人與無能之人的區分。㉓古今一也　古今都是一樣的。一，一致。㉔君子不惰　君子不懶惰。君子，賢人。惰，懶惰。㉕真人不怠　真人不懈怠。真人，道家推崇的順天保命，涵養本心之人。怠，懈怠。㉖無見久貧賤則據簡之　不要看到有些人久處貧賤，就認為他們安於貧賤而不思進取。無見，不要看見。無，不。久貧賤，長期處於貧賤。據，安於。簡，簡陋；貧賤。㉗伊尹酒保　伊尹出身於酒保，即久居貧賤。伊尹，商湯之相，輔佐商湯滅夏興商，為商朝的強盛作出過重大貢獻。酒保，在酒家作佣工。㉘太公屠牛　太公望呂尚出身於屠夫。太公，太公望呂尚，周文王之師，輔佐周武王滅商興周，封於齊。屠牛，宰殺販賣牛肉。㉙管子作革　管仲曾做過皮匠。管子，即管仲，齊桓公相，輔佐齊桓公成就霸業。作革，製作皮具。革，皮革。㉚百里奚官奴　百里奚曾為奴隸。百里奚，輔佐秦穆公振興秦國。官奴，官府奴隸。㉛海內荒亂　天下兵荒馬亂。海內，天下。荒亂，戰亂頻仍，時局動蕩。荒，亂。㉜立為世師　立為天下的師長。世師，世人之師。師，範式；師長。㉝莫不天地善謀　都善謀天地之事。天地善謀，即善謀天地。

【語譯】道有具體可知的法則，就可以效法遵從；物與物之間相克，五行之術就有用武之地；四方方位已明，萬物形名就可以確定。上古德教衰弛，於是五帝、三王交相征伐，戰爭和詐謀並起。黃帝、蚩尤屢興兵戈，堯曾討伐唐國，禹曾征服三苗。（但不論變局如何繁複，）天象始終故我，萬物消長一如既往，陰陽二氣變化有常，生死之數終古不易，日月星辰運行有度，自然法則總是恆定不變。遵循自然法則的人就成功，違背自然法則的人就失敗，二者不能並存。賢人與無能之人的區別，古今都是一樣的。君子不懶惰，真人不懈怠，久處貧賤之人未必就安於貧賤。伊尹出身酒保，太公望出身屠夫，管仲做過皮匠，百里奚曾為奴隸，一旦天下兵荒馬亂，他們就主導天下局勢，這都是因為他們善謀天地之事。

日月不息❶，迺成四時❷。精習象神❸，孰謂能之❹？素成其用❺，先知其故❻。湯能以七十里放桀❼，武王以百里伐紂❽。

【章旨】本章說明要先掌握兵事的法度要領，反覆練習才能用兵如神。

【注釋】❶日月不息　日積月累，時間進行永不停止。不息，不停止。❷迺成四時　就形成了春、夏、秋、冬四季。迺，同「乃」。四時，四季。❸精習象神　集中反覆練習，積習而能達到神妙的境界。精，精練。習，練習。象神，如神，即達到神妙的境界。神，神明，神妙。❹孰謂能之　誰又是生下來就能的呢。孰，誰。能，能夠達到神妙境界。❺素成其用　戰場上總能夠用兵如神。素，平時。成，成就。其用，運用，此處指得兵事之要，用兵如神。❻先知其故　先要知道兵法要領。先，預先。知，瞭解。故，原理和方法。❼湯能以七十里放桀　商湯只有七十里土地，就可以滅夏而放逐夏桀。❽武王以百里伐紂　周武王只有百里之地，就可以伐滅商紂。以上兩句意思是，商湯、周武王都是因為「先知其故」，所以能「素成其用」，用兵如神。

【語譯】日積月累，時間進行永不停止，就形成了春、夏、秋、冬四季。集中精力反覆學習兵法，積習既久就可以達到神妙的境界，誰又是生下來就全知全能的呢？戰陣上總能用兵如神，是因為戰前就熟知兵法要領，這就是商湯能靠七十里地盤滅夏而放逐夏桀和周武王憑借百里之地伐滅商紂的原因。

知一不煩❶。千方萬曲❷，所雜齊同❸。勝道不一❹，知者計全❺。明將不倍時而棄利❻，勇士不怯死而滅名❼。欲喻至德之美者❽，其慮不與俗同❾。欲驗九天之高者❿，行不徑請⓫。是以忠臣不先其身而後其君⓬。寒心孤立⓭，懸命將軍⓮，野戰則國弊民罷⓯，城守則食人灼骸⓰。計失⓱，其國削主困⓲，為天下笑⓳。持國計者可以無詳乎⓴？固有過計㉑，有嘗試㉒。是以曹沫為魯將㉓，與齊三戰而亡地千里㉔，使曹子計不顧後㉕，刎頸而死㉖，則不免為敗軍擒將㉗。曹子以為敗軍擒將非勇也[28]，國削名滅非智也[29]，身死君危非忠也[30]。夫死人之事者[31]，不能續人之壽[32]，故退與魯君計[33]。桓公合諸侯[34]，曹子以一劍之任劫桓公壇位之上[35]，顏色不變[36]，辭氣不悖[37]，三戰之所亡[38]，一旦而反[39]，天下震動[40]，四鄰驚駭[41]，名傳後世[42]。扶杖於小愧者[43]，大功不成[44]。故曹子去忿悁之心[45]，立終身之功[46]。棄細忿之愧[47]，立累世之名[48]。故曹子為知時[49]，魯君為知人[50]。劇辛為燕將，與趙戰，軍敗[51]，劇辛自剄[52]，燕以失五城[53]。自賊以為禍門[54]，身死以危其君[55]，名實俱滅[56]，是謂失此不還人之計也[57]，非過材之莿也[58]。夫得道者務無大失[59]，凡人者務有小善[60]。小善積多惡欲[61]，多惡則不積德[62]，不德則多難[63]，多難則濁[64]，濁則無知[65]。多欲則不博[66]，不博則多憂[67]，多憂則濁，濁則無知[68]。欲、惡者，知之所昏也[69]，夫強不能[70]，是劇辛能絕[71]，而燕王不知人也[72]。

【章　旨】本章強調用兵謀略得當的重要性。

【注　釋】❶知一不煩　秉本執要，以簡御煩。即掌握了根本原則，用兵就簡要不煩難。知，瞭解；掌握。一，道家所說的道，根本原理。煩，煩難。❷千方萬曲　極言不得要領情況下方法的煩重複雜。千、萬，極言其多。方，方法。曲，事項。❸所雜齊同　頭緒紛雜，混亂不一，與上句同義，也是形容煩難的狀況。雜，不一致。齊同，會合在一起。❹勝道不一　取勝的方法不止一種。勝道，取勝之道。不一，不止一種。❺知者計全　智能之士會考慮周全。知，同「智」。聰明才智。計，考慮。全，周全。❻明將不倍時而棄利　有智謀的將帥不會違逆時勢而使自己遭受損失。明將，明達之將，指有智謀。明，明達。倍時，違背時局形勢。倍，同「背」。棄利，失利，指戰事不利，自身受損。❼勇士不怯死而滅名　勇敢的將士不會因為畏懼而失去成就功名的機會。怯死，怕死，畏懼戰陣。滅名，失去成就功名的機會。名，指功名、名望。❽欲喻至德之美者　智謀要高邁絕倫。喻，通曉。至德，最高的智略。至，極。美，美好。按：「喻」，叢刊本作「踰」，誤，此據備要本改。❾其慮不與俗同　考慮問題不同於眾人。慮，思慮。俗，流俗，指眾人。❿欲驗九天之高者　想要驗證最高妙道德智略。驗，驗證。九天，天的最上層，此處喻指上文的「至德之美」。⓫行不徑請　行事不能遵循常情。行，行為。徑，通過。請，當作「情」，常情。⓬是以忠臣不先其身而後其君　因此忠臣時時處處都會先替君王考慮。先其身，以自身利益為先。後其君，將君王的得失放在次要地位。⓭寒心孤立　恐懼無助的樣子。寒心，恐懼。孤立，孤獨無助的樣子。⓮懸命將軍　率軍在外，戰戰兢兢。懸命，擔著生命危險。將軍，率領軍隊。將，率領。以上兩句形容主軍將帥不知勝道，不能計全的惶恐無助，與上文的「勝道不一，知者計全」對舉。⓯野戰則國弊民罷　戰敗於郊野，導致國家空虛，民生疲弊。野戰，在郊野作戰，與攻城戰相對而言。野，田野；郊野。國弊，指國力損耗嚴重。弊，凋弊。民罷，指人民家破人亡，民生凋零。罷，困竭。⓰城守則食人灼骸　困守城池，城內缺糧，以致發生人吃人的事情。城守，即守城，固守城池。食人，因存糧殆盡，以致發生人吃人的事情。食，吃。灼骸，因物資殆盡，故燃燒死人骸骨來做飯。灼，燃燒。骸，屍骨。以上兩句互文，意思是戰事不利，致使國破人亡。⑰計失　謀劃、指揮失當。計，謀劃。失，錯誤。⑱其國削主困　割讓國土，君主受辱。國削，指國土被侵割。削，削減。主困，君主困辱。困，窘迫。⑲為天下笑　被世人恥笑。笑，恥笑。⑳持國計者可以無詳乎　主持國家之事的人能不詳審於此麼。持國計，主持國事。持，主持。國計，國家之計，指國事計劃。無，不。詳，詳細瞭解。㉑固有過計　本有計劃過分細瑣。過計，計劃過詳，失之於細。過，過分。計，計劃。㉒有嘗試　計劃疏失。嘗試，沒有考慮成熟就先行動，邊行動邊籌劃，失之於疏。㉓是以曹沫為魯將　因而曹沫作為魯國的將軍，帶領魯軍作戰。曹沫，春秋時魯國將領。為魯將，帶領魯國軍隊。將，帶領軍隊。㉔與齊三戰而亡地千里　和齊國三次作戰，致使魯國千里國土被侵占。三戰，三次作戰。亡地，割地。亡，失去。㉕使曹子計不顧後　假如曹沫不考慮以後。計，考慮。顧後，顧及長遠。顧，考慮。後，以後。㉖刎頸而死　指羞憤自殺。刎頸，割斷脖子上的動脈自殺。㉗則不免為敗軍擒將　改變不了軍隊戰敗、將領被擒的結局，即戰敗。敗軍，使軍隊戰敗。擒將，使將領被敵方擒獲。㉘曹子以為敗軍擒將非勇也　曹沫認為坐視戰敗而不能扭轉危局不算是勇敢。敗軍擒將，指坐視戰敗的局面，不敢採取行動扭轉敗局。勇，勇敢。㉙國削名滅非智也　割讓國土、損毀名譽不是聰明之舉。名滅，喪失名聲。智，聰明；智慧。㉚身死君危非忠也　丟失自己的生命，使君主處於危困，不是忠誠之舉。身死，失去自己的生命。身，自身。君危，君主面臨危困局面。忠，忠誠。㉛夫死人之事者　為他人之事獻出自己的生命。死，為之而死。㉜不能續人之壽　於人無補。續，聯，補。壽，同「讎」。仇怨。㉝故退與魯君計　因此回來和魯國國君商量。退，返回。計，商議。㉞桓公合諸侯　齊桓公會盟諸侯。合，集合。㉟曹子以一劍之任劫桓公墠位之上　曹沫憑著一把劍就在會盟的高臺上劫持了齊桓公。任，用。劫，劫持。墠位，會盟高臺上的座位。墠，通「壇」。高臺。㊱顏色不變　臉色不變。顏色，臉色。㊲辭氣不悖　言辭有理有節。辭氣，說話的方式。悖，逆亂。㊳三戰之所亡　三次戰爭所損失的國土。㊴一旦而反　一天就收了回來。一旦，一天。反，同「返」。返回；收回。

㊵天下震動　世人都感到震驚。㊶四鄰驚駭　震懾鄰國。驚駭，驚懼，指對鄰國起到了震懾作用。㊷名傳後世　留名於後世。㊸扶杖於小愧者　對些小過失耿耿於懷的人。扶杖，抱執；不能釋懷。小愧，指「三戰而亡地千里」。愧，愧疚。㊹大功不成　不能成就大的功業。大功，指「三戰之所亡，一旦而反」。功，功業。成，實現；成就。㊺故曹子去忿悁之心　曹沬克制住內心的私憤。去，摒去。忿悁，憤恨。㊻立終身之功　成就終身的功業。㊼棄細忿之愧　排除細小的愧疚。細忿，似當作「細小」。細，細小。㊽立累世之名　建立傳世的盛名。累世，世世代代。㊾故曹子為知時　曹沬懂得把握時機。知，知曉。時，時機。㊿魯君為知人　魯國的君主能識別人才。知人，識別人才。知，瞭解；識別。(51)劇辛為燕將三句　劇辛率燕軍與趙軍作戰失敗。(52)劇辛自剄　劇辛自殺。(53)燕以失五城　燕國割讓了五座城池。失，失去。(54)自賊以為禍門　劇辛自殺成為禍根。自賊，指劇辛自殺。賊，傷害。禍門，禍害所出入。(55)身死以危其君　自己身死，還危害到君王。(56)名實俱滅　生命與名聲都殞滅。名，名聲。實，生命。(57)是謂失此不還人之計也　可結合上文「夫死人之事者，不能續人之壽」進行理解。不還人之計，即不能「續人之壽」之計。就是說劇辛沒有想清楚死人之事者，並不能續人之壽的道理，在這方面出現了過失，致使身死君危。簡言之，這句話是說劇辛死人之事，卻於人無補。失，有過失。還人，報人之仇。(58)非過材之莿也　意思是劇辛的錯誤，並非是上文所說考慮失之詳的「過計」，而是屬於沒有充分考慮的失策。過材，疑當作「過計」，考慮過於周詳。莿，是「策」的異體字，計策。(59)夫得道者務無大失　有「至德之美」者，著眼於戰略得當。得道者，即上文有「至德之美」者。務，追求。大失，戰略失當。(60)凡人者務有小善　普通人強調細節沒有差錯。凡人，普通人。小善，細節方面不出現差錯。以上兩句的意思，可參見《三國志・諸葛亮傳》注引《魏略》：「亮在荊州，以建安初與潁川石廣元、徐元直、汝南孟公威等俱游學。三人務於精熟，而亮獨觀其大略。」(61)小善積多惡欲　疑當作「小善積則多惡欲」，行小善，都想要回報，所以會多惡欲。按：叢刊本作「小善積多惡欲」，備要本有「則多」二字誤入小注，今依上文文義，當以備要本為是。(62)多惡則不積德　惡欲多就不能積下德名。積，累積。德，德名。按：叢刊本無「積

德」，闕二字。各本各不相同，難以確知，今暫據備要本改。[63]不德則多難　不積德就多遇患難。難，災難，禍患。按：叢刊本無「德」字，闕二字。各本各不相同，難以確知，今暫據備要本改。[64]多難則濁　多難就會心思紛擾不定。濁，亂，此處指心志擾亂。[65]濁則無知　心志紛亂思慮就不清楚。知，通「智」。智慧。[66]多欲則不博　惡欲多（就不能容物），胸懷智略就不廣博。博，廣博，此處指氣度智略廣博。此句與上文「多惡則不積德」互文，惡、欲應合併理解。[67]不博則多憂　不廣博就多生憂患。憂，憂患。[68]多憂則濁二句　憂患多就心志紛亂，心志紛亂就不聰慧。[69]欲惡者二句　惡欲是心智昏亂的根源。昏，心智昏亂。[70]夫強不能　疑當作「夫強不能者僇」，勉強對方做其不擅長的事，一定會蒙受羞辱。強，勉強。不能，沒有能力。僇，受辱。按：本句，叢刊本作「夫強不能」，句後夾行小注有「者僇之其言辱」六字。備要本作「夫強不能者僇之其言辱」。「僇之其言辱」當為注文，誤入正文。故推斷原文本應作「夫強不能者僇」。今參考諸家注文，據文義改。[71]是劇辛能絕　此即劇辛能自盡（卻不能識時局）。絕，自絕；自殺。[72]而燕王不知人也　而燕王不能識別人才。

【語譯】掌握了根本原則，用兵就能以簡御煩。如果不得要領，帶兵就會煩瑣紛雜，產生混亂。取勝之法各不相同，智能之士會考慮周全。有智謀的將帥不會違逆時勢而使自己遭受損失，勇敢的將士不會因為畏懼而失去成就功名的機會。智略要想超越世人，考慮問題的方式就不能和普通人一樣；智略要想蓋世無雙，行事不能墨守成規。因而忠臣時時處處都會先替君王考慮。一軍主帥不知取勝之道，率軍在外，恐懼無助，戰戰兢兢。作戰失利，就會導致國破人亡；指揮失當，就會導致割讓國土，使君主受辱，被世人恥笑。因而主持國家之事的人豈能不詳審於此？用兵之道，有謀慮過分細致，也有謀劃失之粗疏。曹沫率魯軍與齊國三次作戰，致使魯國千里國土被侵占。假如曹沫不考慮長遠，羞憤自殺，就難以改變戰敗的事實。曹沫認為不能轉危為安不算是勇敢，使國土削減、名譽受損不算是聰明，自己身死卻使君主危困不算是忠誠，為君主獻出自己的生命卻於人無補，因此回來和魯國國君商量對策。在齊桓公召集諸侯盟會的時候，曹沫在會盟的高臺上持劍劫持了齊桓公，他氣色不變，言之鑿鑿，三戰所損失的國土，一天就收了回來。曹沫的舉動，驚駭世人，震懾鄰國，留名後世。對細小過失耿耿於懷的人，不能成就大的功業。曹沫克制住內心的私憤，成就了終身的功業；摒棄細小的愧疚，建立了傳世的盛名。這說明曹沫懂得把握時機，魯國的君主知人善任。劇辛率燕軍與趙軍作戰失敗，結果劇辛自殺，燕國割讓了五座城池。劇辛雖自殺，但仍然是禍根，他自己雖死卻危害到了君主，生命與名聲都殞滅，這就是死人之事卻於人無補。劇辛的錯誤，屬於謀慮過於粗疏。智略高卓之人著眼於戰略得當，而普通人則強調細節完美。關注細節之善都想要回報，所以會多惡欲；惡欲多就不能積下德名；不積德就多遇患難；多患難就會心志不定；心志不定思慮就不澄澈。惡欲多，胸懷智略就不廣博；不廣博就多憂患；憂患多就心志不定；心志不定思慮就不澄澈。惡欲是心智昏亂的根源，勉強人們做其不擅長的事，就一定會蒙受羞辱，這就是劇辛能自盡（卻不能識時局），而燕王不能識別人才的原因。

昔善戰者舉兵相從❶，陳以五行❷，戰以五音❸，指天之極❹，與神同方❺。類類生成❻，用一不窮❼。明者為法❽，微道是行❾。齊過進退⑩，參之天地⑪。出實觸虛⑫，禽將破軍⑬。發如鏃矢⑭，動如雷霆⑮。暴疾擣虛⑯，殷若壞牆⑰。執急節短⑱，用不縵縵⑲。避我所死，就吾所生⑳。趨吾所時㉑，援吾所勝㉒。故士不折北，兵不困窮㉓。得此道者㉔，驅用市人㉕。乘流以逝㉖。與道翱翔㉗，翱翔授取㉘。錮據堅守㉙，呼吸鎮移㉚，與時更為㉛。一先一後㉜，音律相奏㉝。一右一左㉞，道無不可㉟。受數於天㊱，定位於地㊲，成名於人㊳。彼時之至㊴，安可復還㊵？安可控摶㊶？天地不倚㊷，錯以待能㊸。度數相使㊹，陰陽相攻㊺，死生相攝㊻，氣威相滅㊼，虛實相因㊽，得失浮縣㊾，兵以勢勝㊿。時不常使[51]，蚤晚絀嬴[52]，反相殖生[53]，變化無窮[54]，何可勝言[55]？水激則旱[56]，矢激則遠[57]，精神回薄[58]，振蕩相轉[59]。遲速有命[60]，必中三五[61]。合散消息[62]，孰識其時[63]？

【章　旨】本章多係兵陰陽家言，強調用兵要遵循數術，把握順應形勢時機。

【注釋】❶昔善戰者舉兵相從　歷史上善於帶兵的將領都遵循兵法用兵。昔，此前；歷史上。舉兵，率軍；用兵。從，隨；遵循。❷陳以五行　按照五行相勝的原理布置戰陣。陳，布置戰陣。五行，金木水火土相克之理。五行陣，據傳為諸葛亮所撰之《便宜十六策》，即為：直（木）、銳（火）、方（土）、圓（金）、曲（水）五種陣形。如敵方排出金陣即圓陣，則我方應以火陣即銳陣應對，講究的是軍陣應依五行相勝之理，隨敵方陣形的變化作出相應調整，千變萬化而不離其宗。而此前出土漢簡所記載的五行對應陣形與此有所不同，但簡殘不全，缺金陣和火陣。陣形雖有小異，其理則同。這是戰國兵陰陽家的一種理論，可能只是紙上談兵，實際意義並不大。唐人李靖曾批評五行陣，其實是根據不同地形而排出的不同陣形，兵法講究因地制宜，並無一定之規，所謂五行相勝只不過是障眼法。❸戰以五音　以宮、商、角、徵、羽五音聽辨敵軍之勢，測度戰事勝負。戰，作戰。五音，宮、商、角、徵、羽，依五行之理，屬戰國兵陰陽家吹律聽聲的風角音律占方面的內容。其具體內容及操作方法今已失傳，疑係迷信之說，相關事例可參看《左傳・襄公十八年》所載師曠之言：「吾驟歌北風，又歌南風，南風不競，多死聲。楚必無功。」實際運用之法，可參考《六韜・龍韜・五音》中周武王與太公望的對答。❹指天之極　觀測北斗星的指向。指，以為指向。天之極，即北斗星。以上這幾句話，可能都是戰國兵陰陽家的說辭，可參見《漢書・藝文志》：「陰陽者，順時而發，推刑德，隨斗擊，因五勝，假鬼神而為助者也」。本句「指天之極」，即「隨斗擊」。即作戰時必須觀測北斗星的指向。北斗斗柄柄端上有兩顆星，一顆叫招搖，一顆叫玄戈。此二星對沖之辰，即相反一側的星宿和十二辰，稱為斗擊。斗擊十二辰和星宿所對應地面的國家和地區，不可以攻伐，伐則必敗。相應的，斗柄所指向的星宿和十二辰對應地面的國家和地區，大凶，攻之必勝。參見《淮南子・天文》：「北斗所擊，不可與敵」。具體事例可參見《漢書・王莽傳》：「莽親之南郊，鑄作威斗。威斗者，以五石銅為之，若北斗，長二尺五寸，欲以厭勝眾兵。既成，令司命負之，莽出在前」「天文郎案栻於前，日時加某，莽旋席隨斗柄而坐，曰：『天生德於予，漢兵其如予何？』」王莽這就是想要利用「北斗所擊，不可與敵」的神秘力量，試圖達到厭勝敵軍的作用。❺與神同方　遵循自然意志。神，天數；客觀自然律。同方，道術相同，指遵循自然意志，不違逆天數。方，術。❻類類生成　舉一反三。類類，推類；類比。生成，產生；形成。❼用一不窮　根據「陳以五行，戰以五音」的原則隨機應變，取勝之道無窮無盡。用一，遵循根本原則。一，即「陳以五行，戰以五音」之法。不窮，沒有窮盡。❽明者為法　以五行、五音為法。明者，指五行、五音之道。法，方法。❾微道是行　根據「類類生成」之道用兵。微，惟；依據。道，類類生成之道。行，行事。❿齊過進退　使軍隊進退法度嚴謹。齊過，使超出步伍的人放慢節奏，與陣列一致。齊，整齊；治理。過，超過。進退，讓遲滯在隊伍後面的人加快前進，與陣列一致。進，使前進。退，滯後。⓫參之天地　參照天地陰陽、五行五音之法。參，參考；參照。⓬出實觸虛　避實擊虛。出，訓作「去」，摒棄；棄去。實，兵力強勁處。觸，觸犯。虛，兵力空虛處。⓭禽將破軍　擒獲敵將，攻破敵軍。禽，同「擒」。擒獲。破，擊破。⓮發如鏃矢　像輕捷的箭一樣，形容發動速度快。發，發動。鏃矢，輕疾而鋒利的箭。鏃，發射速度輕疾的箭。矢，箭。⓯動如雷霆　像迅雷閃電一樣，形容聲勢浩大。動，動作。⓰暴疾擣虛　即批亢擣虛，攻擊對方的要害虛弱之處。暴，同「搏」。擊打。疾，患害處。擣，攻擊。虛，虛弱。⓱殷若壞牆　敵勢崩潰如同牆壁倒塌。殷，同「磤」。象聲詞，常用來形容雷聲，此處形容牆壁倒塌崩壞的聲音巨大。壞牆，牆壁倒塌。壞，崩壞。⓲執急節短　對敵保持峻急的壓迫態勢，進攻迅猛有力。執，持；保持。急，峻急。節，節奏，此處指進攻的節奏。短，短促迅疾。可參見《孫子兵法・兵勢》：「故善戰者，其勢險，其節短。勢如擴弩，節如發機」。⓳用不縵縵　兵勢因此而不怠惰鬆懈。用，由於。縵，同「慢」。怠惰松懈。⓴避我所死二句　趨利避害。避，避開。死，使之死。就，趨向。生，使之生。㉑趨吾所時　發揮自己的長處。趨，趨向；奔向。時，借為「善」，好處；長處。㉒援吾所勝　輔助自己的行動。援，援助。勝，指行動、舉動。㉓故士不折北二句　指立於不敗之地。士，戰士。折北，敗逃。折，挫敗。北，逃。兵，軍隊。困窮，走投無路。㉔得此道者　掌握這種用兵之道的人。㉕驅用市人　可以驅用街市上的百姓去打仗。驅，驅趕。市人，街市上的百姓，喻指臨時拼湊、完全沒有經過軍事約束訓練的人，大致即俗語所說的「烏合之眾」。可參見

《史記·淮陰侯列傳》韓信破趙一役後將帥的對答。㉖乘流以逝　如順流而下，勢不可擋。乘流，順流。逝，去；往。㉗與道翱翔　指精通用兵之道，神而明之，存乎一心。道，上文所說用兵之道。翱翔，上下翻飛，形容自如順暢。其意略同於《論語·為政》中孔子所說的「從心所欲不逾矩」。㉘翱翔授取　自如的取予，指運用自如，得心應手。授取，取予。授，給予。取，索取。㉙錮據堅守　牢固地據守。錮，牢固。據，占據。堅守，與「錮據」同義。㉚呼吸鎮移　迅速轉移。呼吸，呼吸之間，形容速度快。鎮移，停止行動並轉移。鎮，停止。移，移動。㉛與時更為　相機而動。與時，根據時機。與，以。時，時機；機會。更，更改。為，行為。以上三句，意思是：是固守，還是迅速轉移，要依時機而定。㉜一先一後　前進或後退。先，前進。後，後退。㉝音律相奏　合乎軍陣音律。音律，兵陰陽家說，指吹律聽軍聲之音律。奏，符合。㉞一右一左　指陣形強弱的變換。古時作戰，軍隊有左、右兩翼，兩翼兵力多不均衡。或以左翼為主，右翼為輔；或以右翼為主，左翼為輔。為主的一翼兵力較強，主攻；為輔的一翼兵力較弱，主守。作戰之要，在於能相機而動，以己方之較強一翼，攻擊敵方較弱一翼。這種陣形強弱的配置和變化，依於兵陰陽家數術，其詳難明。可參見《國語·越語下》：「凡陣之道，設右以為牝，益左以為牡」。㉟道無不可　遵循兵法，都是合宜的。道，遵循用兵之道。可，合宜。㊱受數於天　得天時。受數，掌握其規律。受，得到。數，道；規律。㊲定位於地　得地利。定位，定方位，指掌握地利數術。㊳成名於人　得人和。成名，成就名譽。以上三句，指得到了天時、地利、人和。天時、地利、人和，皆兵陰陽家說，非指客觀形勢、自然地勢和百姓安居樂業。㊴彼時之至　時機的出現。時，時機；時勢。至，到來。㊵安可復還　不會再來一次。安，哪裏。復還，再來一次。復，再次。還，回還。以上兩句，就是俗話所說的：機不可失，失不再來。㊶安可控搏　人力豈能操控。控搏，當作「控摶」，引導控制。控，引。搏，據賈誼〈鵩鳥賦〉，當作「摶」，操持。㊷天地不倚　天地無私，不偏不倚。倚，偏私；不公正。㊸錯以待能　置以待能者，意思是機會只留給有能力的人。錯，放置。待，等待。能，有才能的人。㊹度數相使　決定戰事勝負的因素互相作用。度數，決定戰爭成敗的客觀因素。使，役使。㊺陰陽相攻陰陽之氣交錯激蕩。攻，攻擊。㊻死生相攝　死生之勢對立轉化。死生，古軍事術語。死，死地，導致戰爭失敗的因素。生，生地，促使戰爭獲勝的因素。攝，攝持。㊼氣威相滅　敵我氣勢此消彼長。氣，氣勢。威，威勢。滅，消滅。㊽虛實相因　虛虛實實，互相轉化，變換不定。虛實，古軍事術語，指彼此軍力的強弱之處。虛，兵力弱。實，兵力強。因，依附。㊾得失浮縣　指禍福相倚，未必一定。得失，成敗。浮縣，漂浮不定。縣，同「懸」。懸而不決。以上六句，意思是戰爭中各方面因素互相影響，互相轉化，沒有常勝之師，也無必敗之旅，關鍵是要辯證看待，及時把握機會，順應形勢，相機而動。㊿兵以勢勝　軍隊能乘勢者獲勝。勢，形勢。勝，勝利。51時不常使　時機並不常有，指有利的形勢稍縱即逝。時，時機，指可以乘勢取勝的機會。常，一直；經常。使，疑借為「施」，施行。52蚤晚絀嬴　兵勢時強時弱。蚤晚，早晚，指時間而言，或早或晚。蚤，同「早」。絀，不足。嬴，借為「盈」，盛，滿。53反相殖生　相反相成，指兵勢盛衰相互轉化。反，還。殖生，生殖。54變化無窮　兵勢變化無窮。55何可勝言　意思是說兵勢變化的各種情況難以言辭窮盡。何，哪裏。勝言，說完。56水激則旱　水流受阻則流勢變急。激，激發。旱，同「悍」。強，急。57矢激則遠　拉滿弓射出去的箭飛行距離遠。矢，箭矢。遠，指飛行距離長。58精神回薄　陰陽精氣交互作用。精神，賈誼〈鵩鳥賦〉作「萬物」，「萬物」顯然更準確。則此處「精神」當解作道家所謂的「精氣」，指天地間的陰陽之氣。回薄，相互作用。回，回轉。薄，迫，催迫影響。59振蕩相轉　相互作用，互相轉化。振蕩，激蕩，指相互作用。轉，回轉；轉換。60遲速有命　此處可能因後人襲用賈誼〈鵩鳥賦〉而誤，疑當作「遲速止息」，意思是或慢，或快，或停止行動。遲，慢。速，快。止息，停止。61必中三五　錯綜複雜，沒有一定之規。中，符合。三五，當作「參伍」，錯綜不一。62合散消息　聚散消長。合，集中；集合。散，消散。消，衰滅。息，生長。63孰識其時　沒有固定的時間。時，時間。以上兩句，意思是兵事的盛衰成敗，千變萬化，沒有定時，所以要因任自然，順應客觀形勢。

【語　譯】歷史上善於帶兵的將領都遵循兵法用兵，他們按照五行相勝的原理布置戰陣，以宮、商、角、徵、羽五音之術聽辨敵勢、測度勝負，觀測北斗星的指向，順應自然意志。他們用兵能夠舉一反三，根據五行、五音之術的原則隨機應變，始終立於不敗之地。他們明確以五行、五音為法則，嚴格遵守、舉一反三。他們要求軍隊進退攻守法度嚴謹，參照天地陰陽、五行五音之法。用兵要避實擊虛，以求擒獲敵將、攻破敵軍。兵勢一旦發動，就要如同輕捷的箭射出去一樣迅捷，聲勢就要如同迅雷閃電一樣不可阻擋。行兵講究批亢搗虛，要攻擊對方要害虛弱之處，使敵勢如同牆壁倒塌一樣徹底崩潰。對敵要保持峻急的壓迫態勢，進攻要迅猛有力，這樣的軍隊才不會怠惰鬆懈。用兵要趨利避害，要善於發揮自己的長處來輔助自己的行動，這樣就能立於不敗之地。掌握這種用兵方法的人，即使驅用烏合之眾去打仗，也能如同順流而下，勢不可擋。精通用兵之道的人，對兵法能夠神而明之，運用自如，不論是固守，還是迅速轉移，都能相機而動；不論是前進還是後退，都合乎軍陣音律之理。軍陣強弱的變換，只要符合兵法，都是合宜的。用兵要順應天時、地利、人和，時機一旦錯過，就不會再出現，時機非人力所能操控。天地無私，不偏不倚，機會只留給有能力的人。決定戰事勝負的因素互相作用，陰陽之氣交錯激蕩，死生之勢對立轉化，敵我氣勢此消彼長，虛實之間轉化不定，禍福相生相倚，能利用形勢的軍隊就可以取得勝利。時機稍縱即逝，兵勢盛衰轉化不定，各種轉換變化的情況說也說不完。水流受阻流勢就變急，拉滿弓射出去的箭飛行距離就遠，陰陽精氣交互作用，互相轉化。用兵要慢、要快、還是要停止，其事錯綜變化，沒有一定之規。時勢聚散消長，沒有固定的時間。

至人遺物[1]，獨與道俱[2]，縱軀委命[3]，與時往來[4]。盛衰死生[5]，孰識其期[6]？儼然至湛[7]，孰知其尤[8]？禍乎福之所倚[9]，福乎禍之所伏[10]，禍與福如糾纏[11]。渾沌錯紛[12]，其狀若一[13]。交解形狀[14]，孰知其則[15]？芴芒無貌[16]，唯聖人而後決其意[17]。斡流遷徙[18]，固無休息[19]。終則有始[20]，孰知其極[21]？一目之羅[22]，不可以得雀[23]。籠中之鳥[24]，空窺不出[25]。眾人唯唯[26]，安定禍福[27]。憂喜聚門[28]，吉凶同域[29]。失反為得[30]，成反為敗[31]。吳大兵強，夫差以困[32]。越棲會稽，勾踐霸世[33]。達人大觀[34]，乃見其可[35]。橢枋一術[36]，奚足以游[37]？往古來今[38]，事孰無郵[39]？舜有不孝[40]，堯有不慈[41]。文王桎梏[42]，管仲拘囚[43]。坱軋無垠[44]，孰炊得之[45]？至得無私[46]，泛泛乎若不繫之舟[47]。能者以濟[48]，不能者以覆[49]。天不可與謀，地不可與慮[50]。聖人捐物[51]，從理與舍[52]。眾人域域[53]，迫於嗜欲[54]。小知立趨[55]，好惡自懼[56]。夸者死權[57]，自貴矜容[58]。列士徇名[59]，貪夫徇財[60]。至博不給[61]，知時何羞[62]？不肖繫俗[63]，賢爭於時64。細故袃蒯65，奚足以疑66？事成欲得67，又奚足夸68？千言萬說69，卒賞謂何70？勾踐不官71，二國不定72。文王不幽73，武王不正74。管仲不羞辱75，名不與大賢76，功不□□77，三王鉦面備矣78。

【章　旨】本章著重講治國用兵要乘時守勢、順天知變。

【注　釋】❶至人遺物　得道之人不被具體的事物牽絆。至人，道家理論中得道術之要，通曉順應天地自然規律的人。遺物，不受具體的各種事物的干擾。遺，遺棄。❷獨與道俱　只順應自然之道。獨，只。俱，在一起。❸縱驅委命　捨棄自我，順應自然。驅，當作「軀」，音同而誤，身軀，此處指自己。縱驅，不是捨身的意思，而是說要做到無我，即放下主觀意志的執念。委命，委身於命運，即主動接納、順應客觀自然。委，委托；交付。命，命運。❹與時往來　時往則往，時來則來，指接受並順應時運的變化。往來，變化。往，去。來，前來。這句與上文「獨與道俱」意義大致相同，只是「獨與道俱」略宏觀，這句略具體，都是講的順應自然時運。❺盛衰死生　生命的存亡，人事的盛衰。❻孰識其期　沒有人知道其發展變化的時間期限。識，知道。期，時期。以上兩句，意思是至人得道，其發展變化與自然規律相一致。自然之道玄妙難知，人的變化情狀既因任自然，也高深難測。❼儼然至湛　天道高深難測。儼然，高遠。至，極。湛，深沉。❽孰知其尤　沒人能知道其極限在哪裏。尤，極限。以上兩句，意思是至人處世，因任自然，順應時勢，自然之道變化難測，至人之事也就難以測知其極限。❾禍乎福之所倚　災禍可以轉變為福運。禍，災禍。福，安樂幸福。倚，依靠；附著。❿福乎禍之所伏　福運可以產生禍患。伏，潛藏。以上兩句，又見於《老子》。⓫禍與福如糾纏　災禍和福運像纏繞而成的兩股繩，意思福禍實為一體兩面，不可分離。糾纏，疑當作「糾纆」，指絞纏而成的兩股繩。糾，纏繞。纏，疑當作「纆」，叢刊本和備要本均作「纏」，疑誤，據賈誼〈鵩鳥賦〉當作「纆」，繩索。按：糾，叢刊本作「紏」，當係傳寫過程中手書字形之誤，此據備要本改。⑫渾沌錯紛　禍福交錯混雜在一起。渾沌，不清晰的樣子。錯，交錯。紛，紛雜混亂。⑬其狀若一　禍福混雜在一起，就像兩者是同一個事物。狀，情狀。一，一體。⑭交解形狀　禍福糾纏、分開的情況。交，糾纏。解，分解。形狀，情形；樣子。⑮孰知其則　沒有人知道其變化的方式。則，方法。⑯芴芒無貌　恍惚不明。芴，同「忽」。恍惚。芒，茫昧；模糊不明。無貌，疑當作「無根」，「貌」是「根」的訛字。無根，沒有根源，難以捉摸，所以模糊難明。⑰唯聖人而後決其意　只有聖人能夠正確面對禍福之變。聖人，即上文的「至人」。決其意，即決意，作出決斷，這裏指正確面對。按：「決」，備要本作「泱」，異體字。⑱斡流遷徙　禍福的轉移變化。斡，旋轉。流，流動。遷徙，遷移變動。⑲固無休息　本就從未停止。固，本來。休息，休止。⑳終則有始　否極泰來，禍福轉換。終，終極。始，開始。㉑孰知其極　沒有人知道其變化的窮極。極，終極。㉒一目之羅　一隻網眼。目，孔。羅，捕鳥的網。㉓不可以得雀　抓不到鳥雀。雀，鳥雀。以上兩句，源自一則古寓言：捕鳥人設網捕鳥，發現鳥兒入網只是因為被一隻網眼纏住了。於是他回家做了一隻網眼，即裁去原來網羅的其餘部分，只保留纏住鳥的那一隻網眼，結果再也無法抓到鳥。寓言的意思是事情的成功源於整體，只看到局部的作用，是不客觀的。以上兩句，旨在說明不得天地之道，局於一曲之見，就無法成功。㉔籠中之鳥　關在籠中的鳥。㉕空窺不出　雖然可以探出頭來看外面，卻飛不出去。空，徒然。窺，看。出，飛出去。㉖眾人唯唯　眾人惑於眼前現狀。唯唯，順從的樣子。㉗安定禍福　安於現狀，得禍即為禍，得福即為福。安定，安居。㉘憂喜聚門　憂患和喜樂相伴。憂，憂患。喜，順遂喜樂。聚門，進到門裏，指聚集在一起，相伴出現。㉙吉凶同域　吉祥和災禍相連。吉，吉祥。凶，災禍。同域，在一起；相隨。㉚失反為得　本來失敗了，反而有所收獲。失。失敗。反，反而。得，成功。㉛成反為敗　本來成功了，反而招致失敗。以上四句，說的就是禍福相倚的意思。㉜吳大兵強二句　吳國強大，其主夫差反而陷於危困。吳，春秋時吳國。夫差，吳國君主。困，困頓。㉝越棲會稽二

句　越國幾乎亡國，退保會稽，其主勾踐終於稱霸諸侯。越，春秋時越國。棲，停居。會稽，地名。勾踐，越國君主。霸世，稱霸諸侯。以上四句，說的是春秋末期吳越爭霸之事。吳先破越，後越王勾踐臥薪嘗膽，終於反敗為勝，破滅吳國，吳王夫差自刎。㉞達人大觀　智慮通達的人能綜觀大局。達人，智慮通達的人，也就是上文的「至人」。大觀，宏觀。㉟乃見其可　能夠看到事物發展變化的徵兆。可，疑為「符」字之誤，徵兆。㊱橢枋一術　斧柄上只有方孔或只有圓孔，比喻以一種方法應對多種情況。橢，斧頭上安裝斧柄的橢圓孔。枋，借為「方」，斧頭上安裝斧柄的方形孔。一術，一種方法。㊲奚足以游　怎麼夠用呢。奚，哪裏；怎麼。游，運用。以上兩句，字面意思是說製作斧頭。古時斧頭形制不一，有方斧，有圓斧。如果斧頭上只有圓孔或方孔，就不能適應不同斧柄的安裝需求。借此來比喻事物、形勢複雜多變，如果當事人局於一曲之術，不能「達人大觀」，不能通變，就不能應對裕如。㊳往古來今　從古至今。往，追溯。來，到。㊴事孰無郵　誰沒有遭受過災禍。事，指人。孰，誰。無，沒有。郵，同「尤」。災禍。㊵舜有不孝　舜有不孝的惡名。戰國時傳言舜的父親和兄弟多次加害他，他置之不理，故意流布家人惡名，以襯托自己的賢德。又有傳言說堯嫁女給舜，舜違背禮制，不告父母而娶。說法不一，但都是說他有違子道。孝，孝順。㊶堯有不慈　堯背負不慈愛的指責。戰國時傳言，堯禪位於舜，而不傳其子丹朱，有違父道。慈，慈愛。㊷文王桎梏　周文王曾被商紂王囚禁。文王，周文王，周朝開國奠基人。桎梏，鐐銬，古時拘囚犯人的刑具。㊸管仲拘囚　管仲曾被魯國拘囚。管仲原事奉公子糾，公子糾死後，魯國將管仲綁縛送於齊桓公。㊹坱軋彝垠　彌漫無邊限。坱軋，同「坱圠」。彌漫。彝垠，無邊無限。彝，古「無」字。垠，邊限。㊺孰煙得之　是誰熔鑄而成。即成之於天。煙，疑當作「錘」，錘煉。此句當是化用賈誼〈鵩鳥賦〉：「且夫天地為爐兮，造化為工。陰陽為炭兮，萬物為銅」句意。以上兩句，意思是說事物變化、禍福盛衰無窮無盡，沒有一定之規，其變化依於天數，出於自然，非人力可以知曉。㊻至得無私　至高的德行沒有偏私，純任自然。至得，即至德，即上文「至人遺物」之德。私，偏私。㊼泛泛乎若不繫之舟　像沒有繫纜的船一樣，漂浮無定。泛泛，漂浮的樣子。不繫之舟，沒有拴繫纜繩的船，隨處漂流。㊽能者以濟　順應自然就能成功。能者，即「至德無私」之人，因任自然，乘勢順時。濟，渡過，不翻船，比喻成功。㊾不能者以覆　任用私智就會失敗。不能者，不能順應自然，違背時勢，任用私智的人。覆，翻船，比喻失敗。㊿天不可與謀二句　天道不以人的意志為轉移。天，天道。地，據諸家注文及賈誼〈鵩鳥賦〉，疑當作「道」。「天」、「道」二字互文，即天道，客觀規律，自然之數。與謀、與慮，即與之謀、與之慮，指人為影響干預其行為。謀、慮，即謀劃。51聖人捐物　即上文「至人遺物」。捐，捨棄。52從理與舍　因順遵循自然規律。從，隨順。理，自然之理。與舍，與之舍，跟它住在一起，即遵循之義。舍，居住。53眾人域域　眾人迷惑無主見。域域，據諸家注文及賈誼〈鵩鳥賦〉，疑當作「惑惑」，惑亂無知的意思。54迫於嗜欲　受主觀好惡影響。迫，催迫；影響。嗜欲，感官欲望，即主觀好惡。55小知立趨　只有小聰明的人，他的個人選擇。小知，即小智，小智慧。知，同「智」。立趨，個人選擇。立，定居，指認可。趨，趨赴，指追求。56好惡自懼　隨個人好惡而定。好惡，主觀好惡。自懼，據賈誼〈鵩鳥賦〉，疑當作「自拘」，拘於自我。拘，局限。57夸者死權　貪圖虛名的人為權勢而死。夸，誇耀虛名。死，為之死。權，權勢。58自貴矜容　喜歡標榜自己的人在意其儀容。自貴，自貴重，即標榜自我，對自己看得很重。矜容，矜持儀容。矜，矜莊。容，儀容。59列士徇名　義烈之士為名節而死。列士，即烈士，剛烈有節氣的人。列，同「烈」。義烈。徇名，即殉名，為名節而死。徇，同「殉」。獻身。60貪夫徇財　貪婪之人為財而死。貪夫，貪婪的人。徇財，為追逐財富而死。61至博不給　知聞最博洽的人也有不足之處。至博，知聞最博洽。至，最。博，淵博；博洽。不給，不足。給，足。62知時何羞　識務時者不會受到困辱。知時，知時識務，這裏應該同時包括知時和知命兩層意思。何羞，哪裏會受辱。何，哪裏。羞，受困受辱。此句與《老子》「知足不辱，知止不殆」有相似處。63不肖繫俗　庸人為世俗之見所牽絆。繫，牽絆。俗，世俗之見。64賢爭於時　賢能之人務於把握時勢。賢，賢人。爭，競逐。時，時勢。65細故袃蒯　細小的困阻。細故，些微變故。袃蒯，即今日所說的「芥蒂」，指細微的梗阻。袃，同「蒂」。蒯，同「芥」。均指小的刺鯁。66奚足以疑　何必疑懼。疑，疑懼。67事成欲得　心想事成。事成，事情成功。欲得，願望實現。68又奚足夸　又何必得意。夸，誇耀。以上四句，意思是人要達觀知變，懂得事物都有辯證的兩面性，好壞總是在不停地變化，要做到寵辱不驚，虛靜無我。69千言萬說　千言萬語，指繁言。意思是道理就是這些，縱使有人再繁言分說。70卒賞謂何　最終又有什麼可貴的呢？意思是終究也講不出更多內容了。卒，最終。賞，獎賞。謂何，為何。謂，同「為」。71勾踐不官　越王勾踐如果不稱臣於吳。官，以官吏身分事奉吳王，即稱臣於吳。72二國不定　吳越二國之爭也不會平定。二國，指吳越二國的爭霸。定，平定。73文王不幽　周文王如果不被商紂囚禁。幽，囚禁。74武王不正　周武王也不會成為天下的君主。正，改正朔，稱君。75管仲不羞辱　管仲如果不蒙受恥辱。羞辱，蒙受恥辱，指管仲輔助公子糾失敗，被魯擒送齊國事。76名不與大賢　其名望不能與歷代賢人並肩，即不能成為一代賢臣。與，參與，在其中。以上六句，也是講禍福相倚，人要達於時變。77功不□□　此處文句殘缺，文意不明。功，疑解作功業。按：備要本作「功不得與」，疑係補入，於文義不當。此處從闕。78三王鉦面備矣　三王使其道通行，天下順服，其要領盡在於此。三王，夏禹、商湯、周文武。鉦面，見〈王鈇第九〉「鉦面達行」。備，足。

【語　譯】得道之人不拘泥於小節，只體察客觀形勢，他們克服主觀好惡，接受並順應時運的變化。生命存亡和人事盛衰，沒有人知道其發展變化的時間期限；天道高深難測，沒有人知道其發展變化的極限在哪裏。災禍可以轉變為福運，福運可以產生禍患，災禍和福運像纏繞而成的繩索一樣，一體兩面，不可分離。兩者交錯混雜在一起，就像是同一個事物。禍福彼此糾纏又分開，沒有人知道其變化的方式。禍福之事恍惚難明，只有聖人能夠正確應對。禍福互相轉移變化，本就從不停止，否極泰來，禍福交替，沒有人知道其變化的窮極。只靠一隻網眼，抓不到鳥雀；關在籠中的鳥，雖然可以探頭外視，卻不能自由翱翔。眾人不知大體，惑於眼前現狀，得禍即為禍，得福即為福。憂患和喜樂相伴，吉祥和災禍相連。事情本來是失敗的，最終卻大有所獲；本來明明辦妥了，最終反而招致失敗。吳國強大，其主夫差反而陷於危困；越國困守會稽，其主勾踐最終卻稱霸諸侯。只有智慮通達的人才能綜觀大局，發現事物發展變化的徵兆。這就好比斧柄上如果只開一個方孔或一個圓孔，又怎能確保所有斧柄都裝得上呢？從古至今，誰沒有遭受過禍患呢？舜背負不孝的惡名，堯遭受不慈愛的指責；周文王曾被商朝囚禁，管仲曾為魯國拘囚。禍福盛衰之變全無定式，全繫於天數，豈人力可以操控？至高的德行沒有私智，就像沒有繫纜的船一樣隨波逐流。人只有順應自然才能成功，專擅私智只會失敗，天道不會以人的意志為轉移。聖人無物無我，完全因順自然規律；普通人沒有見識，迷失於主觀好惡。自恃小聰明的人，其個人選擇隨一己好惡而定，貪圖虛名的人為權勢而死，標榜自己的人在意儀容，義烈之士為名節而死，貪婪之人為財而死。即使知聞最博洽的人也有不足之處，只有知時達命才會不受困辱。庸人為世俗之見所牽絆，賢能之人務於把握時勢，事情有些困阻，又何需疑懼？心想事成，又何必得意？總之，事情總是變來變去，再多說也講不出更多內容了。越王勾踐如果不稱臣於吳，吳越之爭就不會有收場；周文王如果不被商紂囚禁，周武王就不會成為天下的君主；管仲如果不蒙受恥辱，也不能成為一代賢臣。三王治國之道所以能推行並使天下順服，其要領就在於知時通變。

【研　析】本篇內容頗為龐雜，所討論的主題似乎一直不離禍福形勢的變化。作者列舉了伊尹、太公望、管仲、百里奚、商湯、周文王和周武王、曹沫、劇辛、夫差、勾踐這一系列歷史人物，來說明軍陣和人生戰場上勝負態勢的變化，很像是對《老子》福禍相伏相倚說的闡釋，看起來似乎並不完全是兵事。而本篇第四章，則專論戰陣之事，反映的是戰國兵形勢和兵陰陽兩方面的學說。《漢書・藝文志》對兵形勢的解釋是：「雷動風舉，後發而先至，離合背鄉，變化無常，以輕疾制敵者也」，本篇第四章「發如鏃矢，動如雷霆。暴疾擣虛，般若壞牆。執急節短」所說的不正是這方面的內容麼？作者甚至直接明確提出來「兵以勢勝」的說法。而《漢書・藝文志》對兵陰陽的介紹是：「順時而發，推刑德，隨斗擊，因五勝，假鬼神而為助者也」，則正與第四章「陳以五行，戰以五音，指天之極」「一先一後，音律相奏。一右一左，道無不可。受數於天，定位於地」的說法相契合。

由此來看，則上述之所以花大量筆墨介紹那麼多歷史人物和事件，是因為在作者心目中，伊、呂等人都精於形勢數術，能夠以陰陽數術之學把握時機、預見徵兆，不是「久貧賤」之人，「莫不天地善謀」，可以起弱為強、變危為安。所以，本篇所要說的是勝負禍福變化無常，惟有明於形勢，精於數術，才能知時達變，「驅用市人，乘流以逝」。

而明於形勢，精於數術，需要「精習象神」「素成其用」，殊非易事。「避我所死，就吾所生。趨吾所時，援吾所勝」「錮據堅守，呼吸鎮移，與時更為」這幾句，都強調對形勢、時機的把握。傳言諸葛亮所著的《將苑》中說：「夫必勝之術，合變之形，在於機也。非智者孰能見機而作乎？」諸葛亮這段話說得非常好，不是「天地善謀」的絕世智者，誰又能見機而作呢？看起來知時乘勢，只是把握形勢、預窺時變、及時把握這麼簡單，但若要付諸實踐，不是諸葛亮一流的人，是根本做不到的。

最後要說明一點，本篇文字與賈誼〈鵩鳥賦〉頗有雷同、重見之處，前人曾據此質疑《鶡冠子》的真偽，甚而認為本篇就是後人據〈鵩鳥賦〉的擬托之作。今天雖可由馬王堆漢墓出土帛書推定《鶡冠子》不偽，但並不影響我們注解時以兩篇文字相參校。讀者不妨將兩篇文字比照閱讀，或可以對兩篇文字有更清楚、準確的理解。

備知第十三

【題解】備知，全面瞭解君臣際遇相處之道。備，全面，周全。知，瞭解，考察。本篇圍繞君臣際遇這個話題展開。

天高而可知①，地大而可宰②，萬物安之③？人情安取④？伯夷、叔齊能無盜⑤，而不能使人不意已⑥。申徒狄以為世溷濁不可居⑦，故負石自投於河⑧，不知水中之亂有逾甚者⑨。德之盛⑩，山無徑迹⑪，澤無橋梁⑫，不相往來⑬，舟車不通⑭。何者⑮？其民猶赤子也⑯。有知者不以相欺役也⑰，有力者不以相臣主也⑱。是以鳥鵲之巢可俯而窺也⑲，麋鹿群居可從而係也⑳。至世之衰㉑，父子相圖㉒，兄弟相疑㉓。何者？其化薄而出於相以有為也㉔。故為者敗之㉕，治者亂之㉖。

【章　旨】本章推崇小國寡民，無為而治。

【注　釋】❶天高而可知　以天之高大，而人可以觀測瞭解。天，自然界的天。高，高大。知，瞭解；知曉。❷地大而可宰　以大地的廣大，而人可以整治。地，大地。大，廣大。宰，治理；整治。❸萬物安之　萬物的發展、走勢。安，哪裏。之，往。❹人情安取　人情的取向。取，同「趨」。趨向；走向。以上四句，意思是天高地大尚且可以測度，物性人情豈能不加以瞭解。❺伯夷叔齊能無盜　伯夷、叔齊能約束自己不行盜竊之事。伯夷、叔齊，商末周初的賢人，清廉正直，被後世視為聖賢的代表。盜，偷盜。❻而不能使人不意已　不能讓人相信自己不偷盜。意已，當作「意己」，懷疑自己偷盜。意，懷疑。按：「已」，叢刊本、備要本均作「已」，當為「己」字傳寫之誤。❼申徒狄以為世溷濁不可居　申徒狄不肯與世浮沉。申徒狄，商末貴族，投水自盡的賢人，言辭思想有些近似屈原。溷濁，世道黑暗失序。不可居，指有棄世的想法。❽故負石自投於河　抱著石頭跳河自殺。負石，懷抱石頭。❾不知水中之亂有逾甚者　申徒狄投水自盡後，身體被水中的魚鱉分食。這句話意思是，申徒狄本意是想投水棄世，保全清白和名聲，免受周滅商後的羞辱。卻不料為魚鱉所食，不能得保全屍，死後也沒有得到體面。水中之亂，指屍身為魚鱉分食。逾甚，更加嚴重。逾，更加。甚，嚴重。以上五句，意思是道德倫理不足以安世，正是《老子》之旨。❿德之盛　盛德之世。德，美好的政治，君主施政的恩澤。盛，盛大。⓫山無徑迹　山上沒有小路和行跡。徑，小路。迹，足跡。⓬澤無橋梁　江河上沒有橋梁。澤，江河。⓭不相往來　指各地人人自給自足，彼此沒有交流來往。往來，生產生活上的交流。⓮舟車不通　不需要使用車船前往他處。舟車，指車船等交通工具。不通，不通行，指不需要交通工具。⓯何者　為什麼。⓰其民猶赤子也　人民質樸純潔如同嬰兒。赤子，嬰兒。⓱有知者不以相欺役也　（盛德之世）有智計的人不倚仗其智力欺壓役使他人。知，同「智」。智力。欺，欺侮。役，役使。⓲有力者不以相臣主也（盛德之世）有強力的人不倚仗其力量壓制他人。臣主，己為主、人為臣。臣，使為臣，指使他人屈服於己。主，成為他人的主人。⓳是以烏鵲之巢可俯而窺也　因此趴在烏鵲的巢穴上面看，巢中的烏鵲不受驚嚇。烏鵲，似當作「烏鵲」，烏鵲易受驚。俯，俯視。窺，探看。⓴麋鹿群居可從而係也　可以到麋鹿群中牽著麋鹿走，而群鹿不會驚慌。從，跟隨。係，牽。以上二句指人與自然萬物和諧一致，沒有爭鬥。㉑至世之衰　到了德衰之世。衰，君主政德的衰敗。㉒父子相圖　父子之間相互算計。圖，圖謀；算計。㉓兄弟相疑　兄弟之間互相猜疑。疑，猜疑。㉔其化薄而出於相以有為也　政治教化澆薄，不能無相與、無為。化，教化。薄，澆薄。相以，即相與，主觀上有意識的交往。有為，主觀有為。㉕故為者敗之　有為的人會失敗。敗，失敗。㉖治者亂之　人為干預的政策會造成混亂。亂，造成混亂。

【語　譯】以天之高大，而人可以觀測瞭解；以大地的廣大，而人可以整治。然則萬物的發展走勢和人情的取向豈能不留意掌握？伯夷、叔齊能約束自己不行盜竊之事，但不能讓人相信自己不會偷盜；申徒狄不肯與世浮沉，就抱著石頭跳河自殺，沒想到水中更加混亂，死後為魚鱉所食，不能得保全屍。盛德之世，山上沒有小路和行跡，江河上沒有橋梁，人人自給自足，彼此沒有交流來往，不需要使用車船行往他處。為什麼會這樣呢？因為當時的人民質樸純潔如同嬰兒。（盛德之世）有智計的人不倚仗其智力欺壓役使他人，有強力的人不倚仗其力量壓制他人。因此趴在烏鵲的巢穴上面看，巢中的烏鵲不受驚嚇；到麋鹿群中牽著麋鹿走，群鹿不會驚慌。到了德衰之世，父子之間相互算計，兄弟之間互相猜疑，為什麼會這樣呢？是因為政治教化澆薄，人不能無相與、無為。主觀有為的就會失敗，人為干預的政策會造成混亂。

敗則傰❶，亂則阿❷。阿則理廢❸，傰則義不立❹。堯傳舜以天下❺，故好義者以為堯智❻，其好利者以為堯愚❼。湯、武放弒利其子❽，好義者以為無道❾，而好利之人以為賢❿。為彼世不傳賢⓫，故有放君⓬。君好傰阿⓭，故有弒主⓮。夫放、弒之所加⓯，亡國之所在⓰，吾未見便樂而安處之者也⓱。

【章　旨】本章說明根據一己利害、好惡治國就會遭遇禍難。

【注　釋】❶敗則傰　政事敗壞就會有朋黨。敗，敗壞。傰，同「朋」。朋比結黨。❷亂則阿　政事混亂就會有偏私。亂，混亂無秩序。阿，偏向；迎合。❸阿則理廢　有偏私，公理就會廢弛。理，公理。廢，廢弛。❹傰則義不立　朋比結黨，行事就不中正恰當。義，通「宜」。適宜；恰當。立，確立。❺堯傳舜以天下　堯把政權禪讓給舜。天下，指政權。❻故好義者以為堯智　追求公理的人認為堯的做法是聰慧的。好，崇尚。❼其好利者以為堯愚　崇尚私利的人認為堯的做法是愚蠢的。利，個人利益。❽湯武放弒利其子　商湯放逐夏桀，周武王弒商紂，傳位於其子。湯，商湯，商朝的開國君主。武，周武王，周朝開國君主。放，放逐、流放到偏遠地區，此指商湯放逐夏朝末世君主夏桀。弒，以臣殺害君主，稱為弒，此指周武王逼迫商朝末世君主紂王自殺之事。利，有益於。❾好義者以為無道　追求公理的人認為湯、武的做法是錯誤的。商湯滅夏，放逐夏桀。周武滅商，使商紂自焚於鹿臺。兩人都是以臣逆君，有悖為臣之道。❿而好利之人以為賢　崇尚私利的人認為湯、武的做法是正確的。賢，好的；正確的。⓫為彼世不傳賢　「為」字疑衍，當作「彼世不傳賢」，君位不傳於賢者。世，指繼世之君位。傳賢，傳位於賢人，即上文「堯傳舜以天下」。⑫故有放君　故而會有君主被臣下放逐之事。⑬君好倗阿　君主喜好偏私。⑭故有弒主　故而會有被臣下所滅的事情。⑮夫放弒之所加　面臨被臣下放逐殺害的危險。加，施加於君主之身。⑯亡國之所在　身處將亡之國。⑰吾未見便樂而安處之者也　我沒有見過這樣還可以泰然處之的。便，以為便；安適。樂，以為樂；樂於。安處，處之泰然。

【語　譯】政事敗壞就會有朋黨，混亂就會產生偏私。有偏私，公理就會廢弛；朋比結黨，事情就不公正恰當。堯把政權禪讓給舜，追求公理的人認為堯的做法是聰慧的，崇尚私利的人認為堯的做法是愚蠢的。商湯放逐夏桀，周武王弒商紂，他們都傳位於其子，追求公理的人認為湯、武的做法是錯誤的，崇尚私利的人認為湯、武的做法是正確的。君位不傳於賢者，故而會有君主被臣下放逐之事；君主喜歡偏私，故而會有被臣下所滅的事發生。面臨被臣下放逐殺害的危險，身處將亡之國，我沒有見過這樣還可以泰然處之的。

夫處危以安安❶，循哀以損樂❷。是故國有無服之喪❸、無軍之兵❹，可以先見也❺。是故箕子逃而搏裘牧❻，商容拘而蹇叔哭❼。昔之登高者❽，下人代之㥄❾，手足為之汗出❿。而上人乃始搏折枝而趨操木⓫，止之者僇⓬。是故天下寒心而人主孤立⓭。今世之處側者⓮，皆亂臣也⓯，其智足以使主不達⓰，其言足以滑政⓱，其朋黨足以相甯於利害⑱。昔湯用伊尹⑲，周用太公⑳，秦用百里㉑，楚用申麃㉒，齊用管子㉓，此數大夫之所以高世者㉔，皆亡國之忠臣所以死也㉕。是觀之㉖，非其智能難與也㉗，乃其時命者不可及也㉘。

【章旨】本章論君臣之際，反對只重人事智計，推崇時命論。

【注釋】❶夫處危以妄安　與安而忘危相對而言，指小心警惕，居安思危。處，居處；面對。危，危機。妄，當作「忘」，忘記。安，安定。❷循哀以損樂　指樂不忘憂。循，從；依據。哀，這裏指憂懼之心。損，減損。樂，歡樂。❸是故國有無服之喪　因此國家有將會出現的喪事。無服，沒有出現喪事。服，孝服。喪，死亡喪葬之事。❹無軍之兵　將要爆發的戰事。無軍，沒有發生戰事。軍，戰爭。兵，戰爭。指國事的隱患，處於萌芽階段的危機。❺可以先見也　可以提前發現。先，預先。見，觀察；發現。❻是故箕子逃而搏裘牧　箕子佯狂遁世，而裘牧被南宮萬搏殺。箕子，商末貴族，商紂王親戚，預見到商朝將亡，就佯狂隱居，常常借彈琴表達悲痛之情。裘牧，春秋時期宋國湣公時的大夫，宋湣公被南宮萬殺害，裘牧率兵討伐南宮萬，反被殺害。後宋人以重金賄賂陳國贖回南宮萬，將其剁成肉醬。搏，搏殺。按：「裘」，備要本作「仇」，二字古書異文。❼商容拘而蹇叔哭　商容被紂王拘囚，而蹇叔痛哭秦師將亡。商容，商末賢人，傳說他屢諫商紂王，被紂王囚禁。拘，囚禁。蹇叔，春秋時賢人，秦穆公任為上大夫，為秦國的振興作出過貢獻。後秦穆公乘晉文公去世，派兵襲擊晉的鄰國鄭國，蹇叔未能勸阻，就痛哭秦師一定會被晉軍消滅。這兩句舉四人為例，是為了說明他們能提前發現隱患。❽昔之登高者　那些曾經攀爬高樹的人。登高，向高處攀爬。❾下人代之悽　地上的人替他們擔心。下人，站在樹下地面上的人。悽，驚懼；擔心。❿手足為之汗出　緊張得手心、腳心都冒汗。手足，手腳。汗，汗水。⓫而上人乃始搏折枝而趨操木　但在高處攀爬的人（意識不到危險）還正要抓住彎曲的樹枝，爬向樹梢。上人，攀爬在高處的人。乃始，正要。搏，抓。折枝，彎曲的樹枝。趨，向。操木，疑當作「梢木」，樹梢。⓬止之者僇　勸阻他們的人反而會被羞辱。止，勸阻。僇，受辱。以上五句，比喻君主一意孤行，不聽忠言勸諫。⓭是故天下寒心而人主孤立　因而天下人失望卻步，人主孤立不知改正。寒心，失望。孤立，指剛愎自用，孤立無援，不能認識到自己的過錯。⓮今世之處側者　當今處於君主身邊的人。處側，在君主身邊任職。側，身側。⓯皆亂臣也　都是悖亂之臣。亂，悖亂。⓰其智足以使主不達　他們的才智足以迷惑君主，使君主不能通曉人情物理。達，通達；通曉。⓱其言足以滑政　他們的言辭足以使政策混亂。滑，混亂。政，政令；政事。⓲其朋黨足以相甯於利害　他們的朋黨之多，足以互相確保其利益。朋黨，指結黨營私。相甯於利害，確保平息禍害，轉危為安。相甯，相保。甯，同「寧」。安寧。利害，指害。災害；禍害。⓳昔湯用伊尹　商湯任用伊尹。湯，商湯，商朝開國君主。用，任用。伊尹，商初名臣，詳見上篇。⓴周用太公　西周任用呂尚。太公，呂尚，號曰「太公望」，詳見上篇。㉑秦用百里　秦國任用百里奚。百里，百里奚，與上文的蹇叔同為秦穆公名臣，詳見上篇。㉒楚用申麃　楚國任用申包胥。申麃，即申包胥，春秋時吳滅楚之役，申包胥感動秦國出兵救楚，為楚的復興立下大功。㉓齊用管子　齊國任用管仲。管子，管仲，詳見上篇。㉔此數大夫之所以高世者　這幾個大夫比世人高明之處。數，幾個。高世，超越凡俗之人。高，超過。㉕皆亡國之忠臣所以死也　都是無道將亡之國的忠臣們的求死之道。亡國，無道將亡之國。死，喪命。以上兩句意思是，這些名臣以其道術顯達於有道之邦，如果施行於無道之邦，只能招致災禍，加速其死亡。㉖是觀之　據注文，疑當作「由是觀之」，由此可以看出。觀，看。㉗非其智能難與也　（他們的成功）不是因為他們的才智高不可及。難與，難以企及。與，及；比拼。㉘乃其時命者不可及也　而是他們的時機和命運不可企及。時，時機。命，命數；運氣。及，相比。

【語譯】治國者居安思危，樂不忘憂，就可以提前發現國事的隱患，所以箕子佯狂遁世，裘牧討伐南宮萬被殺，商容因直諫被紂王拘囚，蹇叔痛哭秦師將亡，(他們都是發現了國事的隱患)。那些攀爬高樹的人，地上的人替他們擔心，緊張得手心、腳心冒汗，但在高處攀爬的人卻還要抓住彎曲的樹枝爬向樹梢，勸阻他們的人反而會被羞辱，因而天下人失望卻步，人主孤立卻不知改正。當今處於君主身邊的人，都是悖亂之臣，他們的才智足以迷惑君主，使君主不能通曉人情物理；他們的言論足以使政策混亂；他們的朋黨之多，足以互相確保其利益。以前商湯任用伊尹，西周任用呂尚，秦國任用百里奚，楚國任用申包胥，齊國任用管仲，這幾個大夫比世人高明之處，都是無道將亡之國的忠臣們的求死之道。由此來看，(他們的成功)不是因為他們的才智高不可及，而是他們的時機和命運太好了。

唯無如是❶，時有所至而求❷，時有所至而辭❸。命有所至而闔❹，命有所至而闢❺。賢不必得時也❻，不肖不必失命也❼。是故賢者守時❽，而不肖者守命❾。今世非無舜之行也❿，不知堯之故也⓫。非無湯、武之事也⓬，不知伊尹、太公之故也⓭。

【章旨】本章主張人要知時命，明進退。

【注 釋】❶唯無如是 唯其如此。無，語氣助詞，無意義。如是，像這樣。❷時有所至而求 有時候時機到來要主動求取。時有所至，指明君得遇賢臣，或賢臣得遇明君。至，到來。求，干求；求取。❸時有所至而辭 有時候時機到來要主動辭讓。時有所至，指上有明君、下無賢臣，或下有賢臣、上無明君。辭，辭讓；退卻。❹命有所至而闔 命運有時候讓人生不逢時。命，命運。闔，閉塞；否定。❺命有所至而闢 命運有時候使人躬逢其盛。闢，開放；認可。❻賢不必得時也 賢人不一定能夠遇到好的機遇。不必，不一定。得時，遇到好的時機。❼不肖不必失命也 庸才不一定運氣不好。失命，運氣差；生不逢時。失，錯過。❽是故賢者守時 因此賢人把握時機。守時，把握時機。❾而不肖者守命 庸才依靠運氣。守命，寄希望於命運的安排。❿今世非無舜之行也 當今之世並非沒有像舜一樣的賢德之人。非無，並非沒有。行，德行。⓫不知堯之故也 不能遇到能像堯一樣識人用人的君主。不知，不遇；遇不到。⓬非無湯武之事也 並非沒有像商湯、周武王一樣有才能的君主。⓭不知伊尹太公之故也 遇不到像伊尹、呂尚這樣的輔臣。

【語 譯】唯其如此，有時候時機到來要主動求取，有時候時機到來要主動辭讓。命運有時候讓人生不逢時，有時候使人躬逢其盛。賢人不一定能夠遇到好時機，庸才不一定運氣不好。因此賢人把握時機，庸才依靠運氣。當今之世並非沒有像舜一樣賢德的人，只是遇不到像堯一樣識人用人的君主；並非沒有像商湯、周武王一樣有才能的君主，只是遇不到像伊尹、呂尚這樣的輔臣。

費仲、惡來得辛紂之利❶，而不知武王之伐之也❷。比干、子胥好忠諫❸，而不知其主之煞之也❹。費仲、惡來者，可謂知心矣❺，而不知事❻。比干、子胥者，可謂知事矣❼，而不知心❽。聖人者，必兩備而後能究一世❾。

【章　旨】本章強調立身處世，對君心和世局都要洞察明白。

【注　釋】❶費仲惡來得辛紂之利　費仲和惡來能從商紂王的寵愛中得到好處。費仲、惡來，商紂王的幸臣。辛紂，即商紂王。辛，商紂王的日名，商人多用出生之日的天干地支來命名。紂，商紂王的本名。利，利益。❷而不知武王之伐之也　不知道周武王將會伐滅商朝。武王，周武王。伐，討伐。❸比干子胥好忠諫　比干和伍子胥喜歡忠言直諫。比干，商紂王時的賢臣，因勸諫商紂王行德政而被害。子胥，伍子胥，佐吳滅楚的名臣，因力諫吳王防備越國而被殺。好，喜歡。❹而不知其主之煞之也　卻不知道君主將會殺害他們。煞，同「殺」。殺害。❺費仲惡來者二句　費仲和惡來可以說是瞭解君心了。知心，瞭解君主的心思。❻而不知事　卻不通曉世事。知事，通曉世事政局。事，世事；形勢。❼比干子胥者二句　比干和伍子胥可以說是通達世事了。❽而不知心　卻不瞭解君心。❾聖人者二句　聖人必須既知人心，又知世事，才能平安地度過一生。兩備，指既知君心，又通曉世事政局。備，具備。究，終；竟。一世，一生。

【語　譯】費仲和惡來靠商紂王的寵愛漁利，卻料不到周武王將會伐滅商朝；比干和伍子胥喜歡忠言直諫，卻料不到君主將會殺害他們。費仲和惡來可說是瞭解君心，卻不通曉世事；比干和伍子胥可說是通達世事，卻不瞭解君心。聖人必須既知人心，又知世事，才能平安地度過一生。

【研　析】〈備知〉篇與上文〈著希第二〉有相近之處，這兩篇與其他篇專論體道、治世、數術等事不同，都側重於討論窮通進退之事，都從道家因循論的角度強調了時勢運數的決定性作用，帶有一定宿命論的色彩。

本篇所講的時命、窮通、去就，在春秋戰國之際，有孔子、莊子、韓非等先後論及。尤其韓非〈說難〉和〈孤憤〉篇，當時即以名世，足見春秋戰國之際諸子對這一問題的關注。而即使是放在整個中國古代專制王權時代來看，這些也都是恆久不衰的命題。從歷史上看，有賢能之君生於王朝末期而無力回天，有才智之士立於庸主之廷而懷抱難開，所以歷代為君為臣，往往都寄情於窮通去就，流連忘返。我國四大名著之一《三國演義》中有首歌詩：「鳳翱翔於千仞兮，非梧不棲。士伏處於一方兮，非主不依。樂躬耕於隴畝兮，吾愛吾廬。聊寄傲於琴書兮，以待天時」，正是士大夫窮通去就問題的藝術化寫照。而本篇末「知心知世」之嘆，確為不刊之論。

兵政第十四

【題解】本篇討論軍政之事，認為兵法應以因物性、順形勢為本。兵政，用兵之法。兵，軍隊。政，政事。

龐子問鶡冠子曰：「用兵之法❶，天之❷、地之❸、人之❹，賞以勸戰❺，罰以必眾❻。五者已圖❼，然九夷用之而勝不必者❽，其故何也❾？」鶡冠子曰：「物有生❿，故金、木、水、火未用而相制⓫。子獨不見夫閉關乎⓬？立而倚之⓭，則婦人揭之⓮。仆而措之⓯，則不擇性而能舉其中⓰。若操其端⓱，則雖選士不能絕地⓲。關尚一身⓳，而輕重異之者⓴，埶使之然也㉑。夫以關言之㉒，則物有而埶在矣㉓。九夷用之而勝不必者㉔，其不達物生者也㉕。若達物生者㉖，五尚一也耳㉗。」

【章　旨】本章說明兵法應本於自然，順物之性。

【注　釋】❶用兵之法　用兵的方法。法，原則；方法。❷天之　得天時。❸地之　得地利。❹人之　得人和。❺賞以勸戰　用獎賞激勵士卒奮勇作戰。賞，獎勵；賞賜。勸，勸勉；激勵。戰，作戰。❻罰以必眾　用刑罰約束眾人令出必行。罰，刑罰。必眾，使眾人一定奉令行事。必，一定。❼五者已圖　以上五方面因素都考慮到了。圖，思慮；謀劃。❽然九夷用之而勝不必者　但諸夷族按此用兵，卻不能保證取得勝利。這裏應該指當時南方九夷逐漸為楚國所滅。九夷，指南方一眾夷族。九，泛指之數。勝不必，不能確保獲勝。勝，勝利。❾其故何也　這是什麼緣故？❿物有生　萬物有其本性。生，本性。⓫故金木水火未用而相制　因此金、木、水、火作為事物的本性，不需要人力推動，天然就自相克制。金木水火，代指五行，古人認為五行是天地萬物的本來屬性。未用，不依靠人為操控。相制，相互克制。制，克制；制約。⓬子獨不見夫閉關乎　你難道沒看到插在門後、閉鎖門戶的橫木麼。獨，難道。閉關，古時從內閉鎖門戶用的橫木。古時門戶由左右兩扇對開的門板組成，兩扇門板背後各安裝有一塊向上缺口的木槽，門板閉在一起後，用一根橫木嵌入兩扇門各自的缺槽上，就可以從室內將門板鎖住，從室外就無法推門入戶，是一種原始而有效的室內鎖。閉，關閉。關，門。閂，橫木。⓭立而倚之　將橫木豎立放置。立，豎立。倚，斜靠。⓮則婦人揭之　一個婦女就可以舉起來，此言橫木之輕。揭，舉起；抬起。⓯仆而措之　將橫木一端置放在門槽裏。仆，前覆曰仆，指橫木的一端放倒在門關上。措，置放。⓰則不擇性而能舉其中　不分男女都能把橫木舉放到門關中。不擇性，不分男女。性，性別。舉其中，置放到門關中間。⓱若操其端　如果只抓住橫木的一端。操，抓住。端，一端。⓲則雖選士不能絕地　即使是強力之士也不能將另一端舉離地面。選士，古時組建軍隊，選練才力超群的士卒為精兵，稱為選士或常選，後遂以選士代指才勇超卓之人。絕地，離開地面。絕，離。⓳關尚一身　橫木還是那個橫木。尚，猶；還。一身，一體，指還是那個橫木，沒有變化。⓴而輕重異之者　輕重情況卻各自不同。異，不同。㉑埶使之然也　情勢使然。埶，同「勢」。情勢。㉒夫以關言之　以閉門的橫木作譬，是為了說明。以關，即以關為例，以閉門的橫木作譬。言，說明。㉓則物有而埶在矣　有物就有情勢。㉔九夷用之而勝不必者　諸夷族使用兵法卻不能保證勝利。㉕其不達物生者也　是因為他們不瞭解事物的本性。達，通曉；瞭解。㉖若達物生者　如果瞭解事物的本性。㉗五尚一也耳　兵法上說要有五要素，總結起來也只有一條。五，指上文所說天、地、人和賞、罰。一，化繁為簡。

【語　譯】龐煖問鶡冠子：「用兵的方法，要得天時、地利、人和，用獎賞激勵士卒奮勇作戰，用刑罰約束眾人嚴守軍令。這五方面的因素都考慮到了，但諸夷族按此用兵，卻不能保證取得勝利，這是為什麼呢？」鶡冠子說：「萬物各有其本性，五行作為事物的本性，不用人推動，天然就相互克制。你看到插在門後、閉鎖門戶的橫木了嗎？橫木豎著放，一個婦女就可以舉起來；橫木一端已經置放在門槽裏，不分男女都能把橫木另一端也舉放到門槽中；如果要求人只抓住橫木的一端，即使是強力之士也不能將另一端舉離地面。橫木還是那個橫木，輕重情況卻各自不同，這都是情勢使然。以閉門的橫木作譬，是為了說明有物就有情勢。諸夷族用兵法卻不能保證勝利，是因為他們不瞭解事物的本性。如果瞭解事物的本性，兵法所說的五要素，總結起來也只有一條。」

龐子曰：「以五為一柰何❶？」鶡冠子曰：「天不能以早為晚❷，地不能以高為下❸，人不能以男為女❹，賞不能勸不勝任❺，罰不能必不可❻。」

【章　旨】本章解釋以五為一，認為用兵要順應客觀形勢。

【注　釋】❶以五為一柰何　兵法五要素的根本是什麼。❷天不能以早為晚　上天不能把早晨改為夜晚。❸地不能以高為下　大地不能將高陵變為低地。高，地勢高的地方，指丘陵山脈之類。下，地勢低的地方，指平原盆地之類。❹人不能以男為女　人事不能將男人變為女人。❺賞不能勸不勝任　獎賞不能激勵能力不勝任的人。比如幼兒、殘疾人就不能參戰。不勝任，不能承擔使命，指沒有能力。❻罰不能必不可　刑罰不能勉強人們去做他們做不到的事。不可，能力不足；做不到。以上五句，意思是天時、地利、人和、獎賞、刑罰各有自身局限，所以兵法的根本還是要通曉事物的本性，因順自然之勢。

【語　譯】龐煖問：「將五要素歸結為一個原則，是什麼意思？」鶡冠子說：「上天不能把早晨改為夜晚，大地不能將高陵變為低地，人事上不能將男人變為女人，獎賞不能激勵能力不勝任的人，刑罰不能勉強人們去做他們做不到的事。」

龐子曰：「取功柰何❶？」鶡冠子曰：「天不能使人❷，人不能使天❸，因物之然❹，而窮達存焉❺。之二也❻，在權❼，在埶❽。在權，故生財有過富❾。在埶，故用兵有過勝❿。財之生也⓫，力之於地⓬，順之於天⓭。兵之勝也⓮，順之於道⓯，合之於人⓰。其弗知者⓱，以逆為順⓲，以患為利⓳。以逆為順，故其財貧⓴。以患為利，故其兵禽㉑。昔之知時者與道證㉒，弗知者危神明㉓。道之所亡㉔，神明之敗㉕，何物可以留其創㉖？故曰道乎，道乎，與神明相保乎㉗。」

【章　旨】本章說明用兵致勝之道就是要察知因順事物之性和客觀形勢。

【注　釋】❶取功柰何　取勝之道究竟是什麼呢。取功，取得功業，即取勝。❷天不能使人　上天不能役使人。使，役使；操控。❸人不能使天　人不能操控上天。❹因物之然　因順事物的本性。因，順應；依靠。然，本然；本性。❺而窮達存焉　指因順事物的本性就能成功，違逆事物本性就會遭遇困頓。窮，困頓不得志。達，通達成功。存，存在。❻之二也　窮、達這兩者。❼在權　在於測度物之本性。權，權衡。❽在埶在於因順並利用事物發展之勢。埶，形勢。❾在權二句　把握了事物的本性，所以取用於物可以生生不竭而有過剩。生財，指取用於萬物，積累財物。過富，過剩。富，富餘。❿在埶二句　因順並利用事物之勢，所以用兵總能取勝。過勝，不斷取得勝利。勝，勝利。⓫財之生也　財富的產生。⓬力之於地　用力於土地，收取地利。力，用力。古時是農業社會，所謂財物，主要取於土地物宜，所以叫力之於地。⓭順之於天　順應天時。⓮兵之勝也　戰爭的勝利。勝，勝利。⓯順之於道　順應自然規律。道，自然之道。⓰合之於人　符合人情。合，符合；應和。人，人情；人心。⓱其弗知者　不懂得這個道理的人。弗知，不瞭解。⓲以逆為順　將違背事物本性之事當作正道。逆，違背。順，正道。⓳以患為利　將違背事物發展形勢之事當作正確之事。患，禍患。利，利益；好處。⓴以逆為順二句　違背事物本性，因此財用不能生生不息。財，財富。貧，貧乏。㉑以患為利二句　違逆事物態勢，因而兵敗被擒。兵，軍隊。禽，同「擒」。被擒獲。㉒昔之知時者與道證　過去知時務的人都會因循事物客觀規律。知時，知時務。證，疑當借為「征」，行。與道證，即與道征，與道同行，因順自然規律。㉓弗知者危神明　不知時務的人結局敗壞。危，害；敗壞。神明，神而明之，顯露在外，故而指結局。㉔道之所亡　背離客觀規律。亡，失；背離。㉕神明之敗　結局之敗壞。敗，敗壞。㉖何物可以留其創　指不可能避免受到傷害。何物，沒什麼事情。留，止；阻止。創，創傷；傷害。㉗故曰道乎三句　因此說，結局的好壞，跟能否因順自然是分不開的。道，自然之道。乎，感嘆辭。保，相守，不分離。

【語　譯】龐煖問：「什麼是取勝之道？」鶡冠子說：「上天不能役使人，人不能操縱上天。因順事物的本性就能成功，違逆事物本性就會遭遇失敗。是成功還是失敗，靠的是測度事物的本性，因順利用事物發展態勢。測度事物本性，所以得物之財用可以有過剩；因順利用事物發展態勢，所以用兵總能取勝。財富的產生，靠的是致力於土地和順應天時；戰爭的獲勝，靠的是順應自然規律和迎合人情。不懂得這個道理的人，將違背事物本性之事當作正道，將違背形勢之事當作正確之事。違背事物本性，因此財用不能生生不息；違逆事物態勢，故而會導致兵敗被擒。過去知時務的人都會因循事物客觀規律，不知時務的人結局敗壞。背離客觀規律，結局敗壞，就一定會造成創傷。因此說，結局的好壞，跟能否因順自然是分不開的。」

龐子曰：「何如而相保❶？」鶡冠子曰：「賢生聖❷，聖生道❸，道生法❹，法生神❺，神生明❻。神明者，正之末也❼。末受之本❽，是故相保❾。」

【章　旨】本章說明道用一體，兵政必須遵循自然之道。

【注　釋】❶何如而相保　道與神明如何相互依附的。何如，如何。❷賢生聖　聖人出自於賢人當中。❸聖生道　聖人明於道，所以說道生於聖人。❹道生法　天道恆常，道不變，故可以制而用之，垂為範式，即為法度。所以說道生法。❺法生神　依法而治，使人人得享道之用，有神妙之功，所以說法生神。神，神妙。❻神生明　人人享道之用，道之用至為顯明，所以說道之神妙至為顯明。明，顯明。❼神明者二句　神妙顯明，是兵政的終極目標。末，終；結果。❽末受之本　神明是末，道是本，神明源自於道，所以說末受之本。❾是故相保　因此說神明與道互相依附不分離。

【語　譯】龐煖問：「道與神明如何相互依附？」鶡冠子說：「聖人出自於賢人當中，聖人明道，法度範式生於道，法度有神妙的效用，就彰顯了道的存在和價值。神妙顯明，是兵政的終極目標。

兵政依於道，所以說神明與道互相依附不分離。」

【研　析】本篇所言，與其說是兵法，不如說是兵理，屬於形而上層面的原理性內容。而本篇所談之理，與其說是兵理，又毋寧說是普適性的道理。通貫全篇，所說的不過道、用二字，道為本，用為末；用依於道，道藉用以顯。道是自然，用既可以釋為兵事，又可以釋為民事，甚至可以釋為一人一己之事。如果一定要說有切近於兵事的內容，也就文中所講的一個「勢」字。這就是道家兵法學說的特色，雖然貌似談兵，但歸根結底，仍不離以虛無為本、以因循為用這一道家治世總綱。只要一切遵循自然度數，則不論是自立、處世、治國、用兵，都無往而不利。讀者可以將本書所談論的兵法，與《孫子兵法》以至出土《孫臏兵法》相比較，就可以看出道家兵論與兵家兵法的顯著區別。

學問第十五

【題　解】本篇論問學治世的方法。學問，即求學問難。學，學習。問，問難，提問。

龐子問鶡冠子曰：「聖人學問服師也❶，亦有終始乎❷？抑其拾誦記辭❸，闔棺而止乎❹？」鶡冠子曰：「始於初問❺，終於九道❻。若不聞九道之解❼，拾誦記辭，闔棺而止，以何定乎❽？」

【章旨】本章開篇，提出九道之說。

【注釋】❶聖人學問服師也　聖人向老師求學問難。學問，學習和詢問。服師，事奉老師。❷亦有終始乎　有開始和結束麼。終，結束。始，開始。❸抑其拾誦記辭　還是撿拾、記誦老師的言辭。抑，文言連詞，表示選擇，或，還是。拾誦，記錄老師的述說。拾，撿拾、記述。誦，說。記辭，記憶老師的言辭。記，記憶；記錄。辭，言辭。❹闔棺而止乎　至死方休。闔棺，指死亡。止，停止。以上四句是詢問聖人求學、掌握道術，是否能學完，即學有止境；還是說學無止境，研習師說，至死方休。❺始於初問　從求索質疑開始。始，開始。初問，起初的疑問。問，問難。❻終於九道　以掌握九道為止境。九道，詳見下文。這兩句意思是，求學貴在提問質疑，求索九道之說，掌握知識、學說的要領，而不是一味記誦師說，關注字詞句注之學。❼若不聞九道之解　如果不懂得九道之說的要領。聞，瞭解。解，解釋說明，此處指精髓、要領。❽拾誦記辭三句　終身記誦師說，憑什麼自立呢。以，用。定，成就，指把握老師所授學問的要領，形成自己的學說。

【語譯】龐煖問鶡冠子：「聖人向老師求學，其學業有止境麼？還是說要一直記誦老師的言辭，至死方休？」鶡冠子說：「求學要從問難開始，掌握了九道之說就算學成了。如果不懂得九道之說的要領，即使終身記誦師說，也不足以自立。」

龐子曰：「何謂九道❶？」鶡冠子曰：「一曰道德，二曰陰陽，三曰法令，四曰天官，五曰神徵，六曰伎藝，七曰人情，八曰械器，九曰處兵❷。」龐子曰：「願聞九道之事❸。」鶡冠子曰：「道德者，操行所以為素也❹。陰陽者，分數所以觀氣變也❺。法令者，主道治亂❻，國之命也❼。天官者，表儀祥❽，兆下之應也❾。神徵者，風采光景❿，所以序怪也⓫。伎藝者，如勝同任⓬，所以出無獨異也⓭。人情者，小大愚知賢不肖雄俊豪英相萬也⓮。械器者，假乘焉⓯，世用國備也⓰。處兵者，威柄所持⓱，立不敗之地也⓲。九道形心⓳，謂之有靈⓴，后能見變而命之㉑，因其所為而定之㉒。若心無形靈㉓，辭雖搏捆㉔，不知所之㉕。彼心為主㉖，則內將使外㉗。內無巧驗㉘，近則不及，遠則不至㉙。」

【章旨】本章解說九道之事，要求必須從內心裏領會其要領。

【注釋】❶何謂九道　什麼是九道。❷一曰道德九句　一是道德，二是陰陽，三是法令，四是天官，五是神徵，六是伎藝，七是人情，八是械器，九是處兵。❸願聞九道之事　請問九道的具體內容是什麼。願，敬辭。聞，瞭解。事，事情，指具體內容。❹道德者二句　內在的道德是外在品行之本。道德，此處指人內在的思想涵養。操行，外在的品行。素，本質；根本。❺陰陽者二句　陰陽之學，是依據天文曆數來測算氣象物候的變化。陰陽，日月運轉變化的學問。分數，古天文學的名詞，包括劃定節氣方位、星次宿度等內容。觀，看，此指測度。氣變，氣象物候的變化。❻法令者二句　法令是興衰的關鍵。法，法令。主道，即主導。道，同「導」。導引。治，治理；興盛。亂，混亂失政。❼國之命也　是國運的命脈。命，命脈。❽天官者二句　儀禮之官，負責記錄彰顯上天的祥瑞。天官，儀禮之官。表，彰顯；展現。儀祥，祥瑞。儀，儀式。祥，美好。❾兆下之應也　展示人事上的響應。兆，見；顯示。下，相對上天而言，指人間的人事。應，響應。❿神徵者二句　占卜之事，是為了瞭解萬物之情。神徵，占卜；占筮。徵，占驗。風采光景，各地民俗，即萬事萬物之情。風采，民俗。光景，景象。⓫所以序怪也　通達鬼神之情。序，抒；表達。怪，怪異，指鬼神的情形。⓬伎藝者二句　技作之事，事無專工。伎藝，古時技術工匠所從事的工種。如勝同任，指人人都能做，不是專門某些的匠人才能從事。勝，承擔。任，擔負。此句之解，可參看《考工記》「粵無鎛，燕無函，秦無廬，胡無弓車。粵之無鎛也，非無鎛也，夫人而能為鎛也。燕之無函也，非無函也，夫人而能為函也。秦之無廬也，非無廬也，夫人而能為廬也。胡之無弓車也，非無弓車也，夫人而能為弓車也。」⓭所以出無獨異也　技藝是為了製造出與眾不同、勝過前人的作品。出無，製造出前所未有之物。獨異，與眾人不一樣。⓮人情者二句　學習識察人的學問，是因為人與人之間差別非常大，必須要加以瞭解。人情，指識人、掌握人情的學問。小大，指人之高下。小，卑下。大，出眾。愚，才智低下。知，通「智」。有才智。雄，強有力之人。俊，才智出眾。豪，才能勢力出眾。英，才智超群。相萬，相差萬倍，指差異非常大。萬，萬倍。⓯械器者二句　軍用器械取自於軍賦。械器，軍用器械。假，借；通過。乘焉，疑當作「乘馬」，周時軍賦的名稱。乘，戰車。馬，軍馬。⓰世用國備也　人民所賴，國家所備。世用，世人受益。世，世人。用，使用；得益。國備，國之所備。國，國家。備，儲備。⓱處兵者二句　善於用兵者，持威立勢。處兵，治兵；用兵。威柄，軍隊是威勢之柄。威，威勢。柄，根本。持，用；樹立。⓲立不敗之地也　常勝不敗。⓳九道形心　九道之理著見於心。形心，指理解掌握了九道的原理。形，見；著於。心，內心。⑳謂之有靈　掌握其要領。有靈，得其神妙。靈，昭明；神。㉑后能見變而命之　而後能夠根據具體情況的變化而採取相應的舉措。后，同「後」。而後。變，變化。命，令；使。指運用九道應對。㉒因其所為而定之　根據對方的行動而決定己方的措施。因，依據。其，指對方。為，行為；舉動。定，決定；定奪。㉓若心無形靈　如果內心不能真正掌握九道之事，不能靈活運用。㉔辭雖搏捆　即使反覆抄誦（傳授九道之事的）師長的理論說辭。辭，承上文「拾誦記辭」，指師長的言論。雖，即使。搏，疑當作「縛」，綁。捆，砸；叩椓，古時編織麻鞋草鞋，要一邊編綁，一邊砸實，使鞋子結實耐用。縛捆，即從做鞋本義引申為認真、反覆地記誦師說。㉕不知所之　也不知道該如何處置。之，去往。㉖彼心為主　心有主宰。彼，猶「其」。主，主宰；主見。即承上文「九道形心，謂之有靈」，指內心掌握了九道之事的要領。㉗則內將使外　可以隨心所欲駕馭外物。內，內心。使，役使；應對。外，外界。㉘內無巧驗　即上文「心無形靈」。巧，靈活；工巧。驗，效驗。㉙近則不及二句　遠近之事都無法處理好。及，至。至，達到。

【語　譯】龐煖問：「什麼是九道？」鶡冠子說：「一是道德，二是陰陽，三是法令，四是天官，五是神徵，六是伎藝，七是人情，八是械器，九是處兵。」龐煖問：「九道的具體內容是什麼？」鶡冠子說：「道德，是外在品行之本；陰陽，是依據天文曆數來測算氣象物候的變化；法令，是政事興衰的關鍵，是國家的命脈；儀禮之官，負責記錄彰顯上天的祥瑞，展示人事上的響應；占卜之事，是為了瞭解萬物，通達鬼神之情；技作之事，事無專工，是為了製造出與眾不同、勝過前人的作品；學習識察人，是因為人與人之間差別非常大，必須加以瞭解；軍用器械，取自於軍賦，是人民所賴，國家所備；用兵，要能持威立勢，常勝不敗。這九種道術要從內心領會，掌握其要領，然後可以隨機應變，相宜而動。如果內心不能真正領會九道之事，即使反覆記誦師長的說解，遇事也不知道該如何處置。掌握了九道之事的要領，可以隨心所欲駕馭外物。如果沒掌握九道之事的要領，遠近之事都無法處理好。」

龐子曰：「禮、樂、仁、義、忠、信，願聞其合之於數❶。」鶡冠子曰：「所謂禮者，不犯者也❷。所謂樂者，無菑者也❸。所謂仁者，同好者也❹。所謂義者，同惡者也❺。所謂忠者，久愈親者也❻。所謂信者，無二響者也❼。聖人以此六者卦世得失逆順之經❽。夫離道非數❾，不可以□□緒端❿。不要元法⓫，不可以削心體⓬。表術裏原⓭，雖淺不窮⓮。中虛外博⓯，雖博必虛⓰。」

【章旨】本章說明九道是禮樂仁義忠信之本。

【注釋】❶禮樂仁義忠信二句　禮、樂、仁、義、忠、信這些治術，是怎樣和九道之數相契合的。合，符合。數，原理；道。此處似當指九道之數，呼應上文，指九道之事的要領、規律。❷所謂禮者二句　禮制約束人遵守規矩。禮，禮儀；禮制。不犯，不違反，古時禮制類同法度，是必須遵守、不允許違反的，所以叫不犯。

❸所謂樂者二句　音樂使人愉悅。樂，音樂。無菑，沒有傷害，沒有痛苦。菑，同「災」。害。音樂是使人愉悅的，所以說沒有傷害痛苦。❹所謂仁者二句　仁愛使人彼此親善。仁，仁愛。同好，彼此親善。好，親善。因為仁愛是要與人為善，那從雙方來說，就是彼此親善。❺所謂義者二句　義使人確立公理，辨明是非善惡。義，宜，公正合宜的事情。同惡，共同反對。義是合宜，即確立公理，標明哪些是好的，哪些是對的。那麼不合宜的事，自然就是不好的，是不對的，是要受到世人共同反對的，即同惡。❻所謂忠者二句　忠誠使人們之間歷久彌親。忠，忠誠。久，經過很長時間。愈親，更加親近。❼所謂信者二句　誠信使人們彼此沒有異心。信，誠信；專一。二嚮，隔閡；異心。二，不一致。嚮，聲音，此引申指觀點。❽聖人以此六者卦世得失逆順之經　聖人根據禮、樂、仁、義、忠、信這六點來判斷世事成敗、順利與否。六者，指禮、樂、仁、義、忠、信。卦，卜筮，此處指判斷、辨別。得失，成敗。逆順，順利與否。經，事情的經歷、過程，此處指事情的整體過程、情況。❾夫離道非數　（禮、樂、仁、義、忠、信的實行）如果違背九道的原理。離，背離。非，不符合。道、數，似指九道。道，九道。數，九道的原理、要領。❿不可以□□緒端　處理事情無法理出頭緒。□□，叢刊本、備要本均缺兩個字。依上下文體例，應缺一個字。張之純據朱熹解經語，補此字為「理」字，似較通順，緒端，指頭緒、思路。⓫不要元法　不理解九道的根本要領。不要，不理解。要，得；領會。元法，大法，指九道的要領、根本原理。⓬不可以剷心體　不能澄淨思慮。剷心體，摒去主觀雜念，澄淨思慮。其意可以參見《莊子・大宗師》「墮肢體，黜聰明，離形去智，同於大道」，及《莊子・天地》「君子不可以不刳心焉」。剷，猶「刳」，破開、挖空，此處指摒棄、澄淨。按：剷，備要本作「劃」，誤，此據叢刊本。⓭表術裏原　據俞樾注，當作「表⿲彳戔亍裏厚」，指其外表雖然淺顯，但其內本於九道之理，內涵豐富深沉。此句可簡單理解為深入淺出。表，外表。⿲彳戔亍，見於《說文解字》，同「淺」。淺顯。裏，內在。厚，深厚。⓮雖淺不窮　即使眼前所行之術淺顯簡單，但不會陷入困難的局面。雖，即使。淺，簡單。窮，窘迫困頓。⓯中虛外博　內在空虛無實，外在顯得游刃有餘。此句可簡單理解為外強中乾。中，內在。虛，空虛無實。外，外在。博，廣博，

喻應付自如，游刃有餘。⑯雖博必虛　即使眼前順利，但一定會遭遇困境。虛，空虛，指無從應對、處境艱難。

【語　譯】龐煖問：「禮、樂、仁、義、忠、信之術，是怎樣和九道之數相契合的？」鶡冠子說：「禮制約束人們遵守規矩，音樂使人愉悅，仁愛使人彼此親善，義理使人明公理辨是非，忠誠使人們之間歷久彌親，誠信使人們彼此沒有異心。聖人根據禮、樂、仁、義、忠、信這六點來判斷世事成敗、順利與否。但此六術的實行，如果違背九道的原理，則處理事情也無法理出頭緒。不理解九道的根本要領，就不能澄淨思慮。治國如能深入淺出，即使所用的方法淺顯簡單，也不會陷入困難的局面。但如果外強中乾，即使眼前順利，將來也一定會遭遇困境。」

龐子再拜曰：「有問戒哉①。雖毋如是②，冥材乃健③，弗學孰能④。此天下至道⑤，而世主廢之⑥，何哉⑦？」鶡冠子曰：「不提生於弗器⑧，賤生於無所用⑨。中河失船⑩，一壺千金⑪。貴賤無常⑫，時使物然⑬。常知善善⑭，昭繆不易⑮，一揆至今⑯。不知善善⑰，故有身死國亡⑱，絕祀滅宗⑲。細人猶然⑳，不能保壽㉑，義則自況㉒。」

【章　旨】本章總結問學之事，說明求知治世要因循自然，懂得制變之道。

【注釋】❶龐子再拜曰兩句　龐爰行再拜之禮，然後說：有問有教。再拜，兩次行拜手禮，多用於平輩之間，表示對人的敬意。其形式是，面向尊者，屈膝下跪，兩臂向前平伸，雙手拱合，彎腰下拜成九十度角，頭下俯與手、心齊平，頭手均不低至地面。依此形式，下拜兩次。問，問學。戒，同「誡」。教導。❷雖毋如是　只有這樣。即惟如是。雖毋，即惟無，「無」字無意義，相當於單用惟。這是古漢語中較為常見的一種語法。雖，同「惟」。如是，像這樣。是，這樣。按：「毋」，叢刊本作「母」，誤，據備要本改。❸冥材乃徤　才具備才學。冥，據注文，當作「其」。材，才能；學問。徤，同「健」。有才能。❹弗學孰能　沒有人能不學習就具備才學。弗學，不學習。孰，誰，指沒有人。能，能夠。❺此天下至道　這是世上最好的方法。至道，最好的方法。至，極致。❻而世主廢之　當世的君主們都不使用。世主，當世的君主。廢，拋棄；廢棄。❼何哉　這是為什麼呢。何，為什麼。❽不提生於弗器　器物不能用，所以人不提拿它。不提，不提拿。提，指人用手指拿使用器物。生於，由於。弗器，不成器，指器物無用。❾賤生於無所用　無用之物被人們輕視。賤，輕賤。無所用，沒有用處。❿中河失船　在河流中間失去了船隻。中河，河流中間。失船，失去船隻，指沒有了船隻來承載自己。⓫一壺千金　一個瓠瓜就價值千金。壺，借為「瓠」，指瓠瓜，葫蘆屬植物的果實，個頭大的瓠瓜可以挖空晒乾作為水上浮器。千金，極言其貴重。⓬貴賤無常　貴賤並不是固定不變的。貴賤，地位高低。無常，沒有定數。常，定數。⓭時使物然　都是時勢導致的。時，時勢。使，促使。物，即貴賤。然，這樣；如此。⓮常知善善　知道善之所以為善。常，總是。善善，善為什麼是善。此承前兩句所說，貴賤都是隨形勢變化而變化的，今日貴重，明日或許就輕賤，所以要懂得因順時勢，懂得制變之道。⓯昭繆不易　子孫世代相傳不衰敗。昭繆，即昭穆，宗廟排列輩次的制度，父為昭，子為穆。此處代指子孫世代相傳。繆，通「穆」。不易，不陵替；不衰微。易，更換，指宗族衰微，被人取代地位。⓰一揆至今　傳承至今。一揆，宗族制度傳承不斷。一，一致。揆，準則；原則。至今，到現在。⓱不知善善　不知道善所以為善。⓲故有身死國亡　因此有自己身死，國家敗亡。身，自身。⓳絕祀滅宗　宗族滅絕。絕祀，祭祀中斷，指宗族滅絕。絕，斷絕。祀，祭祀。滅宗，宗族滅亡。⑳細人猶然　身分低微的人像這樣。細人，小人，指沒有祿位、地位低微的人。猶然，如此；像這樣。㉑不能保壽　就不能保全自身。保壽，保全自身。壽，壽數，代指自身安危。㉒義則自況　應當以此來反省自己。義，宜。自況，跟自身進行比照，指反省。況，比較；對照。

【語　譯】龐煖行再拜之禮，然後問道：「弟子問難，師傅答教，惟有這樣，才能學有所成，沒有人生來就具備才學。這是求學最好的方法，當今諸侯卻都不重視，這是為什麼呢？」鶡冠子說：「人們不會去用無用之物，器具無用就會被人輕視。在河流中間失去了船隻，這時一個能助人漂浮渡河的瓠瓜就價值千金，所以說貴賤並不恆定，取決於客觀形勢的變化。君主知道了善之所以為善，就能子孫世代相傳不衰敗，一直發展到今天。君主不知道善之所以為善，就會導致自己家國敗亡。普通人如果也這樣，就不能保全自身，所以應當以此來反省自己。」

【研　析】本篇篇幅雖短，但主旨反較晦澀，僅據注譯並不容易貫通。要明確本篇的主旨，先須注意在先秦、秦漢之際，政教並不分離，人人皆奉知行合一之旨，而不像今日，治學歸治學，實務歸實務，彼此互不關聯。由此可知，不能以今人對於學問的理解去看待本篇「學問」二字，本篇所說的「學問」，兼有治學和政治實踐兩方面的內容，即在當時人眼中，知行本是一事，而非二義。

明於此，然後可以通貫〈學問〉一文。本篇相對其餘諸篇而言，是一篇比較務虛的文字，它不談如何體察自然之道，不談法度數術，也沒有講治國、用兵、去就等具體問題，而是講知行也就是立身處世之事。開篇提出「始於初問，終於九道」的說法，接下來又大談九道之事，很容易使人誤以為九道是本篇立論之本。但細按篇中文字，鶡冠子談九道的落腳點卻是「九道形心，謂之有靈，后能見變而命之，因其所為而定之」，這就是說九道之事只是具體方法，屬於器的層面，而非道的層面，關鍵還是要領悟九道之事背後的原理——即道，然後因地制宜，根據不同的情況採取不同的方案，也就是「見變而命之，因其所為而定之」。二人問答禮樂仁義忠信之事，鶡冠子說此六事與九道之數相同處都是「表術裏原」，也就是說，仍然都是要知其所以然，能夠因事制變，不法常可。

明白了這兩章的意思，就可以理解最後一章轉而談貴賤無常之事並不突然，仍然是承前兩章，繼續述說因事制變的道理。所謂「常知善善」，字面意思是知道善之所以為善，但結合上下文義，真實的意思是說懂得貴賤優劣都是相對的，在某種形勢下是對的，形勢變化後就可能是錯的。要避免「身死國亡，絕祀滅宗」，做到「昭繆不易，一揆至今」，就要因循自然、順應形勢，就要懂得「世易時移，變法宜矣」的道理。所以說，〈學問〉是一篇務虛的文字，表面在談九道、談禮義忠義之事，實際上是在談因事制變，是在強調不守成例、不法常可的道理，仍然不離道家以虛無為本、以因循為用的總綱。

世賢第十六

【題　解】本篇討論治國用人之道。世賢，世間的賢能之人。世，世上。賢，賢人。

悼襄王問龐煖曰：「夫君人者亦有為其國乎？」❶龐煖曰：「王獨不聞俞跗之為醫乎❷？已成必治❸，鬼神避之❹。楚王臨朝為隨兵❺。故若堯之任人也❻，不用親戚❼，而必使能❽。其治病也❾，不任所愛❿，必使舊醫⓫。楚王聞傳暮諴在身⓬，必待俞跗⓭。」悼襄王曰：「善。」⓮

【章　旨】本章說明治理國家要任人唯賢。

【注　釋】❶悼襄王問龐煖曰二句　趙悼襄王問龐煖說，君主治國的正確方法是什麼。悼襄王，即趙悼襄王，戰國後期趙國國君，詳見《史記》的〈六國年表〉和〈趙世家〉。龐煖，注見〈近迭第七〉。君人者，指國家的君主。為其國，治理國家的方略。為，治。按：悼，叢刊本、備要本均作「卓」，此據治要本改作「悼」。下同。❷王獨不聞俞跗之為醫乎　君王難道沒有聽說過俞跗行醫之道麼。獨，豈；難道。俞跗，上古名醫。為醫，做醫生的方法，行醫之道。按：「俞跗」，治要本作「俞拊」。「俞跗」在秦漢文獻中更常見，今依叢刊本和備要本。❸已成必治　已成之病一定能治好。已成，指病症已成。成，病成。必治，一定治好。治，治愈。按：治要本作「已識必治」，誤。「已」，叢刊本作「巳」，誤，據備要本改。❹鬼神避之　鬼神退避，形容醫術之神。避，退避。按：治要本無「鬼」字，誤。❺楚王臨朝為隨兵　楚王上朝佩戴隨國產的兵器。臨朝，上朝。為隨兵，佩戴隨國的兵器，取其無私。為，用。隨兵，產於隨國的兵器，據此句意，似指隨國所產兵器質量較為上乘。據上世紀六十年代出土隨地青銅器來看，其青銅文化並不亞於楚文化，或可為此句的佐證。隨，隨國，春秋戰國時期楚的附庸國，故地在今湖北省隨州市一帶。按：此句似與上下文不相連，孫詒讓已疑為衍文。❻故若堯之任人也　楚國執政若敖任用人才。故，猶「夫」。若堯，即若敖，複姓，楚國大族，曾世為楚國執政。堯，通「敖」。按：若，治要本作「昔」，此因不明若堯即若敖而致誤。❼不用親戚　不任用親屬。親戚，血親；姻親。❽而必使能　而一定任用有才能的人。必，一定。使，派遣；任命。能，有才能的人。❾其治病也　指選任醫官。治病，負責醫療救治。治，管理。❿不任所愛　不任用愛信之人。愛，愛信、親近之人。⓫必使舊醫　一定選用世家之醫。舊醫，世醫，古人認為，醫術需要積累，醫不三世，不服其藥。⓬楚王聞傳暮䶢在身　此句疑有誤字，意思是楚王在天將黑的時候生病。聞，疑為「蚡冒」合讀之音，為楚厲王熊眴之號。傳暮，薄暮，天將黑的時候。䶢，病。《字彙補》：「䶢，病也。音未詳。」身，自身。⓭必待俞跗　一定要等待俞跗來治療。推敲這兩句意思，似乎是指，古時通訊不便，醫療條件差，夜間生病，往往無從醫治。而楚王夜間發病，即使病情緊急，也一定要等待良醫俞跗前來診治，而不隨意聽治於近僻之人。按：以上二句，治要本無。今從叢刊本和備要本。⓮悼襄王曰二句　趙悼襄王說：對。按：治要本無「悼」字。

【語　譯】趙悼襄王問龐煖：「君主治國的正確方法是什麼？」龐煖說：「君王難道沒有聽說過俞跗行醫之道麼？病症完全顯現也一定能治好，醫術通神。楚王上朝佩戴隨國產的兵器。楚國執政若敖用人，不任用親屬，而一定選用有才能的人；選任醫官，不任用愛信之人，一定選用世家之醫。楚厲王熊眴在天將黑的時候生病，一定會等待俞跗來治療，而不隨意聽治於近僻之人。」趙悼襄王說：「說得好。」

龐煖曰：「王其忘乎❶？昔伊尹醫殷❷，太公醫周❸；百里醫秦❹，申麃醫郢❺，原季醫晉❻，范蠡醫越❼，管仲醫齊❽。而五國霸❾。其善一也❿，然道不同數⓫。」

【章　旨】本章指出治國之術有王霸之別。

【注　釋】❶王其忘乎　君王難道忘記了麼。其，語氣助詞。忘，忘記。按：忘，治要本作「忘之」。❷昔伊尹醫殷　以前伊尹佐治商朝。伊尹，注見前。醫，指代治理。殷，商朝。❸太公醫周　姜太公佐治西周。太公，即呂尚，注見前。周，西周。按：叢刊本、備要本均用「太公醫周武王」，治要本無「武王」二字，依上下文例，治要本是。❹百里醫秦　百里奚佐治秦國。百里，注見前。秦，春秋時秦國。❺申麃醫郢　申包胥挽救楚國郢都。申麃，申包胥，注見前。郢，春秋時楚國首都。❻原季醫晉　趙衰佐治晉國。原季，春秋時期晉國名臣趙衰，佐助晉文公稱霸。晉，春秋時晉國。❼范蠡醫越　范蠡佐治越國。范蠡，春秋時期越國名臣，佐越王勾踐滅吳稱霸。越，春秋時越國。❽管仲醫齊　管仲佐治齊國。管仲，注見前。❾而五國霸　殷、周統一天下，而這五個國家成就霸業。此句承上省，略寫殷、周王天下事。五國，指以上秦、楚、晉、越、齊五國。霸，成就霸業。按：治要本在「而」後多一「立」字，疑係衍文。❿其善一也　七賢人在匡扶人國建功立業這一點上是一樣的。善，成功。一，一樣。⓫然道不同數　但其功業的高下有所不同。道，方式、途徑。數，道術。

【語　譯】龐煖說：「君王難道忘記了麼？以前伊尹佐治商朝，姜太公佐治西周；百里奚佐治秦國，申包胥挽救楚國郢都，趙衰佐治晉國，范蠡佐治越國，管仲佐治齊國。殷、周兼併天下，而後面五個國家稱霸諸侯。各位賢人在匡扶人國建功立業這一點上是相同的，但他們所成就的功業卻有高下之別。」

悼襄王曰：「願聞其數。」❶煖曰：「王獨不聞魏文侯之問扁鵲耶❷？曰：『子昆弟三人❸，其孰最善為醫❹？』扁鵲曰：『長兄最善❺，中兄次之❻，扁鵲最為下❼。』文侯曰：『可得聞邪❽？』扁鵲曰：『長兄於病視神❾，未有形而除之❿，故名不出於家⓫。中兄治病，其在毫毛⓬，故名不出於閭⓭。若扁鵲者⓮，鑱血脈⓯，投毒藥⓰，副肌膚閒⓱，而名出聞於諸侯⓲。』文侯曰：『善。使管子行醫術以扁鵲之道⓳，則桓公幾能成其霸乎⓴！』凡此者，不病病㉑。治之無名㉒，使之無形㉓。至功之成其下㉔，謂之自然㉕。故良醫化之㉖，拙醫敗之㉗。雖幸不死㉘，創伸股維㉙。」悼襄王曰：「善，寡人雖不能無創㉚，孰能加秋毫寡人之上哉㉛？」

【章　旨】本章主張以春秋霸道治國。

【注　釋】❶悼襄王曰二句　趙悼襄王說，請問治理國家的道術是什麼。按：「悼襄王曰」，治要本無「悼」字。❷王獨不聞魏文侯之問扁鵲耶　君王難道沒有聽說過魏文侯諮詢扁鵲的事麼。扁鵲，春秋時期名醫，事見

《史記・扁鵲倉公列傳》。按：「魏文侯」，叢刊本、備要本均作「魏文王」，誤，此據治要本改。❸子昆弟三人　你們兄弟三個人。子，古人對男子的通稱。昆弟，兄弟。三人，三個人。❹其孰最善為醫　誰醫術最高明。孰，誰；哪個。最善，最擅長。為醫，行醫。❺長兄最善　大哥醫術最高明。長兄，大哥，兄弟中年齡最大的。❻中兄次之　二哥其次。中兄，二哥。❼扁鵲最為下　扁鵲醫術最差。最為下，倒數第一。按：治要本在「下」字後多一「也」字。❽文侯曰二句　魏文侯說，能告訴我為什麼嗎。按：「文侯」，叢刊本、備要本均作「魏文侯」。依古文承上省例，此處據治要本省去「魏」字。❾長兄於病視神　大哥治病觀察人的神氣。視，看，觀察。神，神情；神氣。❿未有形而除之　病情尚未顯現就被消除。未有形，病情尚未顯現出來。除，消除。⓫故名不出於家　因此大哥的名聲不為人知。因為治病於無形，人多不信，所以名聲不出家門，不為人所知。家，家門。⓬中兄治病二句　二哥治病，病症始見於毫毛，就能及時除去。毫毛，病情初現於毫毛之間，比喻病情始發，極為隱微細小。⓭故名不出於閭　因此名聲不出里巷。閭，里巷的大門。古時以二十五家為一閭。⓮若扁鵲者　像扁鵲這樣。若，如；像。⓯鑱血脈　主要指針灸。鑱，針刺。血脈，中醫指氣血通行的經絡。⓰投毒藥　主要指服用藥劑。投，投放；使用。毒藥，辛辣苦澀、對人體有毒副作用的藥物。⓱副肌膚間　疑當作「割肌膚」，切割分解皮膚肌肉，似指古時候的外科手術。副，疑當作「割」，切割。間，當係衍文。⓲而名出聞於諸侯　聞名天下。聞於諸侯，指為天下共知。以上扁鵲三兄弟治病所涉及病情顯露的情況，可參見《韓非子・喻老》中扁鵲見蔡桓公的文字。⓳文侯曰三句　魏文侯說，是啊，假如讓管仲以扁鵲行醫的方式來治理國家。行醫術，行使醫治國家之術。按：「文侯」，叢刊本、備要本均作「魏文侯」，今據治要本略去「魏」字。⓴則桓公幾能成其霸乎　那麼桓公恐怕就不能成就霸業了。幾能，不能。幾，幾乎。按：「則」，叢刊本、備要本均作「曰」，誤，據治要本改。㉑凡此者二句　凡是像扁鵲大哥二哥治病這樣，病情尚未顯露就治愈。凡此，指像扁鵲大哥二哥這樣。不病病，疑有誤字，其意似指不及於病而治，似當作「不及病」。大致即中醫所說的「大醫治未病」。㉒治之無名　治病於病情未顯現之時。之，指病情。無名，病情未現，不能得而名之，故稱無名。㉓使之無形　行醫術於無形，不使人知。使，用。之，指醫治。無形，不外露。病情未顯現，醫治就隱微，不為人所知，所以說是無形。㉔至功之成其下　大功成於隱微。至功，大功績。成其下，成於不及病而治之下。成，成就。其，即「不及病」。㉕謂之自然　這是因循其勢，自然而然。㉖故良醫化之　因此優秀的醫生因勢利導，化解病情。化，因順化解。㉗拙醫敗之　拙劣的醫生敗傷人體。拙醫，醫術拙劣的醫生。拙，拙劣。敗，攻破；傷害。㉘雖幸不死　即使幸運不死。雖，即使。幸，運氣好。不死，保全性命。㉙創伸股維　身體受到重創。創伸，重創。創，傷害。伸，同「申」。重。股維，腿腳相聯繫的樣子，指代整個身體。股，大腿。維，綱紀。㉚寡人雖不能無創　我治國雖然不能無過。寡人，君主的自稱。雖，雖然。不能無創，治國有過失，對國家百姓有損害，意思是不能行王道。㉛孰能加秋毫寡人之上哉　指渴求能有管仲等五霸之佐一樣的賢臣，以扁鵲中兄治病那樣的治國方略，輔佐自己，匡救君過於細微之處。孰，誰。加秋毫，指如上文扁鵲中兄一樣治病於毫毛。

【語　譯】趙悼襄王問：「治理國家的道術是什麼？」龐煖說：「君王聽過魏文侯詢問扁鵲醫術的事情麼？他問扁鵲：『你們兄弟三個人。誰的醫術最高明？』扁鵲說：『大哥醫術最高明，二哥其次，扁鵲最差。』魏文侯問：『為什麼這樣說？』扁鵲說：『大哥治病觀察人的神氣，病情尚未顯現就被他消除，因此大哥的名聲不為人知；二哥治病，病症始見於毫毛，就能及時除去，因此名聲不出里巷；像扁鵲這樣，用針灸，讓病人服用藥劑，切割分解皮膚肌肉，反而聞名於天下。』魏文侯說：『是啊，假如讓管仲以扁鵲行醫的方式來治理國家，那麼桓公恐怕就不能成就霸業了吧！』凡是像扁鵲大哥、二哥治病這樣，病情尚未顯露就治愈，治病於病情未顯現之時，行醫術於無形，大功成於隱微，稱為自然而然。因此優秀的醫生因勢利導，化解病情；拙劣的醫生敗傷人體，即使幸而不死，身體也會受到重創。」趙悼襄王說：「說得好。我治國雖然不能要求像扁鵲大哥那樣對人毫無損傷，但希望能任用五霸賢臣這樣的輔臣，輔佐自己像扁鵲二哥那樣治國，匡救君過於細微之處。」

【研　析】本文篇名「世賢」，從篇名和文中廣泛列舉歷史上的名臣來看，似乎是要講論任人唯賢的題目，實則是借題發揮，以討論春秋霸主的治國之道，反映了戰國以至秦漢時的王道與霸道之爭。

春秋到戰國，封建宗法制度進一步崩壞，由陪臣執國命進而發展到三家分晉、田氏代齊，君主之位不再高不可攀，世官之制也由職業官僚取而代之，君臣之間由之前的禮制宗法關係一變而為權勢利益交結；而諸侯國之間也由之前的正名制霸一變而為破國兼併。在這種情況下，形成於西周、發展至春秋的那種尊尊親親、以宗法禮俗和土地制度和同天下的王道勢必不再具備現實意義，而形成於春秋、發展至戰國的廣地積粟、撫農練兵這一霸道則必然成為各國富國強兵的可行性方案。

《史記·商君列傳》記商鞅說秦孝公，先後說以帝道和王道，孝公聽得直打瞌睡，認為「久遠，吾不能待。且賢君者，各及其身顯名天下，安能邑邑待數十百年以成帝王乎？」當聽到商君所講「強國之術」即霸道之時，則精神大振、十分認可，這一記載正與本篇趙悼襄王「孰能加秋毫寡人之上哉」的談興有異曲同工之妙，由此足可以見一時風會。甚至到了漢代，漢宣帝批評兒子漢元帝，也明白宣稱：「漢家自有制度，本以霸王道雜之，奈何純任德教，用周政乎？」宣帝所說的「霸王道」，其實質就是霸道，不過是外表用號稱沿自西周「德教」「周政」的王道裝點粉飾罷了。即以服學儒家的賈誼，雖宣稱「俗吏之所務，在於刀筆筐篋，而不知大體」，但究其所學，仍多霸道和縱橫之學。

而本篇所謂「寡人雖不能無創」的說法，也是當時人一慣的口吻，在戰國秦漢之際的文獻並十分常見，〈商君列傳〉也有霸道「然亦難以比德於殷、周」的說法。很難說這是一種習以為常的飾辭，還是確是時人的共識。

天權第十七

【題解】天權，意思是觀測推演天文象數。本篇類似於前面篇章論道法的邏輯，所論者為道家兵法，出發點為因循自然，落腳點在於兵陰陽家之學，所以篇名天權，也就是權天。天，天數。權，稱量，測度。

挈天地而能遊者❶，謂之還名❷。而不還於名之人❸，明照光照❹，不能照己之明是也❺。獨化終始❻，隨能序致❼，獨立宇宙無封❽，謂之皇天地❾。浮懸天地之明❿，委命相鬲，謂之時⓫。通而鬲，謂之道⓬。

連萬物[13]，領天地[14]，合膊同根[15]，命曰宇宙[16]。知宇，故無不容也[17]。知宙，故無不足也[18]。知德，故無不安也[19]。知道，故無不聽也[20]。知物，故無不然也[21]。知一而不知道[22]，故未能裏也[23]。昔行不知所如[24]，往而求者則必惑[25]。索所不知求之象者[26]，則必弗得[27]。故人者，莫不蔽於其所不見[28]，鬲於其所不聞[29]，塞於其所不開[30]，詘於其所不能[31]，制於其所不勝[32]。世俗之眾，籠乎此五也而不通[33]，此未見而有形[34]。故曰有無軍之兵[35]，有無服之喪[36]，人之輕死生之故也[37]，人之輕安危之故也[38]。夫蚊䖟墜乎千仞之谿[39]，乃始翱翔而成其容[40]。牛馬墜焉[41]，碎而無形[42]。由是觀之[43]，則大者不便[44]，重者創深[45]。兵者，涉死而取生，陵危而取安[46]。是故言而然[47]，道而當[48]。故一蚋蜡膚[49]，不寐至旦[50]。半糠入目[51]，四方弗治[52]。所謂蔽者，豈必障於帷㡘，隱於帷薄哉[53]？周平弗見之謂蔽[54]。故病視而目弗見[55]，疾聽而耳弗聞[56]。蒙[57]，故知能與其所聞見俱盡[58]。鬲[59]，故莫務行事與其任力俱終[60]。塞[61]，故四發上統而不續62，□□而消亡63。

【章　旨】本章認為得道才能通貫世事，離道則會受蒙蔽。

【注　釋】❶挈天地而能遊者　能提攜天地行走的人。挈天地，提攜天地，意思是得自然之道，一動一靜，都是自然的變動，所以叫挈天地。挈，提，提攜。遊，同「游」。走。❷謂之還名　稱為能夠反照自身。還名，返觀自身，即有自知之明。還，返。名，疑當借為「明」，照明。❸而不還於名之人　而不能夠反照自身的人。❹明照光照　像太陽、月亮一樣，能夠照亮外物。指日月發光照亮外界。❺不能照己之明是也　不能照見自身。明，光亮。以上五句，意思是人性有缺陷，長於知人，而短於自知。得道之人，沒有主觀執念，將自己視同外物，所以可以借自然遍照之智反觀自身，有自知之明。而不得道術的人，由於有主觀執念，不能具備足夠的自知之明。按：「己」，叢刊本作「巳」，誤，據備要本改。❻獨化終始　使萬物各自自然生成消亡。獨，自。化，變化。終始，生長消亡的全過程。❼隨能序致　使萬物各依其本性各居其位，互不干犯。隨，依從。能，才能。序，序次，使各居其位。致，致用，使發揮其功用。❽獨立宇宙無封　混同萬物，不辨異同。獨立，遺物獨立，即不辨物我異同。宇，空間概念，指上下四方。宙，時間概念，指古往今來。無封，沒有界限。意思是萬物雖然就個體而言，各各不同。但從整體來看，皆出於天，歸之於無，互相沒有區別界限。封，疆界；界限。❾謂之皇天地　稱為天地之本。皇天地，天地之本，即道。皇，大，君長。天地之皇，即天地之所出，就是道，就是自然。❿浮懸天地之明　日月星辰漂浮懸掛在天上。意思是日月星辰運行有序，此句與下句連讀，古時觀日月五星以測定四時。浮，漂浮。懸，懸掛。天地之明，指日月星辰。⓫委命相鬲二句　節氣物候互不混淆，這就形成了四季。委命，指節氣物候各有使命。委，委任。命，命令。鬲，同「隔」。隔絕；不通。意思是各司其職，次序井然，互不干犯。時，四時；四季。⓬通而鬲二句　貫通阻塞，稱為道。前三句講日月星辰、節氣物候互不干犯，此二句意思是講大道貫通，統合各方之事，混合萬物。物與物言異，而大道言同。通，貫通。而鬲，即鬲。而，同「爾」。代詞，你的。道，自然之道。⑬連萬物　通聯萬物。連，連接。⑭領天地　統領天地。領，統領，管理。⑮合膊同根　使萬物首尾和同。合，匯合。膊，當作「膊」，借為「端」，頭。同，和同。根，尾。⑯命曰宇宙　稱之為宇宙。⑰知宇二句　知道四方上下之大，所以無所不包。知，知道。容，包容。⑱知宙二句　知道往古來今，所以沒有什麼事物的始末不能窮盡。足，窮盡。⑲知德二句　知道物所以得生，故而處之泰然。德，生物謂之德。安，泰然；以之為安。⑳知道二句　知道物所以通，故而接受現狀。道，即自然之道，道使萬物通行，自然生成。聽，順從；接受。㉑知物二句　知道萬物之宜，所以能順物之宜，不產生抵牾。知物，知道萬物皆自然而然，然於當然，不然於不然。然，宜；順適。因其然而然之，因其不然而非之，即順應事物的發展態勢。㉒知一而不知道　只看到局部，看不到普遍性規律。知一，只知其一。不知道，看不到普遍性。道所以通物，所以是普遍性。㉓故未能裏也　因而不能處理好事情。裏，疑誤，疑當作「理」，治理。㉔昔行不知所如　夜裏出行卻迷失路途的人。昔行，夜行。昔，借為「夕」，夜晚。行，出行。不知所如，不知道該怎麼走，指迷路。如，往。㉕往而求者則必惑　前去尋找他的人一定找不到。往而求，沿著原定路線前往尋找。往，前往。求，尋找。必惑，一定找不到。必，一定。惑，迷惑，指找尋不到。㉖索所不知求之象者　向人詢問其未知之物的樣貌。索，求索。所不知，不認識的事物。求之象，索求事物的樣貌。象，圖象；樣貌。㉗則必弗得　一定得不到。必，一定。弗得，得不到。㉘故人者二句　人們都會在不瞭解的事情上被蒙蔽。蔽，蒙蔽。不見，沒有見過；不瞭解。㉙鬲於其所不聞　由於沒有聽說過一些事情，所以信息被阻隔。鬲，同「隔」。阻隔。不聞，沒聽過。㉚塞於其所不開　由於沒有接納過一些信息，所以心智被封閉。塞，壅塞，封閉。開，開放，指接納瞭解。㉛詘於其所不能　由於能力有局限，所以無力承擔一些事情。詘，同「屈」。短。㉜制於其所不勝　由於不擅長一些事情，所以受到限制。制，制約。不勝，不能勝任。勝，承擔。以上五句，採用排比句式，意思大致相仿，都是說人不知情則無法應付裕如。㉝世俗之眾二句　世俗眾人，受到這五方面的限制。籠，籠罩，限制。通，通行；不受限。㉞此未見而有形　危局沒有出現，但預兆已經顯現。此，指以上五項。未見，危困的局面沒有出現。見，通「現」。出現。有形，有徵兆。形，顯現。㉟故曰有無軍之兵　故此說有將要爆發的戰事。㊱有無服之喪　有將會出現的喪事。㊲人之輕死生之故也　人不重視生死之事的緣故。輕死生，事關生死之事不重視。輕，輕視。死生，生死之事。故，原因。此句承上文「無軍之兵」和「無服之喪」而言。㊳人之輕安危之故也　人不重視安危之事的緣故。輕安危，關乎安危的大事上不夠重視。安危，安危之事。以上兩句，意思是世俗之眾「籠乎此五也而不通」，意識不到危險，所以才在關乎死生、安危的大事上疏忽懈怠。㊴夫蚊虻墜乎千仞之谿　蚊蠅墜落到極深的山谷中。蚊，蚊子。虻，牛虻，一種大蒼蠅，常生於牲畜當中，叮人極疼。墜，墜落。千仞之谿，極深的山谷。千仞，極言其深。谿，山谷。㊵乃始翱翔而成其容　從容飛舞。翱翔，飛。成其容，具有儀容，形容從容不迫。容，儀容。㊶牛馬墜焉　牛馬墜落到山谷中。按：「焉」，叢刊本作「馬」，誤，今據備要本改。㊷碎而無形　全身摔碎。碎，碎裂。無形，沒有整體。㊸由是觀之　由此來看。觀，看；分析。㊹則大者不便　體形大者不利。大者，體形大的。便，利。㊺重者創深　體重的受害深。重，體重大。創，傷害。深，重；大。以上兩句，比喻位高權重者在遇到變故時，所受到的傷害較普通人更重。㊻兵者三句　戰爭，要承擔巨大風險來換取生存和安定。涉，通過。死，死亡。取，爭取。生，生存。陵，翻越。危，危險。安，安定。按：這三句與上下文不相聯屬，疑為他文竄入。㊼是故言而然　因而尊貴者其辭令很難適宜。言，言辭，此當指政令、教令一類。而，借為「難」。然，正確。㊽道而當　行事很難恰當。道，行，做事。當，恰當。㊾故一蚋蜡膚　一隻蚊子叮咬肌膚。故，猶「夫」。蚋，蚊子。蜡，當作「噆」，叮咬。膚，肌膚。㊿不寐至旦　一夜難以入睡。寐，睡。至旦，到早上。(51)半糠入目　半顆穀殼進入眼裏。半糠，半顆穀殼。糠，穀物外皮。入目，進到眼睛裏。(52)四方弗治　看不清四周的東西。弗治，看不清。治，辨別。(53)所謂蔽者三句　所說的蒙蔽，豈止於目光被簾幕之類遮住（這麼簡單）。蔽，蒙蔽。障，阻隔。帷，紡織品，用於隔開空間、裝飾的幕布。幨，布簾子。隱，隱蔽。薄，草簾子。

(54)周平弗見之謂蔽　四周沒有遮擋卻看不見，稱為蒙蔽。周，四周。平，平坦沒有遮擋。(55)故病視而目弗見　眼睛有疾病就看不見外界。病視，視力有問題。目弗見，眼睛看不見外界。(56)疾聽而耳弗聞　耳朵有疾病就聽不到聲音。疾聽，聽力有問題。耳弗聞，聽不到聲音。(57)蒙　被蒙蔽。(58)故知能與其所聞見俱盡　因此人的心智和眼睛、耳朵一樣失去作用。知能，智能。與，和。聞見，視力和聽力，即「病視而目弗見」、「疾聽而耳弗聞」。盡，完；結束。這裏指無用。(59)鬲　同「隔」。被阻隔。(60)故奠務行事與其任力俱終　因此人所確定的事情與其努力都白費了。奠，確立。務，事務。行事，做的事情。任力，付出的勞動。任，使用。力，努力；付出。終，完結；廢弛。(61)塞　被壅塞。(62)故四發上統而不續　此句似指事業有始無終，虎頭蛇尾。四發，疑有誤文，其義不詳。上統，開始。統，頭緒。不續，沒有延續。(63)□□而消亡　此處有闕字，其義不詳，承上句，大約是說事業消亡。

【語譯】能夠得道因順自然的人，有自知之明。而不能夠反照自身的人，即便能像太陽、月亮一樣光照萬物，卻沒有自知之明。使萬物自然消長，各守本性各居其位，並能齊同萬物，不辨異同，此為天地之本。四時之事，日月星辰行於天，節令物候井然有序。大道通貫四時，齊同萬物。宇宙通聯萬物，統領天地，使萬物首尾和同。明於四方上下之大，所以無所不包；明於古今之變，所以沒有什麼事物的始末不能窮盡。明於物所以得生，故而處之泰然；明於物所以得通，故而因循無為。明於萬物之宜，所以能順物之宜，不生抵牾。只看見局部卻看不到普遍性規律，就不能處理好事情。夜裏出行卻迷失路途的人，就無法沿途搜尋到他。向人詢問其未知之物的樣貌，他一定答不上來。因此，人們不掌握事物之情，就會受蒙蔽、信息不暢、無計可施、力有不逮、倍受限制。世俗眾人，都會受這五方面的限制而無所措手足，這就是危局雖未出現，但不祥之兆已經顯現。所以說有將要爆發的戰事，有將會出現的喪事，這都是由於人在關乎死生、安危之事上疏忽懈怠的緣故。蚊蠅墜入深谷，能夠從容飛舞而上；牛馬墜入山谷，卻全身摔碎。由此來看，遇到變故，位高權重者受到的損傷較常人更重。爭戰之事，都是要承擔巨大風險來換取生存和安定，因此廟堂之人其教令未必就妥當，處置未必就得宜。被一隻蚊子叮咬，人一夜都難以入睡；半顆穀殼掉進眼中，四周的東西就全看不清。我們所說的蒙蔽，又豈止目光被簾幕之類遮住這麼簡單？四周沒有遮擋卻看不見，這才是蒙蔽。眼睛有疾病就看不見外界，耳朵有疾病就聽不到聲音。被蒙蔽，人的心智會和眼睛、耳朵一起都失去作用；被阻隔，人所確定的事業與其努力就都白費了；被壅塞，事業就有始無終，虎頭蛇尾，歸於消亡。

夫道者，必有應而後至❶。事者，必有德而後成❷。夫德，知事之所成❸，成之所得❹，而後曰我能成之❺。成無為❻，得無來❼，詳察其道❽，何由然哉❾？迷往以觀今❿，是以知其未能⓫。

【章　旨】本章強調因循無為是成事之本。

【注　釋】❶夫道者二句　據自然之數，事物之間一定是前後驗證才能相合。道，自然之數。應，應驗。至，到。這兩句，可參看〈泰錄第十一〉：「神明，所以類合者也」一段的注解，事物前後驗應，以類相合，這是自然之數。❷事者二句　行事合於道然後能有所成就。德，物所以得生。使物得生，即合於道。成，實現。

❸夫德二句　合於道，是知道事情成就的原由。❹成之所得　事成而有所得於道。之，猶「而」。❺而後曰我能成之　然後可以說我能夠成就事業。曰，說。以上四句，與前文重複混淆，疑為舊注混入正文。❻成無為　成之於無為。倚道而成，所以說是「無為」。❼得無來　得之於自然。得，得到，成就。無來，無所來之地，虛無之所，即自然。❽詳察其道　仔細考察其「成無為」、「得無來」之道。詳，仔細。察，考察，探究。❾何由然哉　怎麼做到的呢。何由，即由何，通過什麼方法。然，這樣。❿迷往以觀今　即〈泰鴻第十〉的「迭往觀今」，察古觀今。迷，當作「迭」。⓫是以知其未能　因此知道沒有人能自己成就事業，都是要「成無為」、「得無來」。是以，因此。未能，自己不能。

【語　譯】據自然之數，事物之間一定是前後驗證才能相合，行事合於道然後能有所成就。合於道，是知道事情可以成就的原由。事成而有所得於道，然後可以說我能夠成就事業。成之於無為，得之於自然，仔細考察其事，是怎麼做到的呢？統觀古今，可以知道沒有人能自己成就事業，都是因循無為，使事業自然成就。

彼立表而望者不惑❶，按法而割者不疑❷。固言「有以希之」也❸。夫望而無表❹，割無法❺，其惑之屬耶❻？所謂惑者，非無日月之明、四時之序、星辰之行也❼，因乎反茲而之惑也❽。惑，故疾視愈亂❾，惇而易方❿。

【章　旨】本章說明背離自然法度就會導致人事上的昏亂顛倒。

【注　釋】❶彼立表而望者不惑　樹立圭表觀測日影，不會產生惑亂。彼，指示代詞。立表，樹立圭表。立，樹立；設立。表，圭表，古代天文儀器，用來測算日影、確定節令，表上有刻度，可以較為準確地測量日影的長短，所以可以不惑。望，觀測。惑，惑亂。❷按法而割者不疑　依照法令裁定，不會有疑問。按法，按照法令。法，法令。割，裁割，這裏指裁決、裁定。疑，疑問。❸固言有以希之也　故此說做事情要有法可循。固，同「故」。因此。言，說，《書》《傳》或傳言說。有以希之，有所遵循。有以，有所。希，望。❹夫望而無表　觀測日影卻沒有圭表。望，觀測。❺割無法　裁決不依法度。❻其惑之屬耶　這些都是產生惑亂的事類。屬，類。耶，同「也」。❼所謂惑者二句　產生惑亂，不是由於天地運行沒有度數。日月之明，日月照耀。四時之序，指春夏秋冬四季運行。星辰之行，星宿運行。這三者，概指天地陰陽運行變易的度數。❽因乎反茲而之惑也　是由於違背天地運行的度數而導致了惑亂。因乎，由於。反茲，違背了「有以希之」的原則。茲，即「有以希之」。❾惑二句　有惑亂，所以對事物的認知越發錯亂。疾視，即上文「病視」。愈亂，視力昏惑，越發錯亂，這裏指識物不明，認知錯亂。愈，更加。❿惇而易方　視力昏亂到弄錯四方上下的方位，即違背了天地度數。惇，疑當作「悖」，悖亂；違逆。易，改變。方，方位，指四方上下的位置。

【語　譯】樹立圭表觀測日影，不會產生惑亂；依照法令裁定，不會有疑問。故而說做事情要遵循法度。觀測日影卻沒有圭表，裁決不依法度，這些都是會導致惑亂的事類。產生惑亂，不是由於天地運行沒有法度，而是因為違背天地運行的法度才產生惑亂。產生了惑亂，所以對事物的認知越發錯亂，昏惑到無法明辨天地法度。

兵有符而道有驗❶。備必豫具❷，慮必蚤定❸。下因地利❹，制以五行❺。左木、右金、前火、後水、中土❻，營軍陳士❼，不失其宜❽。五度既正❾，無事不舉❿。招搖在上⓫，繕者作下⓬。取法於天⓭，四時求象⓮：春用蒼龍，夏用赤鳥，秋用白虎，冬用玄武⓯。天地已得⓰，何物不可宰⓱？

【章　旨】本章論用兵應依天地五行之數。

【注　釋】❶兵有符而道有驗　調度軍隊可以用兵符驗證；據自然之道，事類間可以互相驗證。符，兵符，古代作戰，需驗兵符方可調動軍隊。道，自然之道。驗，驗證，即上文「夫道者，必有應而後至」。❷備必豫具　事情的籌備一定要提前做好。備，籌備。豫，同「預」。預先。具，備；辦。❸慮必蚤定　計劃一定要提前定下來。慮，計劃。蚤，同「早」。提前。定，確定。❹下因地利　利用地利。下，地在下，所以稱「下」。因，因循；利用。地利，兵陰陽家說。❺制以五行　以五行之道用兵。制，治。五行，五行兵法，兵陰陽家刑德五勝之說。❻左木右金前火後水中土　兵陰陽家說，當即指五行陣，見〈世兵第十二〉。左木，左軍為木陣。右金，右軍為金陣。前火，前軍為火陣。後水，後軍為水陣。中土，中軍為土陣。❼營軍陳士　布設軍營，排列士兵。營軍，布設全軍營地。陳，排列。士，士兵。❽不失其宜　不違背五行陣的法度。失，違背。宜，法度；標準。❾五度既正　五行陣已經列好。五度，五行陣。既正，已經布置好。既，已經。正，確立。❿無事不舉　沒有戰事打不贏。事，戰事。舉，取勝。⓫招搖在上　畫北斗星象於中軍大旗之上。招搖，北斗星。在上，以北斗大旗為全軍指正。⓬繕者作下　全軍在旗幟統領下，奮其威怒。繕，繼，繼承軍旗天道威勢。作，動作。⓭取法於天　軍陣效法天道。⓮四時求象　建立四時之象。四時，四季。求，成就；確立。象，法象。⓯春用蒼龍四句　左軍法春，用蒼龍之象；右軍法秋，用白虎之象；前軍法夏，用赤鳥之象；後軍法冬，用玄武之象。玄武，龜蛇。據現在出土文物來看，早期玄武仿佛是一個鹿的形象，後期玄武才演化成為龜蛇之象。以上六句，說的都是軍中五行陣列排布之法。上古四時起源於四方，二者在古天文曆法理論中是一致的，故四時即四方，軍中左、右、前、後四軍，既是仿四方排布，也是法四時之象。按：「玄武」，備要本作「元武」，玄、元，古通假。⓰天地已得　已得天地陰陽之勢。天地，兵陰陽家理論中的陰陽刑德向背等數術法則，他們認為這些數術法象天地，就能得到天地之力，擁有無窮無盡的威勢和力量。按：「已」，叢刊本作「巳」，誤，據備要本改。⓱何物不可宰　什麼樣的敵人不能戰勝。物，指敵人。宰，制，指克制、戰勝。

【語　譯】調度軍隊可以用兵符來驗證；據自然之道，事類之間可以互相驗證。事情的籌備一定要提前做好，計劃一定要提前定下來。用兵之道，要調用地利，遵循五行之理，左軍為木陣，右軍為金陣，前軍為火陣，後軍為水陣，中軍為土陣。布設軍營，排列士兵，不能違背五行陣的法度。五行陣列好以後，就沒有什麼戰事打不贏。畫北斗星象於中軍大旗之上，全軍在旗幟統領下奮其威怒。軍陣效法天道，立四時之象，左軍法春，用蒼龍之象；右軍法秋，用白虎之象；前軍法夏，用赤鳥之象；後軍法冬，用玄武之象。取得了天地陰陽之勢，什麼樣的敵人不能戰勝？

理之所居謂之地❶，神之所形謂之天❷。知天❸，故能一舉而四致❹，並起而獨成❺。鳥乘隨隨，駒蜚垂輙❻。故昔善討者非以求利❼，將以明數❽。昔善戰者非以求勝❾，將以明勝❿。

【章　旨】本章論用兵應當掌握兵法之理，順天應人。

【注　釋】❶理之所居謂之地　地是地理之數的表現。據〈泰鴻第十〉：「地者，承天之演，備載以寧者也」，地是理數之所在。理，地理，此陰陽數術之說，非指客觀地勢地形及物產之宜。❷神之所形謂之天　天是自然之道的具體表現。神，自然。形，形體；表現。❸知天　通曉天道。知，通曉。❹故能一舉而四致　舉事於一隅，而與天下和同。一舉，舉於一方。四致，周至遍及，指與四方和同，即順應天下情勢。❺並起而獨成　眾人同起做事，卻能歸於一致。並起，眾人同起。並，眾。獨成，成於一，意思是人雖各行其是，卻自然和洽，沒有衝突。獨，一。❻鳥乘隨隨二句　疑當作「鳥蜚隨隨，駒乘輙垂」，雌雄鳥相隨而飛，少壯之馬駕車疾駛。蜚，借為「飛」，飛翔。隨隨，鳥飛時，雌雄相依隨，就如同大雁一樣。駒，當作「駒」，少壯之馬。乘，駕車。輙垂，車輻浮懸在空中，形容車行駛得非常快。輙，車輻。垂，懸。此二句，意思是鳥兒並依而飛，是由於雌雄相依；馬兒駕車疾駛，是由於馬兒少壯有力。❼故昔善討者非以求利　因此過去精於計算的人不一味追求利潤。善討，當作「善計」，精於計算。討，當為「計」字之誤。求利，追求利潤。利，利潤。❽將以明數　而是要掌握謀取利潤的方法。明數，明確謀利的方法。明，明白。數，方法。❾昔善戰者非以求勝　過去善於作戰的人不片面追求勝利。求勝，追求獲勝。❿將以明勝　而是要掌握取勝的方法。明勝，明確取勝之道。

【語　譯】地是地理之數的反映，天是自然之數的展現。通曉天道，就可以舉事於一隅而與天下和同，使眾人各做各事卻不謀而合。鳥兒雌雄相隨而飛，少壯之馬可以駕車疾駛。因此過去精於計算的人不一味追求利潤，而是要掌握謀取利潤的方法。過去善於作戰的人不片面追求勝利，而是要掌握取勝之道。

獨不見夫隱者乎❶？設使知之❷，其知之者，屈已知之矣❸。若其弗知者❹，雖師而說❺，尚不曉也❻。悲乎❼！夫蔽象鬲塞之人❽，未敗而崩❾，未死而禽❿。

【章　旨】本章認為蒙蔽隔塞、不得用兵之數者必將失敗。

【注　釋】❶獨不見夫隱者乎　難道沒看見那些製作謎語的人嗎。獨，難道。夫，彼；那。隱者，製作謎語的人。隱，隱語，即謎語。❷設使知之　設置謎語讓人猜。設，設置；製作。使知之，讓人們猜測。知，知曉。❸其知之者二句　能猜到謎底的人，短時間就能猜到。知之者，猜到謎底的人。屈，短，這裏指短時間。已知之，已經猜到謎底。知，知道；猜到。按：「已」，叢刊本作「巳」，誤，據備要本改。❹若其弗知者　猜不到謎底的人。弗，不。❺雖師而說　即使像老師一樣為其引導解說。師，像老師一樣教導。說，解說。❻尚不曉也　仍然不明白。曉，明白。❼悲乎　可悲啊。❽夫蔽象鬲塞之人　被蒙蔽隔塞的人。象，據上文，當作「蒙」。蔽、蒙、鬲、塞，其義俱見上文。❾未敗而崩　還沒有開戰就已經輸了。未敗，尚未戰敗，即還沒有開戰。崩，潰敗。❿未死而禽　本句意思與上句略同，還沒有開戰就已經注定要戰敗被擒殺了。未死，還沒有戰敗被殺，即還沒有開戰。禽，同「擒」。擒獲。此蒙上省「死」字，故「禽」字同時包含有擒獲和殺害兩層意思。

【語　譯】看見那些製作謎語的人了嗎？設製謎語讓人猜，能猜到謎底的人，短時間就能猜到；猜不到謎底的人，即使像老師一樣為其引導解說，仍然不能領悟。可悲啊！被蒙蔽隔塞的人，還沒有開戰就已經注定戰敗被擒殺了。

設兵取國❶，武之美也❷。不動取國❸，文之華也❹。士益武❺，人不益文❻。一者寡愛❼，不可勝論❽。

【章　旨】本章主張治兵之道兼賅文武。

【注　釋】❶設兵取國　以武力戰勝敵國。設兵，興兵作戰。設，陳列。兵，軍隊。取國，戰勝敵國。國，指敵國。❷武之美也　這是武力的盛事。美，華美之事。❸不動取國　不戰而克勝敵國。不動，不發動戰爭。動，興兵作戰。❹文之華也　這是文治的盛事。文，文治。❺士益武　武士重視武事。士，武士。益，重視。❻人不益文　據文例及上下文義，疑當作「人益文」，意思是普通人強調文事。人，普通人，與軍隊士兵對稱。❼一者寡愛　偏於一隅，惠物不足。一，局限於一隅。寡，少。愛，惠物。此句即上文「知一而不知道」之意。❽不可勝論　這種（蔽於一曲不諳全局的）事情說也說不完。勝論，說完。勝，能。論，言說。

【語　譯】以武力戰勝敵國，這是武力的盛事。不戰而克勝敵國，這是文治的盛事。武士重視武事，普通人強調文事。偏於一隅，惠物不足，這種（蔽於一曲不諳全局的）事情說也說不完。

耳者，可以聽調聲❶，而不能為調聲❷。目者，可以視異形❸，而不能為異形❹。口者，可以道神明❺，而不能為神明❻。故先王之服師術者❼，呼往發蒙❽，釋約解刺❾，達昏開明❿，而且知焉⓫。故能說適計險⓬，歷越踰俗⓭，軼倫越等⓮。知略之見⓯，遺跋眾人⓰，求絕紹遠⓱。難之在前者能當之⓲，難之在後者能章之⓳。要領天下而無疏⓴，則遠乎敵國之制㉑。戰勝攻取之道，應物而不窮㉒，以一宰萬而不總㉓。類類生之㉔，耀名之所在㉕。究賢能之變㉖，極蕭楯之元㉗，謂之無方之傳㉘，著乎無封之宇㉙。

【章旨】本章論先王治國學於聖人，因物之性，無為而治。

【注釋】❶耳者二句　耳朵可以聽到音樂。聽，聽到。調聲，調節的聲音，即音樂。❷而不能為調聲　卻不能演奏音樂。為，演奏。❸目者二句　眼睛可以看到不同形態的事物。視，看到。異形，不同形態的事物。異，不同。形，形態。❹而不能為異形　卻不能製成不同的事物。❺口者二句　言辭可以稱說自然之道。道，說。神明，自然之道。❻而不能為神明　卻無法使人體察順行自然之道。為，體察把握。以上九句，即《孟子．盡心下》所說的：「梓匠輪輿，能與人規矩，不能使人巧」，知道未必能做得到。❼故先王之服師術者先王學習聖人之術。故，猶「夫」。服，事奉；學習。師術，聖人之術。師，君王以聖人為師。❽呼往發蒙　啟蒙心智。呼，命；告。往，當作「狂」，痴迷。呼狂，教痴迷之人，使知正途。發蒙，啟發蒙昧之人。發，啟發，啟迪。蒙，蒙昧，即迷惑不知正途。❾釋約解刺　解除束縛，意思是開啟心智，解除思想上的束縛。釋，解。約，繩，指纏束。解，解除。刺，當作「束」，束縛。❿達昏開明　使昏昧冥頑者通曉開化。達昏，使昏昧者通曉。達，通曉。昏，昏昧迷惑。開，開化。明，當作「冥」，冥頑；不明白。開冥，使冥頑者開化。⓫而且知焉　達到開明處，即使人明智通達。且，之；達到。知，同「智」。聰慧。⓬故能說適計險　因此能夠言聽計從，即先王服師術，對師術言聽計從。說適，聽信其言辭。說，言辭。適，通行，即被君王採納、聽取。計，計謀。險，同「驗」。驗證。計驗，計謀得到驗證。採信才能被驗證，故此處也是聽信採納的意思。⓭歷越踰俗　超越俗眾。歷，越過。越，超越。踰，超越。俗，俗世眾人。⓮軼倫越等　超越同儕。軼，越過。倫，同類。越，超過。等，同輩。⓯知略之見　智謀見解。知略，智謀。知，同「智」。智計。略，謀略。見，見解。⓰遺跋眾人　超過眾人。遺，遺棄；遠勝過。跋，當作「拔」，超拔。⓱求絕紹遠　與遠方之國結交往來。求，索，引申為得到。絕，即絕國，極遠之國。紹，介紹；接引。⓲難之在前者能當之　患難出現，能夠應對。難，患難。在前，出現在面前。當，應對；抵擋。⓳難之在後者能章之　患難尚未出現，能夠預防。難之在後，指患難尚未顯現。章，同「障」。防，防範。⓴要領天下而無疏　統理天下之事而沒有疏失。要領天下，統理天下。要領，即腰和脖頸，人體的主幹，比喻事情的主導、中樞。要，同「腰」。領，脖頸。疏，疏漏；疏失。按：疏，叢刊本作「䟽」，異體字，今據備要本改。㉑則遠乎敵國之制　不為敵國所制。遠，遠離。制，制約。㉒戰勝攻取之道二句　意思是能根據敵情，因地制宜地作出調整並取得勝利。應物，應對敵情。物，指敵國的情況。窮，窮盡。㉓以一宰萬而不總　以聖人之術治理萬物而不事事統管。一，聖人之術。宰，治理。萬，天下萬事萬物。總，合；統管。㉔類類生之　事物一類類地不斷產生。類類，生成的樣子。生，生成。此承上句，因為不事事統管，因順萬物，使其自然生成發展，故而沒有窮盡。㉕耀名之所在　這是威名卓著的原因。耀，顯耀。名，名聲。所在，根源。㉖究賢能之變　探究賢能之人能夠對事物之變應付裕如的方法。究，探究。賢能，賢能之人。變，即上文「應物而不窮」。㉗極蕭楯之元　探求以靜制動的根本。極，極盡。蕭楯，疑當作「蕭條」，深靜虛無。楯，疑係「條」字之誤。元，本。㉘謂之無方之傳　稱為變化無常。無方，無根；無常。「應物而不窮」，故而無常。方，始；本。傳，同「轉」。轉動，此處指變動。㉙著乎無封之宇　處於沒有界限的立場。即齊同萬物，不辨異同，使物自成。著，處。無封之宇，沒有界限的地域。不辨具體之物，自然就不知道物與物的異同界限。不能辨物與物之間的異同，就不會干犯物宜，萬物就能不受干擾地自然消長。無封，沒有界限。宇，借為「域」，區域。

【語譯】耳朵可以聽到音樂，卻不能演奏音樂；眼睛可以看到不同形態的事物，卻不能製成不同的事物；言辭可以稱說自然之道，卻無法使人體察自然之道。先王學習聖人之術，能夠啟蒙心智，打開心靈的枷鎖，化解昏昧冥頑之處，做到明智通達，因此能夠言聽計從，超越俗眾和同儕。其智謀見解超過眾人，能與遠方之國交結互通。當患難出現能夠應對，患難未出現時可以預防。先王統理天下之事而不會有疏失，不為敵國所制，能根據敵情因地制宜地作出調整並取得勝利。能夠以聖人之術治理天地卻不事必躬親，使事物各依本性一類一類地不斷生成，這就是先王威名卓著的原因。推究賢能之人對各類事物之變應付裕如的方法，推求以靜制動之理，那就是隨機應變、齊同萬物、使物自成。

制事內不能究其形者❶，用兵外不能充其功❷。彼兵者，有天、有人、有地❸。兵極人❹，人極地❺，地極天❻。天有勝❼，地有維❽，人有成❾。故善用兵者慎❿。以天勝，以地維，以人成⓫。王者明白⓬，何設不可圖⓭？

【章　旨】本章闡明用兵之法包括天時、地利、人和。

【注　釋】❶制事內不能究其形者　如果不能深入探究用兵的要領。制，同「治」。處理。事，軍政之事。內，深入，從內部。究，探究。形，大體；要領。❷用兵外不能充其功　作戰不能取得大勝。用兵，作戰。外，相對於內而言，指外在行動。充，大。功，功績。❸彼兵者二句　兵法包括天時、人和、地利三要素。彼，指示代詞。兵，戰爭。天，天時。人，人和。地，地利。此皆兵陰陽家說。❹兵極人　兵械齊備，然後謀於人和。兵，兵械戰具。極，盡；極至。這裏指齊備。❺人極地　人事盡皆和洽，然後謀於地利。❻地極天　地利具備，然後謀於天時。❼天有勝　天時有制勝之道。勝，制勝。❽地有維　地利有籌謀之綱。維，綱要。❾人有成　人和有成就之法。成，成就。❿故善用兵者慎　因此善於用兵的人審慎考察這三要素。慎，審慎。⓫以天勝三句　遵行天時、地利、人和三要素。以，用。⓬王者明白　疑當作「三者明白」，「王」疑為「三」的訛字，意思是天勝、地維、人成三者都通曉。⓭何設不可圖　什麼戰事是無法取勝的呢。設，施；行為。指作戰。圖，謀劃。

【語　譯】如果不能深入探究用兵的要領，作戰就不能取得大勝。用兵之法有天時、人和、地利三方面的要素：兵械齊備，然後謀於人和；人事和洽，然後謀於地利；地利具備，然後謀於天時。

天時有制勝之道，地利有籌謀之綱，人和有成就之法。因此善於用兵的人審慎考察這三要素，按此三要素用兵。天勝、地維、人成三者都通曉，還有什麼戰事是無法取勝的呢？

所謂天者，非以無驗有勝❶，非以日勢之長❷，而萬物之所受服者邪❸？彼天生物而不物者❹，其原陰陽也❺。四時生長收藏而不失序者❻，其權音也❼。音在乎不可傳者❽，其功英也❾。故所肄學兵❿，必先天權⓫。

【章旨】本章認為兵法本於陰陽數術，即軍國星占之術。

【注釋】❶所謂天者二句　所謂天道，不正是憑借它幽隱的制勝數術。無驗，幽隱難以實證。驗，驗證。天道幽冥，難以具體可見的方式驗證，所以稱為「無驗」。有勝，即上文的「天有勝」。❷非以日勢之長　不正是憑借它作為時日干支、五行旺相孤虛之屬的主宰。日，陰陽家的時日占，泛指陰陽數術。勢，形勢，數術所造成的形勢。長，君長；主宰。❸而萬物之所受服者邪　從而使萬物生成，為萬物所因順的嗎。受，使萬物生成。萬物受天道而生。服，順從。❹彼天生物而不物者　天道使萬物各各自然生成。生物，使萬物生成。不物，不製成具體之物。意思是天道自然，不干涉具體之物，使萬物各自自然生長，各居其分。❺其原陰陽也　事物的具象都是由陰陽二氣的各種變化形成。原，根源。陰陽，陰陽二氣。❻四時生長收藏而不失序者　春生、夏長、秋收、冬藏各居其位，次序不錯亂。四時生長收藏，指春生、夏長、秋收、冬藏這四時的功能。不失序，指四季接替輪轉，時序清楚不錯亂。序，次序。❼其權音也　是靠五音來測度。權，稱量；測度。音，宮、商、角、徵、羽五音。❽音在乎不可傳者　權音之術不能轉相傳授。傳，轉相授遞。❾其功英也　是由於它的功效源自於天文數術。功，功效。英，華，花，指天文數術，詳下。❿故所肄學兵　因此，如果要學習兵法。按：肄，叢刊本作「肆」，誤，今據備要本改。所，訓作「若」，如果。肄學，學習。肄，學習。兵，兵法，此疑特指兵陰陽家之五音術兵之兵法。⓫必先天權　一定要先學習觀測推算星氣吉凶之術。先，優先。天權，即權天，推算星氣吉凶之術，如推步日月五星、望雲候氣、觀向背、占吉凶等，係軍國星占之術。以上五句，所謂的權音，即兵陰陽家所迷信的吹律聽聲、以風氣觀兵之法。

【語　譯】所謂天道，不正是憑借它能制勝於幽冥，又是時日干支和五行旺相孤虛之數之所出，從而成為萬物主宰的嗎？天道使萬物各各自然生成，各類物象都是由陰陽二氣各種變化的具體顯現。一年四季之氣的輪轉，可以靠五音來測度。權音之術無法互相傳授，是因為它的功效源自於天文數術。因此，如果要學習兵法，一定要先學習觀測推算星氣吉凶之術。

陳以五行❶，戰以五音❷：左倍宮、角❸，右挾商、羽❹，徵君為隨❺。以䡨無素之眾❻，陸溺溺人❼，故能往來竇決❽。

【章　旨】本章闡述五音術兵的具體方法。

【注　釋】❶陳以五行　依五行布設軍陣。陳，同「陣」。布陣。❷戰以五音　以宮、商、角、徵、羽五音聽辨敵軍之勢，測度戰事勝負。詳見〈世兵第十二〉注解。❸左倍宮角　左翼參酌宮角之理。左，軍隊的左翼。倍，借為「陪」，輔助。❹右挾商羽　右翼參酌商羽之理。右，軍隊的右翼。挾，輔助。❺徵君為隨　後軍參酌徵音之理。徵君，徵音。隨，隨從。以上三句，其理難詳，或指兩翼和後軍要依五音對應的五行列陣，或指兩翼和後軍各負責偵聽敵軍的宮角、商羽和徵聲。❻以轛無素之眾　以統領平素沒有經過訓練的士卒。轛，古「曹」字，治理。無素之眾，沒有素養的眾軍。素，素養。此句的意思，即《史記・淮陰侯列傳》中韓信所說的「信非得素拊循士大夫，所謂敺市人而戰之」。❼陸溺溺人　沒有水就能溺死人，喻出奇制勝。陸溺，旱地沒有水卻溺水，即不同凡俗，喻用兵之道出人意表。可參看《莊子・則陽》：「方且與世違而心不屑與之俱，是陸沉者也。」溺人，使人溺水而死，即戰勝敵軍。❽故能往來竇決　因此其兵勢如河水決堤，勢不可當。往來，進退，喻隨時、任何情況下。竇決，河堤潰決。竇，潰決。決，決堤。

【語　譯】依五行布列軍陣，以宮、商、角、徵、羽五音聽辨敵軍之勢。左翼參酌宮角之理列陣行兵，右翼參酌商羽之理，後軍參酌徵音之理。用這種兵法統領平素沒有經過訓練的士卒，亦可出奇制勝，因此其兵勢如河水決堤，勢不可當。

獨金而不連❶，絕道之紀❷，亂天之文❸，干音之調❹。違物之情❺，天之不綱❻，其咎燥凶❼。

【章　旨】本章闡明迷信武力的危害。

【注釋】❶獨金而不連　迷信武力而不與文治相結合。獨金，迷信武力。獨，只；僅僅。金，征伐；武力。金德屬秋，在西方，主殺伐之事，故以金指代武力。連，連接；配合。指文武相結合。❷絕道之紀　斷絕道術綱紀。絕，斷絕。道，道術。紀，綱紀。❸亂天之文　擾亂天時。亂，擾亂。天之文，陰陽家認為人事上應日月星宿運行之序，擾亂天時，必遭禍患。❹干音之調　疑當作「干音之調」，擾亂五音的協和。干，干犯；擾亂。調，疑當作「調」，調和；協和。❺違物之情　違背事物自然之性。違，違背。情，天性。❻天之不綱　不遵循上天的綱紀。天之，天則；上天的法度。之，猶「則」。綱，以之為綱紀。❼其咎燥凶　其災害是大旱。咎，災禍。燥凶，大旱。燥，乾旱。陰陽家認為，濫用武力，金氣過旺，五行失調，陽勝於陰，導致久旱不雨。凶，飢荒歉收。

【語譯】迷信武力而不知道濟以文事，就會有違道術，擾亂天時，打破五音之道的協和。這種做法干犯事物自然之性，背離天道運行的規律，會導致大旱之災。

欲無亂逆❶，謹司天英❷。天英各失❸，三軍無實❹。夫不英而實❺，孰有其物❻？

【章旨】本章進一步強調兵陰陽家數術的重要性。

【注釋】❶欲無亂逆　想要不發生敗亂。這裏意思是戰爭要想常勝不敗。亂逆，紛亂敗亡，指戰事。❷謹司天英　就要謹遵天文數術。謹，恭敬；小心。司，以……為主。天英，天的華彩，即天象數術，這是兵陰陽家的星占學理論，指的天文星氣之占。英，花。❸天英各失　疑當作「天英若失」，如果沒有了上天的華彩，意思是如果違背了天文數術。各，疑當作「若」，如果。失，背離。❹三軍無實　三軍作戰就不會有好的結果。無實，沒有好的結果，指戰敗。實，結果。❺夫不英而實　不開花就結果。英，開花。實，結出果實。❻孰有其物　哪有這樣的事情。孰，哪裏。物，事物；事情。

【語　譯】用兵要想常勝不敗，就要謹遵天文數術。如果違背數術，三軍作戰就不會有好的結果。不開花就結出果實，哪裏會有這樣的事情？

常聖博□□❶，古今復一❷。日者❸，天地之所待而闔耳❹。故天權神曲❺，五音術兵❻。逸言曰❼：「章以禍福❽，若合符節❾。」凡事者，生於慮❿，成於務⓫，失於驚⓬。

【章　旨】本章說明立身治世要依於數術，不能自矜。

【注　釋】❶常聖博□□　疑當作「常聖博通」，永恆的聖人之道，要能總覽通貫。博，廣博，指見識廣，總覽全局，不偏於一隅。□□，當缺一字，疑當補作「通」，通達，指能把握事物發展全過程的脈絡規律。博偏於橫向，通偏於縱向。❷古今復一　古今之事都歸於一致。復，歸。一，一致。❸日者　推曆占候。❹天地之所待而闔耳　人事要依靠推曆占候才能與天地之道相契合。待，依靠。闔，即「合」，契合；合一。❺故天權神曲　因此天文數術之學可以曲盡自然之道。神，神明，指自然之道。曲，周詳。❻五音術兵　聽辨五音之法可以詳明用兵之事。術，同「述」。陳說；描述。❼逸言曰　古人遺言說。逸言，古人散佚殘留下來的名言警句。逸，散佚。❽章以禍福　與禍福之事相印證。章，顯揚；著明。❾若合符節　絲毫不差。合符節，即相互得到印證，絲毫不差的意思。符節，古時傳達命令、徵調兵將、辦理各類事務所用的憑信，雙方各持一半相互契合，以驗證真假。❿凡事者二句　事情依靠人的謀劃來推進。生，生長，指進展。慮，思慮；謀劃。⓫成於務　靠人的努力來實現。成，實現。務，致力；實行。⓬失於驚　敗壞於人的驕傲自滿。驚，當作「驁」，同「傲」，驕傲。

【語　譯】恆久不失的聖人之道，要能總覽通貫古今之事。要依靠推曆占候，才能將人事與天地之道相契合。因此以天文數術之學可以曲盡自然之道，以聽辨五音之術可以詳明用兵之事。古人遺言說：「和事情的禍福之變相印證，絲毫不差。」事情靠人的謀劃來推進，靠人的努力來實現，因為人的驕傲自滿而敗壞。

【研　析】〈天權〉一篇轉折比較多，時而高論玄奧難知的道，時而又論用兵之事，容易將讀者引入冥冥之中。所以閱讀〈天權〉，首先要通解該篇的理論邏輯結構。即如篇首題解所說，讀者可以參考前面討論法度的篇章，前面這些篇章說的是法治，強調的卻是道；說的是道，落腳點卻在於具體可行的法度。所以我在前面研析中，提出過「道法」的概念，意思是說黃老道家所講的法治，是以道為本的法，是道的具體落實。同理，本篇亦當作如是解，本篇所講的道，是服務於兵法，而非空對空的玄談；本篇所講的兵法，是在道這個基礎上生長出來的，不能離開黃老道家因循、無為這一根本。所以，我們可以看到本篇文字中一方面標榜說「天地已得，何物不可宰？」「王者明白，何設不可圖？」，自誇能夠「往來賓決」，體現了掌握兵家數術，得天時、地利、人和的那種無往而不利的自信；一方面卻又謹慎地強調「士益武，人不益文。一者寡愛，不可勝論」，反對「獨金而不連」，認為迷信自身的武力就是「失於鷙」，這是不忘道家看輕主觀智計、以自然虛無為本的總綱。

以上說的是本篇的邏輯結構。而篇中又有兩個具體的問題，有必要再多說幾句：

一是本篇在論述自然之道時，多「玄談」之辭。特別是篇中提出的「獨立宇宙無封」「一宰萬而不總」「無封之宇」「彼天生物而不物」這一系列概念，有必要進一步說解。所謂「封」，指的是界限，這個界限，既指一個事物與另一個事物的區別，同時也指人和外界事物之間的區別。「無封」即沒有區別，也就是同，其針對的顯然是「有封」即有區別，也就是異。道家認為，如果著眼於人與物、物與物之間的差異，自然就要從差異出發，說出每個人、物的特點，給每個人、物命名，總結提煉出每個事項所特有的度數規律。這就是以有限的精力，追逐無窮的差異；以有限的視角，試圖發現全視角的差異，人力有時而窮，智計有時而盡，疲精勞神，終究不能成功。所以，他們提出來「無封」的說法，認為無論多少差異、多少變化，總歸都是自然而然生成的，從自然而然這一點來說，萬物皆同，並沒有差異，這就是道家混同萬物、不辨異同的理論，他們認為與其疲精勞神去追逐不可能有結果的事情，不如退回到至樸至素的境界，聽憑萬事萬物自然而然，這樣就只需見其同，不需辨其異了。也正是在這個理論基礎上，他們進一步提出來因順萬物本性、不橫加干預的說法，只有這樣，才能永遠和同，永遠不敗，這就是「生物而不物」。「生物」，指的是自然之道化生出萬物；「不物」，也叫「不物物」，意思是雖然化生出萬物，但萬物各有其天性，其差異簡直無窮無盡，所以要讓萬物各依天性、各自自主生長消亡，只要體察順應即可。作為道或體道的聖人，既不能主觀去瞭解萬物各自有何天性，更不會自以為是地去約束、管理具體事物的發展，這就是「宰萬而不總」。「宰萬」，其實就是生成萬物；「不總」，就是各聽其天性，不加干預。這些話聽起來很複雜，但用到現實中，不過就是八個字：清靜無為，與民休息。

二是篇中提到的「天權神曲，五音術兵」，這是一套非常深奧繁瑣且神秘的兵法，即《漢書·藝文志》中所說的「兵陰陽」之學，注見〈世兵第十二〉。兵陰陽之學的大體邏輯，尚且容易理解，不過是迷信天人感應之說，相信效仿天象天數布陣行軍就可操必勝之券。但「五音術兵」這些具體方法就更為迷霧重重了，由於這些多屬於無稽之談，在作戰中並沒有多少實效，所以其文獻早早就散佚不傳，至今已很難知曉詳情。總的來說，五音術兵之法或許與古時律管吹灰候氣之事有一定聯繫，其邏輯理路大約是認為音律與五行八氣通感，如果把握了音律的訣竅，就可以通過吹律聽聲，觀察辨別雙方軍勢，甚至發現敵方軍勢強弱之處及戰事走向。有興趣的讀者，不妨按這個思路進一步加以瞭解。

能天第十八

【題　解】先秦著文，多取篇中字句為篇名。能天，即本篇第一章末句「能天地而舉措」節略之稱，指統領天地萬物。能，借為「任」，擔負，承擔。天，指天地萬物。本篇所謂「能天」者，旨在討論統領天地萬物之道，即聖人心術，也就是篇首所說的「原聖心之作」。

原聖心之作❶，情隱微而後起❷，散無方而求監焉❸。軼玄眇而后無❹，杭澄幽而思謹焉❺，截六際而不絞❻。觀乎孰莫❼，聽乎無罔❽，極乎無係❾，論乎窈冥❿，湛不亂紛⓫，故能絕塵埃而立乎太清⓬。往無與俱，來無與偕⓭，希備寡屬⓮，孤而不伴⓯，所以無疵⓰。保然獨至⓱，傳未有之將然⓲，領無首之即次⓳，度十五而用事⓴，量往來而廢興㉑，因動靜而結生㉒，能天地而舉措㉓。

【章　旨】本章論聖人心術以虛無為本，以因循為用。

【注　釋】❶原聖心之作　推究聖人心術的產生。原，推原；探究。聖心，聖人的謀慮。作，產生。❷情隱微而後起　萬物的情形隱約細微，需要靠聖心才能使之顯明。情隱微，事物的情形隱微不明。情，事情。隱微，隱約細微。起，興起，這裏指顯明、顯現。❸散無方而求監焉　事物的情形散亂沒有頭緒，要靠聖心才能使之清晰明白。散，散亂。無方，沒有頭緒。方，統類。求監，賴其辨別。求，求助。監，通「鑒」。照，辨別。❹軼玄眇而后無　超越萬物之微理而以虛無為本。軼，超越。玄眇，幽深細微，指事物之初始。后，同「後」。無，虛無，道家理論中天地萬物之始。按：玄，備要本作「元」。❺杭澄幽而思謹焉　心志清靜深遠，謹慎其思慮。杭，當作「抗」，舉。澄幽，指內心清靜深遠，無物無我。思謹，意思是謹其思慮，本於虛無，順物之宜，不主觀妄為，不切責於物。思，思慮；思想。謹，謹慎。❻截六際而不絞　統理天下而不傷於物，即無為而治。截，整齊；治理。六際，六合，即天下萬物。絞，急切；切責。指干犯物宜，不能使物自然消長，也就是道家所說的「物於物」。❼觀乎孰莫　觀於虛無。孰莫，什麼也沒有，即《莊子・逍遙遊》所說的「無何有」，即無有、虛無。孰，猶「何」。莫，借為「無」，沒有。❽聽乎無罔　聽於無聲。無罔，疑當作「無聞」，沒有聲音。罔，疑當作「聞」，聽。❾極乎無係　思慮沒有束縛，即不滯於物。極，終止。無係，沒有束縛。係，即「繫」，繫縛。❿論乎窈冥　智識不受形器束縛。論，討論；辯識。窈冥，幽暗奧妙之所，即道家所說的具象、形器之外。⓫湛不亂紛　沉靜安寧，指神遊物外。湛，同「沉」。沉靜。亂紛，心思雜亂無主。⓬故能絕塵埃而立乎太清　因此能脫離俗世，而遊心於自然之道。絕，離。塵埃，塵俗，指為物所役。立，處於。太清，至清，自然，道之所在。⓭往無與俱二句　獨往獨來，指遊心自然，不滯於物。俱，偕；一起。⓮希備寡屬　沒有掛礙。意思是聖人自止自足，無取於外物。希、寡同義，都是少的意思。備，準備。屬，附屬；下屬。備、屬，都是牽掛、掛礙之意。⓯孤而不伴　孤獨沒有伴侶。孤，孤獨。伴，伴侶，指牽掛。其意同上句，不滯於物，自然沒有伴隨之物。⓰所以無疵　所以不受侵辱。疵，病；辱。按：「疵」，叢刊本作「疪」，誤，今據備要本改。⓱保然獨至　安然自得。保然，安然。獨至，自得。⓲傳未有之將然　說解沒有但即將發生的事情，即先知知覺。傳，解說。未有，沒有發生。將然，將要發生的情況。⓳領無首之即次　明確萬物從無至有之序。領，借為「理」，治理，這裏引申為明確、釐清之意。無首，從無至有。《莊子・大宗師》：「孰能以無為首，以生為脊？」天地起於虛無，「無」為「有」之首，故稱「無首」。即次，序次。即，就。次，次第。⓴度十五而用事　推衍易數而行事。度，推衍，計算。十五，此易理之說，天數五，地數五，合而為十。又生數五，成數十，生數為體，成數為用。所謂十五，即綜賅易理，體用兼備。故以十五之數指代易數。用事，行事。㉑量往來而廢興　因順寒暑廢興之理，即順應事物廢興的客觀形勢。量，度量。往來，指暑往寒來。廢興，興亡。暑往寒來，寓有事物廢興的道理。㉒因動靜而結生　依陰陽生殺之勢而使物結實或生發。因，依；順。動靜，陰陽。結，結實，喻事業取得成就。生，喻事物生發進展。㉓能天地而舉措　擔負天地之任而推動天地運轉。能天地，擔負天地之任，即統領天地萬物。能，擔負；承擔。舉措，動作，指順應推動萬物變化發展。

【語譯】之所以要探究聖人心術，是因為萬物隱約細微，需要靠聖心使之顯明；事情散亂沒有頭緒，要靠聖心將之釐清。聖人超脫事物具體各異的情理而以道為本，心志清遠，思慮謹慎，統理天下而不傷於物。其視、聽、思、識都本於虛無，不滯於具體的物象，因此能脫離俗世而依於自然。遊心自然，不滯於物，所以能不受侵辱。安然自得，先知知覺，明確萬物從無至有的發展脈絡，推衍易數而行事，因順寒暑廢興之理，依陰陽生殺之勢而使事業成就或啟動，統領天地萬物。

自然，形也❶，不可改也❷。奇耦，數也❸，不可增減也❹。成敗，兆也❺，非而長也❻。故其得道以立者❼，地能立之❽。其得道以仆者❾，地弗能立也❿。其得道以安者⓫，地能安之⓬。其得道以危者⓭，地弗能安也⓮。其得道以生者⓯，天能生之⓰。其得道以死者⓱，天弗能生也⓲。其得道以存者⓳，天能存之⓴。其得道以亡者㉑，天弗能存也㉒。彼安危，埶也㉓。存亡，理也㉔。何可責於天道㉕？鬼神奚與㉖？

【章旨】本章認為存亡都有數理規律可循，反對迷信鬼神。

【注釋】❶自然二句　事物的形體是天然形成的。自然，天然；自然而然。形，形體。❷不可改也　不能夠改變。改，改變。以上三句，道家認為萬物皆成之於天，是自然生成，不可以人力改變。❸奇耦二句　奇偶是自然之數。奇耦，即陰陽，陽為奇而陰為耦。數，規律。古人認為陰陽相輔，化生萬物。陰陽消長有其規律。❹不可增減也　不能人為干預。增，人為增加。減，人為減少。奇增即變為偶，偶減就變為奇，這就是陰陽變動，是自然之事，非人力可以干預。❺成敗二句　成敗有徵兆。兆，徵兆。❻非而長也　人力不能控制。非而，不能。而，通「能」。長，做首領；主宰。❼故其得道以立者　依自然之道應當樹立的。其，當主要指君王和國家宗族而言，下同。得道，得於自然之道。以，連詞，無意義，下同。立，樹立，指與同儕並立，有自己的一席之地。❽地能立之　得地利可以使其自樹立。地，地利，陰陽家說，非指自然山川地理形勢。立，使之自立。❾其得道以仆者　依自然之道要敗亡的。仆，倒下，指敗亡。❿地弗能立也　得地利也不能使其自樹立。⓫其得道以安者　依自然之道能安居沒有危險的。安，安定沒有危險。⓬地能安之　得地利可以使其安定。⓭其得道以危者　依自然之道要處於危局的。危，危險。按：「其得道」，叢刊本作「得其道」，與文例不符，今據備要本改。⓮地弗能安也　得地利也不能使其安定。⓯其得道以生者　依自然之道可以生長發展的。生，生存。⓰天能生之　得天時可以使之生長發展。天，天時，陰陽家說，非指客觀形勢。⓱其得道以死者　依自然之道要死亡滅絕的。死，死亡；滅亡。⓲天弗能生也　得天時也不能使其生長發展。⓳其得道以存者　依自然之道可以存世的。存，生存；存在。⓴天能存之　得天時可以使之存世。㉑其得道以亡者　依自然之道要滅亡的。㉒天弗能存也　得天時也不能使其存世。㉓彼安危二句　或安或危，都是客觀形勢決定的。彼，當主要指君王和國家宗族而言。安危，或安或危。埶，同「勢」。形勢。㉔存亡二句　或存或亡，都是自然規律決定的。存亡，或存或亡。理，自然之理，客觀規律。㉕何可責於天道　怎麼能歸因於上天。何，怎麼。責，求。天道，上天。這裏所說的「天道」，不是道家所說的「道」，也不是陰陽家所說的天時數術，而是擬人化、神格化的上天，即民間迷信常說的「老天爺」，與下一句的「鬼神」意思相仿。㉖鬼神奚與　和鬼神又有什麼關係呢。鬼神，迷信說法中的鬼神。奚，何。與，參與。

【語　譯】事物的形體是自然生成，非人力能夠改變；陰陽消長是自然之變，非人力可以干預；事業成敗的徵兆是自然之數，非人力所能扭轉。依自然之道要確立基業、趨於安定發展的，把握天時、地利就可以實現；依自然之道將要趨於危亡的，即便把握天時、地利也不能轉危為安。或安或危，或存或亡，這都取決於客觀形勢、自然之數，怎能歸於天意？和鬼神又有什麼關係呢？

一者，德之賢也❶。聖者，賢之愛也❷。道者，聖之所吏也❸，至之所得也❹。以至❺，圖弗能載❻，名弗能舉❼。口不可以致其意❽，貌不可以立其狀❾。若道之象門戶是也❿，賢不肖、愚知由焉出入而弗異也⓫。

【章　旨】本章借房屋門戶作譬，說明自然之道是世人事業成敗的根本。

【注　釋】❶一者二句　自然之道，為聖人所推崇。一，即道，自然之道。德，得於道者謂之德，聖人得道，故此處的「德」即指聖人。賢，贊賞；推崇。❷聖者二句　聖人，為賢人所愛重。聖者，聖人。賢，有才能的人，其德尚不及聖人。愛，愛慕；愛重。❸道者二句　自然之道，為聖人所遵用。道，自然之道。聖，聖人。吏，疑當作「使」，使用；遵從。❹至之所得也　至人所歸依。至，至人。見《莊子．逍遙遊》：「至人無己，神人無功，聖人無名」。得，得道，與道合一。❺以至　因為至極。以，因為。至，極至。❻圖弗能載　無法描繪。圖，畫。載，描繪，指繪寫其形。❼名弗能舉　無法稱呼形容。名，名號。舉，稱謂；形容。❽口不可以致其意　無法用言辭來表述其內涵。口，言辭。致，表達；表述。意，思想內涵。❾貌不可以立其狀　無法以外在形貌來形容其情狀。貌，體貌；形貌。立，明確。狀，形狀。❿若道之象門戶是也　道就好像房屋的門戶。道，自然之道。象，借為「像」，類似；好像。門戶，房屋出入口。⓫賢不肖句　不論賢人還是庸人、愚人還是聰明人，其行事都不離道。知，同「智」。聰明。焉，猶「此」，指道。出入，進出門戶，指行事。弗異，沒有差別，指都不離於道。

【語　譯】自然之道，為聖人所推崇。聖人，為賢人所愛重。聖人倚道行事，至人以道為依歸。因為道為極至之事，無法描繪，難以稱說，無法用言辭來表述其內涵，無法以外貌來形容其情狀。道就好像房屋的門戶，不論賢人還是庸人、愚人還是聰明人，進出行事都離不開道。

道者，開物者也❶，非齊物者也❷。故聖，道也❸。道，非聖也❹。道者，通物者也❺。聖者，序物者也❻。是以有先王之道，而無道之先王❼。故聖人者，後天地而生，而知天地之始❽。先天地而亡，而知天地之終❾。力不若天地，而知天地之任❿。氣不若陰陽，而能為之經⓫。不若萬物多，而能為之正⓬。不若眾美麗，而能舉善指過焉⓭。不若道德富，而能為之崇⓮。不若神明照，而能為之主⓯。不若鬼神潛，而能著其靈⓰。不若金石固，而能燒其勁⓱。不若方圓治，而能陳其形⓲。

【章旨】本章旨在說明聖人體道，彰顯道之用。

【注釋】❶道者二句　道生萬物。開，達，使生發、通達的意思。❷非齊物者也　不序次約束具體事物。齊，整齊萬物，有約束的意思。此句承上文，「賢不肖、愚知由焉出入」，道中有賢不肖、有愚智，不統一要求人的才德，故此說不整齊萬物。❸故聖二句　因此聖人包於道。❹道二句　道不包於聖人。以上四句，承上文，「道者，聖之所吏也」，道在聖人之先，聖人用道，卻不能製成道，故聖人包含於道，道卻不包於聖人。❺道者二句　道使萬物通行。通物，使萬物通行，自然生成。通，通行無阻礙。❻聖者二句　聖人使物有序。序，序次。即聖人遵循自然之道，使萬物各居其位，各守其分，序次井然，互不干犯。❼是以有先王之道二句　意思是聖人用道，因時、因物制宜，各得道之一端，其時間有先後，故而有先王治國之道；而道先於天地而存在，恆久不變，沒有先後時間概念，故而不能說道有先王。❽故聖人者三句　聖人後於天地而生，卻知道天地產生的根源。❾先天地而亡二句　先於天地而亡，卻知道天地萬物為什麼會消亡。以上五句，見〈泰錄第十一〉。❿力不若天地二句　沒有天覆地載的力量，卻能序次萬物。力，力氣。不若，不如。知，古通「制」。規範，即上文所說的「聖者，序物者也」。⓫氣不若陰陽二句　氣不如陰陽二氣大，卻能闡明陰陽生克之理。

經，常法，法制，指陰陽生克之理。這兩句的意思，即《禮記‧祭義》所說的：「昔者聖人建天地陰陽之情，立以為《易》。」⑫不若萬物多二句　不如萬物繁多，卻能裁制萬物。多，繁多。以一人之數，比不上萬物數量之眾。長，君長。⑬不若眾美麗二句　自身不如天地萬物華美，卻能明辨萬物優劣。美麗，美觀、華麗。舉，指出。善，好。指，指出。過，過錯。⑭不若道德富二句　自身不如道德富足，卻為道德所尊崇。道德，即〈泰鴻第十〉：「聖人之道與神明相得，故曰道德」，即自然之道的體用之法，也就是聖人的道術。富，豐富。以一人之數，比不上道術的繁富。崇，尊崇。這兩句意思是，道術雖然豐富，卻需要靠聖人才能彰顯其作用，所以道德以聖人為尊。⑮不若神明照二句　不如神靈昭明顯著，卻能主持神靈之事。照，同「昭」。明，顯著。主，主持；執掌。疑就祭祀神靈而言。上古所謂聖人，多即巫卜之人，人們認為他們掌祭神靈，與神靈相通，得神靈庇佑，致福於社稷，故而說他們「能為之主」。⑯不若鬼神潛二句　不如鬼神幽隱，卻能彰明其神妙。潛，隱晦。靈，神妙。按：叢刊本在「著」、「其」二字間空一字，當係衍文，今據備要本改。⑰不若金石固二句　不如金石堅硬，卻能燒化其堅勁。固，堅硬。燒其勁，疑借術士燒汞煉丹的燔燒金石作譬。燒，燔燒。勁，堅勁。⑱不若方圓治二句　不像方圓一樣規則，卻能說明方圓所以能成為方圓的原理。方，方形。圓，圓形。治，正。標準；規則。意思是聖人體形舉止不能像方圓一樣標準、規則。陳其形，說明其所以為方、所以為圓的道理，即掌握畫方畫圓的方法。陳，陳述、說明。

【語　譯】道生萬物，卻使物自然生成消亡，不加干預。聖人包於道，道不包於聖人。道使萬物通行，聖人使物有序。所以有先王治國之道，卻不能說道有先王。聖人後於天地而生，卻知道天地產生的根源；先於天地而亡，卻知道天地萬物為什麼會消亡。聖人沒有天覆地載的力量，卻能序次萬物；一身之氣不如陰陽二氣浩大，卻能闡明陰陽二氣生克變化之理；一身不如萬物繁多之數，卻能裁制萬物；自身不如天地萬物華美，卻能明辨萬物優劣；一身之數沒有道德富足，卻為道德所尊崇；不如神靈昭明顯著，卻能主持神靈之事；不如鬼神幽隱，卻能彰明其神妙；不如金石堅硬，卻能燒化其堅勁；舉止動作不像方圓一樣規則，卻能說明方圓所以能成為方圓的原理。

昔之得道以立，至今不遷者❶，四時、太山是也❷。其得道以危，至今不可安者❸，苓巒堙谿、橐木降風是也❹。其得道以生，至今不亡者❺，日月星辰是也❻。其得道以亡，至今不可存者❼，苓葉遇霜、朝露遭日是也❽。故聖人者，取之於埶❾，而弗索於察❿。埶者，其專而在己者也⓫。察者，其散而之物者也⓬。物乎物⓭，芬芬份份⓮，孰不從一出⓯，至一易⓰？故定審於人⓱，觀變於物⓲。

【章　旨】本章說明制眾事之變必須要依於道。

【注　釋】❶昔之得道以立二句　過去依自然之道而樹立，到今天也沒有廢弛的。立，樹立；建立。遷，改變，這裏指廢弛。❷四時太山是也　是四季和泰山。四時，四季。太山，現山東省的泰山。❸其得道以危二句　依自然之道而處於危局，到今天也不安定的。危，危險。安，安定。❹苓巒堙谿橐木降風是也　是容易被塌方填埋的山谷和容易被風吹斷的蟲蛀之樹。苓巒堙谿，山巒塌方墜落，填埋山谷。苓巒，山頭墜落。苓，同「零」。零落；掉落。巒，小山。堙谿，填埋山谷。堙，填塞。谿，山谷。橐木降風，蟲蛀腐爛的樹木容易被風吹斷。槖木，當作「蠹木」，被蟲蛀腐爛的樹木。槖，當作「蠹」，蛀蝕。降風，被風吹斷。降，下落。風，自然界的風。❺其得道以生二句　依自然之道生成，到今天也沒有消亡的。生，生成。亡，消亡。❻日月星辰是也　是天上的日、月和星辰。❼其得道以亡二句　依自然之道消亡，到今天也不能改變命運的。亡，消亡；終結。存，存續，指改變其必然消亡的命運。❽苓葉遇霜朝露遭日是也　殘葉遇霜凋零，早晨的露水被太陽晒乾。苓葉，零葉，即將凋落的樹葉。苓，同「零」。零落，掉落。葉，樹葉。遇霜，被霜打之後。遇，遭遇。霜，自然界的霜凍。朝露，清晨植物樹葉上的露水。朝，清晨。露，露水。遭日，遇到陽光，指被太陽晒乾。遭，遇到。日，太陽。❾故聖人者二句　聖人順應、利用客觀形勢而取利。取，獲取。埶，同「勢」。形勢。❿而弗索於察　不靠人力的深入探察。索，求。察，探察；辨察。⓫埶者二句　因用客觀形勢，所有事情都統攝在自己手裏。埶，同「勢」。形勢。專，專一；集中。在己，統攝於自己。按：「己」，叢刊本作「巳」，誤，據備要本改。⓬察者二句　靠人力探察是要分散追逐各個具體的事物。察，探察。散，分散。之物，追逐具體的事物。之，到。物，指各個不同的具體事物。按：察，叢刊本作「蔡」，誤，今據備要本改。⓭物乎物　事物啊事物。兩個「物」字同義，都指各個不同的具體事物。乎，語氣助詞。⓮芬芬份份　多而雜的樣子。芬芬，同「紛紛」。眾多的樣子。份份，同「彬彬」。雜亂的樣子。⓯孰不從一出　無不由道而生。孰，誰；哪個。一，道，自然之道。出，指化生，產生。⓰至一易　依道發生變化。至一，據於道。易，變化。以上兩句，意思是道生萬物，萬物依於道而各自變化生成其紛雜不同之象。而上文所講的「勢」，本就是道的具體表現，故而此處的「一」既指自然之道，也指上文所講的「勢」。⓱故定審於人　因此聖人只審視客觀形勢。定，恆定不變。審，審視。⓲觀變於物　（據客觀形勢）以觀察推演萬物的各種變化。觀變，觀其變化。觀，觀察；揆度。

【語　譯】過去依自然之道而樹立，到今天也沒有廢弛的，是四季和泰山；依自然之道而處於危局，到今天也不安定的，是容易被塌方填埋的山谷和容易被風吹斷的蟲蛀之樹；依自然之道生成，到今天也沒有消亡的，是天上的日、月和星辰；依自然之道消亡，到今天也不能改變命運的，是殘葉遇霜凋零，是早晨的露水會被太陽晒乾。因此聖人順應、利用客觀形勢，而不依賴人力的主觀探察。利用客觀形勢，所有事情都統攝在自己手裏；靠人力探察，就是要分散追逐各個具體的事物。事物如此繁雜，卻無不是由道而生，依道變化。因此聖人只要審視客觀形勢，就可以推演把握萬物的各種變化。

口者，所以抒心誠意也❶。或不能俞受究曉❷，揚其所謂❸。或過其實❹。故行異者相非❺，道異者相戾❻。詖辭者❼，革物者也❽，聖人知其所離❾。淫辭者❿，因物者也⓫，聖人知其所合⓬。詐辭者⓭，沮物者也⓮，聖人知其所飾⓯。遁辭者⓰，請物者也⓱，聖人知其所極⓲。正辭者⓳，惠物者也⓴，聖人知其所立㉑。立者，能效其所可知也，莫能道其所不及㉒。

【章　旨】本章論辨別言辭真偽的方法。

【注釋】❶口者二句　言辭是為了抒發表達心意。口，用嘴說，指言辭。抒心，抒發心意。抒，抒發。誠意，真誠之意，使人相信己意，此處申發為表達自己的心意。誠，達。❷或不能俞受究曉　有的人不能表明自己的心意。或，有的。俞受，即喻愛，說明自己內心所愛。俞，通「喻」。說明。受，疑當作「愛」，喜愛。究曉，闡明自己所明白的事理。究，窮究，此處指闡明，講清楚。曉，通曉；明瞭。❸揚其所謂　顯揚自己所要說的。揚，顯揚。所謂，所說。以上兩句，意思是有些人口拙，不擅言辭。❹或過其實　有些人言過其實。過，超過。實，真實情況。這句意思是有些人花言巧語，善於言辭。❺故行異者相非　因此行徑不同的人互相指責。行，行為。異，不同。非，非議；指責。❻道異者相戾　所行之道不同的人互相違逆。戾，違逆，此處也作非議、批評解。此句即「道不同不相為謀」之意。❼詖辭者　偏頗片面的言辭。詖，借為「頗」，偏頗，片面。辭，言辭。❽革物者也　不符合實情。革，變革；改變。物，事情的真實情況，下同。❾聖人知其所離　聖人知道其言辭與實情偏差有多大。離，偏離。❿淫辭者　浮誇不實的言辭。淫，過；溢。這裏指浮誇。按：「淫」，叢刊本作「滛」，異體字，此據備要本改。⓫因物者也　依據實情而增益附會。因，依據。⓬聖人知其所合　聖人知道其言辭哪些地方與實情相符合。合，符合。⓭詐辭者　虛假的言辭。詐，偽；虛假。⓮沮物者也　敗壞實情。沮，敗壞。虛假之辭沒有實情，故此說它敗壞實情。⓯聖人知其所飾　聖人知道其所要掩飾的內容。飾，掩飾。按：「飾」，叢刊本作「餙」，異體字，據備要本改。⓰遁辭者　支吾搪塞的言辭，即閃爍其辭。遁，逃避；躲閃。⓱請物者也　躲閃求容，即希望蒙混過關。請，乞求。⓲聖人知其所極　聖人知道其理屈辭窮之處。極，窮；盡頭。⓳正辭者　符合實情的言辭。正，真實；合乎實情。⓴惠物者也　遵循事物的實情。惠，順；因循。㉑聖人知其所立　聖人知道其言論可以成立的原由。立，成立。㉒立者三句　言論可以成立，是由於講清楚其所知道的，不談其所不知道的。即知之為知之，不知為不知。能，能夠。効，昭；昭明，說明。可知，能夠知道。道，陳說。不及，不知道。

【語譯】言辭是為了抒發表達心意。有的人不擅言辭，有些人言過其實。因此行徑不同的人互相非議，觀念不同的人互相違逆。偏頗片面的言辭與實情不符，聖人知道其言辭與實情偏差有多大；浮誇不實的言辭，是在實情基礎上增益附會，聖人知道其言辭哪些地方與實情相符；虛假的言辭會敗壞實情，聖人知道其所要掩飾的內容；閃爍其辭是希望蒙混過關，聖人知道其理屈辭窮之處；符合實情的言辭遵循事情的實際，聖人知道其言論可以成立的原由。言論之可以成立，在於知之為知之，不知為不知。

明諭外內❶，後能定人❷。一在而不可見❸，道在而不可專❹。切譬于淵❺，其深不測❻，淩淩乎泳澹波而不竭❼。彼雖至人❽，能以練其精神❾，修其耳目❿，整飾其身⓫，若合符節⓬。小大曲制⓭，無所遺失⓮。遠近邪直⓯，無所不及⓰。是以德萬人者謂之儁⓱，德千人者謂之豪⓲，德百人者謂之英⓳。故「聖」者，言之凡也⓴。

【章旨】本章強調得道才可以全面掌握萬事萬物的曲直優劣。

【注釋】❶明諭外內　能清楚把握人的外在和內在。明，清楚；明白。諭，知曉。外內，指人的外在行為和內在思想秉性。外，外在。內，內在。❷後能定人　然後可以識別認定一個人。定，確定。❸一在而不可見道存在於萬物，但卻看不到。一，道，即承上文「孰不從一出，至一易」。在，存在，此處當作「在物」解，存在於萬物。❹道在而不可專　萬物皆為道，但道非某一物所可專擅。專，專擅。以上兩句互文，意思是道存在每一個事物身上，萬物無不是道，但卻沒有人能看見道的存在，沒有哪個人哪個事物可以說道掌握在自己身上。❺切譬于淵　道可以妥貼地比作深淵之水。切譬，妥貼地比喻。切，磨，引申作妥切、妥貼之意。譬，比喻。淵，深水。❻其深不測　深不可測。測，測量；測度。❼淩淩乎泳澹波而不竭　水靜靜流動，永無窮盡。淩淩，同「粼粼」。水流明淨的樣子。泳，借為「湧」，湧動；流動。澹波，水波寧靜。澹，恬靜；寧靜。竭，窮盡。此句「淩淩」、「澹波」，有水深流緩之意，喻道的宏深。❽彼雖至人　只有至人。彼，夫。雖，只有。❾能以練其精神　清潔其精神。練，本義為湅繒，把絲帛煮洗潔白，此處喻使人精神清潔無垢。❿修其耳目　整治其耳目。修，整治；修理。⓫整飾其身　整飭自己。整飾，治理修飾。身，自己。按：「飾」，叢刊本作「餙」，異體字，據備要本改。⓬若合符節　沒有偏差。合符節，指沒有差錯。以上四句，指清潔修治其內在，無物無我，與道合一。⓭小大曲制　事物的各種情況。小大，大大小小，指各種各樣。曲制，形制；情況。⓮無所遺失　都不會遺漏。遺失，疏漏。⓯遠近邪直　所有事物的得失優劣。遠近，不論遠近，形容包羅所有事物。邪直，曲直，指得失，優劣。邪，缺點；錯誤。直，優點；成績。⓰無所不及　盡在掌握。及，顧及。⓱是以德萬人者謂之俊　惠及萬人的人稱為俊才。⓲德千人者謂之豪　惠及千人的人稱為豪傑。⓳德百人者謂之英　惠及百人的人稱為英才。以上三句，注解詳見〈博選第一〉。⓴故聖者二句　因此「聖人」一詞也一樣是個統稱。聖，呼應上面「俊」、「豪」、「英」的文例，即聖人。言之凡，統稱。言，稱謂。凡，總匯；統概。這兩句意思是，聖人這個名謂，跟上面提到的俊才、豪傑、英才一樣，都是對人才的統稱。按：以上五句，似與以上文意沒有緊密關聯，疑為衍文。

【語　譯】能清楚把握人的外在和內在，然後可以識別認定一個人。道存在於萬物，但不為人所見。萬物皆為道，但道卻非某一物所可專擅。道可以妥貼地比作深淵之水，其深不可測，其水靜流，永無窮盡。只有至人才能清潔修治其內在，與道契合，對事物的各種情況都盡皆掌握，對所有事物的得失優劣都默會於胸。惠及萬人的人稱為俊才，惠及千人的人稱為豪傑，惠及百人的人稱為英才，「聖人」這個稱謂也一樣是個統稱。

【研析】本篇與之前諸篇皆論道之作，但較前篇多論道體、道用而言，本篇則側重於討論體道之人即聖人的心術，也就是篇首所說的「原聖心之作」，研究聖心產生、應用的原理和方法。換言之，本篇反映黃老道家的認識論，重點講述修道之人應當如何認識、體察自然之道，通篇一以貫之的思想，就是繼承闡發《老子》一書中的道不可知論，認為自然之道「圖弗能載，名弗能舉」。因此，作為主觀性的人必須要克制主觀情感意志，避免主觀有為，即如篇末所說的「練其精神，修其耳目，整飾其身」。本文認為，惟有充分地涵養心性，才能夠做到「往無與俱，來無與偕，希備寡屬，孤而不伴」，才能體察因循萬物自然之勢，「取之於埶，而弗索於察」。

而本篇第五、六這兩章，則相對側重於具體的方法論。第五章與上下文銜接較緊密，是在本篇認識論的基礎上，進一步提出了「取之於埶，而弗索於察」的方法論；而第六章則相對上下文獨立感更強，專論識人之術，此為春秋戰國廣為流傳的為政之學，與《孟子·公孫丑上》頗有雷同之處。

武靈王第十九

【題解】本篇記載趙武靈王與龐煥談論用兵一事。武靈王，趙武靈王，戰國時期趙國的一代雄主，胡服騎射，富國強兵，其人其事詳見《史記・趙世家》。

> 武靈王問龐煥曰❶：「寡人聞飛語流傳曰❷：『百戰而勝，非善之善者也❸。不戰而勝，善之善者也❹。』願聞其解❺。」

【章旨】本章提出不戰而勝的話題，引出下文討論兵事。

【注釋】❶武靈王問龐煥曰　趙武靈王問龐煥說。武靈王，趙武靈王。龐煥，疑即龐煖，「煥」「煖」古音同。注見〈近迭第七〉。按：趙武靈王在位時間是西元前三二五年至前二九九年，趙悼襄王則是西元前二四四年至前二三六年在位，《史記・趙世家》載龐煖在趙悼襄王三年，即西元前二四二年，上距趙武靈王末年近六十年。假如龐煖生活在趙武靈王末年，能作如此奏對，年齡至少也應在二十歲上下。則其為趙破燕時，已是年近八十的老翁。戰國時期，人們平均壽命並不高。考慮到戰國史料缺佚，後世多依托之作，史家多懷疑此文的「龐煥」與破殺燕將劇辛的「龐煖」非一人，但證據不足，所以又有學者認為龐煖或為高壽老將。❷寡人聞飛語流傳曰　我聽到傳言說。飛語，四處飛揚流傳的言論，即現在所說的流言。飛，飛揚流傳。流傳，流動傳播。

❸百戰而勝二句　百戰百勝，不算是最高明。百戰而勝，疑即「百戰百勝」之誤，作戰常勝不敗。善之善者，善中之善，即最好的、最高明的。❹不戰而勝二句　不戰而屈人之兵，才是最高明的。不戰而勝，即不戰而屈人之兵，不發動戰爭就使對方順服。以上四句，見《孫子兵法》。❺願聞其解　希望能為我解釋這個說法。解，疏解；解釋說明。

【語　譯】趙武靈王問龐煥：「我聽傳言說：『百戰百勝，不算是最高明；不戰而屈人之兵，才是最高明的。』這話怎麼講？」

龐煥曰：「工者貴無與爭❶，故大上用計謀❷，其次因人事❸，其下戰克❹。用計謀者，熒惑敵國之主❺，使變更淫俗❻，哆恭憍恣❼，而無聖人之數❽。愛人而與❾，無功而爵❿，未勞而賞⓫。喜則釋罪⓬，怒則妄殺⓭。法民而自慎⓮，少人而自至⓯。繁無用⓰，嗜龜占⓱。□□高義，下合意內之人⓲。所謂因人事者，結幣帛⓳，用貨財⓴，閉近人之復其口㉑，使其所謂是者盡非也，所謂非者盡是也㉒，離君之際用忠臣之路㉓。所謂戰克者，其國已素破㉔，兵從而攻之㉕。因句踐用此而吳國亡㉖，楚用此而陳蔡舉㉗，三家用此而智氏亡㉘，韓用此而東分㉙。

【章　旨】本章承上文，講解用兵致勝之道。

【注　釋】❶工者貴無與爭　高明的人以不與人爭競為貴。工，巧；善。貴，推崇。無與爭，不與人爭競。此句用《老子》之意，即「天之道不爭而善勝」。❷故大上用計謀　因此最好的方法是運用計謀。大上，最好；最高明。大，同「太」。最。❸其次因人事　其次好的方法是利用人情關係。人事，即私人，人情。❹其下戰克　最下策是以武力降服。戰克，以武力降服。克，戰勝。❺用計謀者二句　運用計謀，指的是迷惑敵國的君主。熒惑，迷惑；誘騙。主，君主。❻使變更淫俗　使其變更民俗。淫俗，疑為「謠俗」之誤，民風民俗，參見《史記・貨殖列傳》：「夫天下物所鮮所多，人民謠俗」。按：「淫」，叢刊本作「滛」，異體字，據備要本改。❼哆恭憍恣　形容統治酷烈無節制。哆，放蕩。恭，疑為「暴」字之誤，酷烈。憍，同「驕」。傲慢。恣，放縱。❽而無聖人之數　違背明君之道。聖人，此處泛指開明有道的君主。數，同「術」。道術。❾愛人而與　根據個人喜好進行獎賞。愛，喜歡。與，給予；獎賞。❿無功而爵　沒有功勞的人卻賜給爵位。無功，沒有功勞。爵，賜爵位。⓫未勞而賞　沒有辛勞卻得到賞賜。勞，辛勞；付出。賞，賞賜。以上三句，意思是君主不考察臣屬功過，只是根據主觀好惡進行封賞。⓬喜則釋罪　高興就赦免罪責。喜，高興。釋，開釋；赦免。罪，罪責。⓭怒則妄殺　生氣就濫殺無辜。怒，生氣。妄殺，亂殺。妄，隨意；不論輕重。⓮法民而自慎　以法刑民而自己不遵法度。法民，以法律陷民於刑。法，用法度裁決。民，人民。自慎，自便，指自己不遵法度。慎，借為「順」，方便；便利。⓯少人而自至　輕視他人，自以為是。少人，輕視他人。少，輕視；看不起。自至，自大；自負。⓰繁無用　浮華奢靡。繁，增多。無用，古代農業社會，治政崇尚儉樸實用，反對奢侈的生活和繁瑣的禮儀，將後者視為浮華無用之事。⓱嗜龜占　迷信鬼神。嗜，喜歡；沉迷。龜占，占卜，指迷信巫鬼之事。⑱□□高義二句　「高義」上缺二字，這兩句句意難明，或係錯簡混入此處，推測句意，可能是說君主寵愛近幸之人。意內之人，指近幸之臣。⑲所謂因人事者二句　利用人情關係，是指進行賄賂。結幣帛，行賄。結，與人結交。幣，叢刊本作「弊」，誤，此據備要本改，指財物。帛，財帛；禮物。⑳用貨財　使用財物。㉑閉近人之復其口　封堵君主近幸之人反覆之口。閉，雍塞。近人，君主近幸之臣。復，反。㉒使其所謂是者盡非也二句　使其混淆是非。是，對。非，錯。㉓離君之際用忠臣之路　使其君主錯失交接任用忠臣之路。離，違；失。際，交接。用，任用。㉔所謂戰克者二句　所謂舉兵戰勝敵國，是指敵國之前已經衰敗了。素，先；之前。破，破敗；衰敗。按：「已」，叢刊本作「巳」，誤，據備要本改。㉕兵從而攻之　乘勢舉兵進攻。兵，軍隊。從，順勢。攻，進攻。㉖因句踐用此而吳國亡　因而越王勾踐用戰克之道消滅吳國。因，當係「固」字之誤，固，通「故」，因此。句踐，今俗寫作勾踐，春秋時期越國君主，臥薪嘗膽，終滅吳國，成就霸業。用此，指使用戰克之道。吳國，春秋時期諸侯國。㉗楚用此而陳蔡舉　楚國用戰克之道攻取陳國和蔡國。楚，春秋戰國時期南方大國。陳，陳國。蔡，蔡國。陳國和蔡國都是春秋時期中原南部的諸侯國，是楚國的附屬國，後為楚所滅。㉘三家用此而智氏亡　韓、趙、魏三家用戰克之道消滅智伯。三家，指春秋戰國之際，晉國的韓、趙、魏三家。智氏，春秋時期晉國大族，此處專指智伯，曾為晉國末期執政大臣，後為韓、趙、魏三家所滅。㉙韓用此而東分　指韓氏在春秋時期多次瓜分得到東方之地。韓，春秋時期晉國卿大夫之族，後與趙、魏三家分晉，成為戰國時期諸侯國之一。東分，向東分得土地。詳見《史記・韓世家》。

【語　譯】龐煥說：「高明的人以不與人爭競為貴，因此最好的方法是運用計謀，其次好的方法是利用人情關係，最下策是以武力降服。運用計謀，指的是迷惑敵國的君主，使其變更民俗，實行酷烈無節制的統治，違背明君之道；根據個人喜好進行獎賞，沒有功勞的人卻賜給爵位，沒有辛勞的人卻得到賞賜；高興就赦免罪責，生氣就濫殺無辜，以法刑民而自己不遵法度，輕視他人而自以為是。浮華奢靡，迷信鬼神，寵愛近幸之人。利用人情關係，是指行使賄賂，使用財物，封堵君主近幸之人反覆之口，使其混淆是非，離間君主與其忠臣。所謂舉兵戰勝敵國，是指敵國之前已經衰敗了，然後乘勢舉兵進攻。因而越王勾踐用戰克之道消滅吳國，楚國用戰克之道攻取陳國和蔡國，韓、趙、魏三家用戰克之道消滅智伯，韓氏用戰克之道在春秋時期多次瓜分得到東方之地。

今世之言兵也❶，皆強大者必勝❷，小弱者必滅❸。是則小國之君無霸王者❹，而萬乘之主無破亡也❺。昔夏廣而湯狹❻，殷大而周小❼，越弱而吳強❽，此所謂不戰而勝，善之善者也。此陰經之法❾，夜行之道❿，天武之類也⓫。今或僵尸百萬，流血千里，而勝未決也⓬。以為功計之⓭，每已不若⓮。是故聖人昭然獨思⓯，忻然獨喜⓰。若夫耳聞金鼓之聲而希功⓱，目見旌旗之色而希陳⓲，手握兵刃之枋而希戰⓳，出進合鬭而希勝⓴，是襄主之所破亡也㉑。」

【章旨】本章論用兵之道要順應人情物性和客觀形勢。

【注釋】❶今世之言兵也　現在的人談論軍事。今世，當前。言兵，談論軍事。言，說。兵，戰事。❷皆強大者必勝　都認為實力強大的一方一定獲勝。強大，指實力強，勝過對方。勝，取勝。❸小弱者必滅　實力弱小的一方一定滅亡。小弱，實力弱。滅，被消滅。❹是則小國之君無霸王者　如果這樣的話，那麼小國的君主就沒有能稱王稱霸的。霸王，稱王稱霸。霸，成為霸主。王，成就王業。❺而萬乘之主無破亡也　大國的君主就沒有會衰敗滅亡的。萬乘之主，指大國的君主。萬乘，兵車數，大國兵車眾多，故以萬乘借指大的諸侯國。破，失敗。亡，滅亡。❻昔夏廣而湯狹　以前夏國國土廣大，而商湯土地狹小。夏，夏朝。廣，國家土地面積大。湯，商湯，商朝的開國君主。狹，國家土地面積小。❼殷大而周小　商朝國家大，而周國國家小。殷，商朝。周，周國。❽越弱而吳強　越國弱小，而吳國強大。❾此陰經之法　這是《陰經》所記載的方法。陰經，古兵書名，或許即《史記・蘇秦列傳》中蘇秦所讀的《周書・陰符》。法，方法。❿夜行之道　順應形勢，行事不為人所知的方法。詳見〈夜行第三〉。⓫天武之類也　興兵用武之道的極至。天武，大武，用武之道的極至。天，大。武，武力。類，類別。⓬今或僵尸百萬三句　現在有的人興兵作戰，傷亡無數，卻無法決出勝負。僵尸，伏屍，指死亡。百萬，誇大之辭，極言死亡人數之多。千里，誇大之辭，極言戰爭傷亡之大。按：「決」，叢刊本作「决」，二字異體。⓭以為功計之　損失與所得相比較。功，功績。計，計算。⓮每已不若　每每功績已經不如損失大。每，每每；經常。已，已經。不若，不如。按：「已」，叢刊本作「巳」，誤，據備要本改。⓯是故聖人昭然獨思　因此惟有聖人思慮明通。昭然，形容思考通達明析。獨，獨自；惟有。思，思慮。⓰忻然獨喜　惟有聖人掌握戰爭之道，欣然歡喜。忻然，歡喜的樣子。獨喜，意思是因為獨有所得而喜。喜，高興。⓱若夫耳聞金鼓之聲而希功　至於（使人）聽到軍中號令就渴望建功立業。若夫，至於。耳聞，聽到。金鼓之聲，指軍中號令。希，希求；渴望。功，功業。⓲目見旌旗之色而希陳　（使人）看到軍旗就希望上陣。旌旗，軍旗。陳，同「陣」。戰陣。⓳手握兵刃之枋而希戰　（使人）手握兵器就希望作戰。枋，同「柄」。兵器的柄。戰，與人交戰。⓴出進合鬭而希勝　（使人）進兵作戰就渴望取勝。出進，出兵進攻。合鬪，合戰；交戰。鬪，同「鬥」。對打；作戰。按：鬪，備要本作「鬭」，二字通用。㉑是襄主之所破亡也　這就是趙襄子能破滅智伯的原因。襄主，指春秋戰國之際，與韓、魏兩家合力破滅智伯的趙襄子。所破亡，所以能破滅智伯。

【語　譯】現在的人談論軍事，都認為實力強大的一方一定獲勝，實力弱小的一方一定滅亡。如果這樣的話，那麼小國的君主就沒有能稱王稱霸的，大國的君主就沒有會衰敗滅亡的。以前夏國國土廣大，而商湯土地狹小；商朝國家大，而周國國家小；越國弱小，而吳國強大。這些（小國能以弱勝強）都是不戰而屈人之兵，是最高明的戰術。這是《陰經》所記載的方法，是無為而治的方法，是興兵用武之道的極至。現在有的人興兵作戰，傷亡無數卻無法決出勝負，以其損失與其所得相比較，每每功績已經不如損失大。因此惟有聖人思慮明通，獨得戰爭之道。至於（使人）聽到軍中號令就想要建功立業，看到軍旗就希望上陣殺敵，手持兵器就踴躍參戰，進兵作戰就渴望取勝，這就是趙襄子破滅智伯之道。」

武靈慨然歎曰❶：「存亡在身❷。微乎哉！福之所生❸。寡人聞此，日月有以自觀❹。昔克德者不詭命❺，得要者其言不眾❻。」

【章　旨】本章以趙武靈王的贊嘆認可收束全篇。

【注　釋】❶武靈慨然歎曰　趙武靈王慨然嘆息說。慨然，感慨的樣子。歎，同「嘆」。嘆息。❷存亡在身存亡都取決於自己。在，在於。身，自身。❸微乎哉二句　福運產生之道實在是精深微妙。微，精微。福，福氣，與災禍相對而言。❹寡人聞此二句　我知道了這個道理，常常要能夠自省。日月，指長時間，恆常。自觀，自我審察，自省的意思。觀，審度。❺昔克德者不詭命　從前能慎於明君之道的君主都不會失去天命。克德，即《尚書·文侯之命》「克慎明德」，能夠慎於美好德行。克，能夠。德，明君之道。詭命，失去天命，指其國家衰亡。詭，違；失去。命，天命。❻得要者其言不眾　把握住要領的言辭，內容不一定要很長。這是贊美龐煥之言能得到治國用兵的要領。要，要領；關鍵。眾，多。

【語　譯】趙武靈王慨然嘆息說：「存亡都取決於自己。產生福運之道，實在是精深微妙。我知道了這個道理，常常都要自省。以前能慎於明君之道的君主，他們都不曾失去天命。那些要緊的話，不一定要說得很長。」

【研　析】本篇亦屬談兵之作，但所論者已經超越了具體的行兵作戰之術，而是著眼於討論戰爭的根本性規律和原理，提出了首先弱化敵國然後再興兵攻伐的觀點，認為「所謂戰克者，其國已素破」，反對不考慮強弱形勢，單純訴諸武力的那種「僵尸百萬，流血千里」的戰法，反映了我國軍事理論的早熟。

本篇所提出來的「大上用計謀，其次因人事，其下戰克」的用兵之法，與傳世文獻《孫子兵法·謀攻》篇有相似之處，都講究上兵伐謀，反對硬碰硬地死戰。但本篇較之《孫子兵法》，更具有典型的戰國特徵，特別是沾染了濃厚的縱橫家色彩。因為孫子所論，屬於堂堂正正的兵戰之道。而本篇雖也講究「大上用計謀」，但他的太上計謀卻是「熒惑敵國之主」，則其所謀不是謀局、謀勢，而是權謀機巧，有點像戰國縱橫家所講的「計者，事之本也」，過於推崇權謀的作用，不僅較之孫子的上兵伐謀是等而下之，而且已經在不知不覺當中違背了道家因循無為的總綱。

而更值得一說的，是本篇所說的中策，即「其次因人事」，這是戰國縱橫家所特有的權術。戰國縱橫策士十分得意的一種權謀，就是在遇到局勢繁複難解時，不執著於如何破局，而是去解決局中的主導之人。他們認為人性逐利，千里為官只為財，只要行賄、脅迫當局主事的一兩個人，就可以輕而易舉地改變整個局面。這種思路，在《史記・李斯列傳》中有明確記載：「秦王乃拜斯為長史，聽其計，陰遣謀士齎持金玉以游說諸侯。諸侯名士可下以財者，厚遺結之，不肯者，利劍刺之。」而西漢初年，陳平為劉邦畫策擒拿楚王韓信，說舉兵與韓信作戰未必能勝，而偽遊雲夢澤，召韓信相見時趁機擒獲，說「此特一力士事耳」，用的也是這種策略。這種「因人事」的策略，在特定時候，確實能收舉重若輕、化繁為簡的奇效，但一味迷信，則不免過於想當然，是迷信權術的典型表現。本篇談得津津有味，似乎撰文之人受縱橫策士之說影響非淺。

文學的　歷史的　哲學的、宗教的　古籍精華　盡在三民

古籍今注新譯叢書

哲學類

新譯四書讀本
新譯論語新編解義
新譯學庸讀本
新譯孝經讀本
新譯易經讀本
新譯乾坤經傳通釋
新譯周易六十四卦經傳通釋
新譯易經繫辭傳解義
新譯禮記讀本
新譯儀禮讀本
新譯孔子家語
新譯老子讀本
新譯帛書老子
新譯老子解義
新譯莊子讀本
新譯莊子本義
新譯莊子內篇解義
新譯列子讀本
新譯管子讀本
新譯墨子讀本
新譯公孫龍子
新譯晏子春秋
新譯鄧析子
新譯荀子讀本
新譯尹文子
新譯尸子讀本
新譯鶡冠子
新譯鬼谷子
新譯韓非子
新譯呂氏春秋
新譯韓詩外傳
新譯淮南子
新譯春秋繁露
新譯新書讀本
新譯新語讀本
新譯潛夫論
新譯論衡讀本
新譯申鑒讀本
新譯人物志
新譯張載文選
新譯近思錄
新譯傳習錄
新譯呻吟語摘
新譯明夷待訪錄

文學類

新譯詩經讀本
新譯楚辭讀本
新譯文心雕龍
新譯六朝文絜
新譯世說新語
新譯昭明文選
新譯古文觀止
新譯古文辭類纂
新譯樂府詩選
新譯古詩源
新譯千家詩
新譯詩品讀本
新譯南唐詞
新譯花間集
新譯絕妙好詞
新譯唐詩三百首
新譯宋詩三百首
新譯宋詞三百首
新譯元曲三百首
新譯明詩三百首
新譯清詩三百首
新譯清詞三百首
新譯唐人絕句選
新譯拾遺記
新譯搜神記
新譯唐才子傳
新譯唐傳奇選
新譯宋傳奇小說選
新譯明傳奇小說選
新譯容齋隨筆選
新譯明散文選
新譯明清小品文選
新譯人間詞話
新譯白香詞譜
新譯幽夢影
新譯菜根譚
新譯小窗幽記
新譯圍爐夜話
新譯郁離子
新譯歷代寓言選
新譯賈長沙集
新譯揚子雲集
新譯建安七子詩文集
新譯曹子建集
新譯阮籍詩文集
新譯嵇中散集
新譯陸機詩文集
新譯陶淵明集
新譯江淹集
新譯庾信詩文選
新譯初唐四傑詩集
新譯駱賓王文集
新譯王維詩文集
新譯孟浩然詩集
新譯李白詩全集
新譯李白文集
新譯杜甫詩選
新譯杜詩菁華
新譯高適岑參詩選
新譯昌黎先生文集
新譯劉禹錫詩文選
新譯柳宗元文選
新譯白居易詩文選
新譯元稹詩文選
新譯李賀詩集
新譯杜牧詩文集

新譯李商隱詩選
新譯范文正公選集
新譯蘇洵文選
新譯蘇軾文選
新譯蘇軾詞選
新譯蘇轍文選
新譯曾鞏文選
新譯王安石文選
新譯唐宋八大家文選
新譯柳永詞集
新譯李清照集
新譯辛棄疾詞選
新譯陸游詩文選
新譯歸有光文選
新譯唐順之詩文選
新譯徐渭詩文選
新譯薑齋文集
新譯顧亭林文集
新譯納蘭性德詞
新譯方苞文選
新譯鄭板橋集
新譯袁枚詩文選
新譯李慈銘詩文選
新譯聊齋誌異選
新譯閱微草堂筆記
新譯浮生六記
新譯弘一大師詩詞全編

教育類

新譯爾雅讀本
新譯顏氏家訓
新譯聰訓齋語
新譯曾文正公家書
新譯三字經
新譯百家姓
新譯幼學瓊林
新譯增廣賢文・千字文
新譯格言聯璧

歷史類

新譯史記
新譯漢書
新譯後漢書
新譯三國志
新譯資治通鑑
新譯史記—名篇精選
新譯尚書讀本
新譯周禮讀本
新譯逸周書
新譯左傳讀本
新譯公羊傳
新譯穀梁傳
新譯春秋穀梁傳
新譯戰國策
新譯國語讀本
新譯說苑讀本
新譯新序讀本
新譯吳越春秋
新譯西京雜記
新譯列女傳
新譯越絕書
新譯燕丹子
新譯東萊博議
新譯唐六典
新譯唐摭言

宗教類

新譯金剛經
新譯高僧傳
新譯碧巖集
新譯百喻經
新譯楞嚴經
新譯梵網經
新譯圓覺經
新譯法句經
新譯六祖壇經
新譯禪林寶訓
新譯維摩詰經
新譯經律異相
新譯阿彌陀經
新譯無量壽經
新譯妙法蓮華經
新譯景德傳燈錄
新譯大乘起信論
新譯釋禪波羅蜜
新譯八識規矩頌
新譯永嘉大師證道歌
新譯華嚴經入法界品
新譯地藏菩薩本願經
新譯悟真篇
新譯无能子
新譯坐忘論
新譯列仙傳
新譯抱朴子
新譯神仙傳
新譯性命圭旨
新譯老子想爾注
新譯周易參同契
新譯道門觀心經
新譯養性延命錄
新譯樂育堂語錄
新譯沖虛至德真經
新譯長春真人西遊記
新譯黃庭經・陰符經

地志類

新譯山海經
新譯水經注
新譯佛國記
新譯大唐西域記
新譯洛陽伽藍記
新譯徐霞客遊記
新譯東京夢華錄

政事類

新譯商君書
新譯鹽鐵論
新譯貞觀政要

軍事類

新譯孫子讀本
新譯司馬法
新譯尉繚子
新譯三略讀本
新譯六韜讀本
新譯吳子讀本
新譯李衛公問對

新譯
尹文子

國家圖書館出版品預行編目資料

新譯鶡冠子／趙鵬團注譯. ——初版一刷. ——臺北市：三民，2021
面； 公分. ——（古籍今注新譯叢書）

ISBN 978-957-14-7175-4（平裝）
1. 鶡冠子 2. 注釋

121.861 110005529

古籍今注新譯叢書
新譯鶡冠子

注 譯 者｜趙鵬團
責任編輯｜連玉佳
美術設計｜李唯綸

發 行 人｜劉振強
出 版 者｜三民書局股份有限公司
地 址｜臺北市復興北路 386 號（復北門市）
臺北市重慶南路一段 61 號（重南門市）
電 話｜(02)25006600
網 址｜三民網路書店 https://www.sanmin.com.tw

出版日期｜初版一刷 2021 年 10 月
書籍編號｜S034480
ISBN｜978-957-14-7175-4